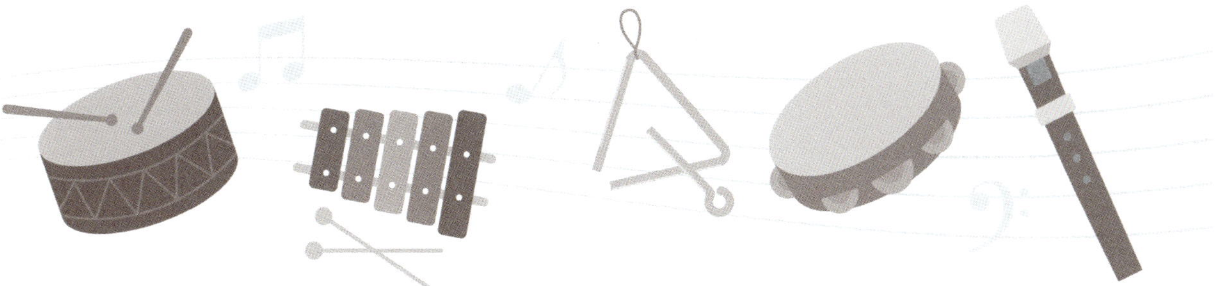

음악요소에 기초한

# 유아 음악교육(2판)

이옥주 정수진 윤지영 공저

신정

P R E F A C E

## 머리말

21세기는 예술적 감수성이 어느 때보다 강조되는 시대이다. 삶 속에서 아름다움을 느끼고 이를 즐기며, 자기 생각과 느낌을 창의적으로 표현함으로써 예술적 소양을 기르는 것이 중요한 시대이다. 아름다움에 관심을 가지고 이해하며, 예술적 감각을 지니는 것은 영유아기부터 양질의 음악교육을 통해 그 토대를 마련할 수 있다.

유아에게 질 높은 음악교육을 시행하기 위해서는 유아교사가 유아에 대한 이해뿐만 아니라 음악에 친숙하고 음악적 요소 및 교수-학습방법에 대한 기본적인 이해가 있어야 한다. 따라서 저자들은 음악을 전공하지 않은 예비 유아교사와 현직 유아교사들에게 이러한 이해를 도모하고자 이 책을 집필하였다. 음악적 요소를 이해하고 유아 음악교육의 다양한 활동 유형별 교수방법과 음악적 요소의 통합을 꾀하기 위해 유아 음악교육에 대한 개괄적인 이해를 돕는 내용을 정리하고, 음악교육의 기초인 음악적 요소와 다양한 음악활동 유형별 교수학습방법에 초점을 두고 집필하였다.

1장에서는 유아 음악교육의 의의 및 목적에 대하여 다루었으며, 2장에서는 음악교육의 내용을 음악개념, 음악활동유형, 음악교육과정으로 나누어 살펴보았다. 3장에서는 음악교육의 교수-학습원리 및 음악교육학자들의 교수방법, 환경구성 및 교사의 역할에 대해 다루었으며, 특히 음악교육을 위한 환경구성에서는 유아의 음악적 문해능력을 위한 다양한 그림악보의 예를 제시하였다. 4장은 유아의 음악성 및 유아교사의 음악 교수능력과 관련된 음악교육의 평가에 대해 살펴보았다.

5장부터 9장은 소리탐색, 노래 부르기, 악기 연주하기, 음악 감상, 음악 만들기를 중

# PREFACE

심으로 음악교육 내용과 활동 실제에 대하여 광범위하면서 기본이 되는 지식을 수록하였다. 각 장은 유아의 음악적 발달과 음악활동의 중요성 및 내용, 음악활동 지도 시 교사의 역할에 대하여 다루고 있으며, 각 음악활동별로 음악요소에 기초한 활동사례를 수록하고, 활동 시 유아교사가 어떻게 음악활동을 놀이로 지원 확장할 수 있는지에 대한 구체적 방법을 기술하여 실제 유아교육현장에서 도움이 되도록 제시하였다.

또한 각 장의 도입과 마무리 부분 에 '마음열기'와 '적용하기'의 내용을 구성함으로써 예비유아교사 및 현직교사가 스스로 학습내용에 대하여 폭넓은 이해와 점검을 할 수 있도록 제시하였다.

이 책을 통해 유아교육현장에서 음악요소에 기초한 다양한 음악활동이 이루어지길 바라며, 실제 교육현장에서의 적용 결과들에 관한 많은 이야기들을 듣고자 한다. 마지막으로 이 책이 나오기까지 애써주신 도서출판 신정 최용구 사장님과 편집부 여러분들, 그리고 대원대학교 유아교육과 학생들에게 진심으로 감사드린다.

2021년 9월

저자일동

CONTENTS

차례

CONTENTS

C O N T E N T S

## CHAPTER 06 음악요소에 기초한 노래 부르기



## CHAPTER 07 음악요소에 기초한 악기 연주하기

CONTENTS

CONTENTS

## CHAPTER 09 음악요소에 기초한 음악 만들기

CHAPTER 01

# 유아 음악교육의 의의 및 목적

1. 유아 음악교육의 의의

2. 유아 음악교육의 목적

# CHAPTER 01 유아 음악교육의 의의 및 목적

## 1 유아 음악교육의 의의

인간은 태어나기 전 엄마의 배 속에서부터 다양한 소리를 접하고, 그중에서 자신이 좋아하는 소리를 선택하여 더 자주 듣는다. 부모가 음성으로 들려주는 자장가, 핸드폰의 다양한 음악 벨 소리, 딸랑이 흔드는 소리 등 주변 환경에서 듣는 다양한 소리들은 질서 정연하게 인간의 귓가에 들리게 되는데 이때 마음이 차분해지고, 안정되며, 좋은 감정을 느끼게 된다. 일상생활 속에서 자연스럽게 음악을 듣고, 음악활동을 경험하면서 사람들은 정서적 안정과 풍부한 심미적 감각을 소유하게 된다. 음악적 경험은 인간으로 하여금 즐겁고 풍요로운 생활을 누리게 한다. 유아들의 경우도 음악을 들으며 즐거움, 웃음, 움직임, 자유, 창의성, 표현의 기회를 자연스럽게 경험하게 된다.

인간발달에 있어 음악은 정서, 사회, 신체, 언어, 인지발달과 직접 연관이 있다(남소현, 2006; Cambell & Scott-Kassner, 1995; Greata, 2006; Haines & Gerber, 1996; McDonald, 1993; Rauscher, 2003; Wolf, 1992). 최근의 연구들(Blakin, 1985; Meiners, 2005; Webster, 1990)에 의하면 음악은 인간의 음악적 잠재성 개발 외에 다양한 가능성을 이끌 수 있음을 보여 주고 있다. 특히 유아기에 유아들은 음악 경험을 통해 음악성 발달뿐만 아니라 자아표현의 기회를 제공받고, 리듬감 및 운동기능, 심미감, 언어, 인지, 사회성을 발달시키며, 문화 계승 및 자존감을 고취시킨다. 또한 듣고 움직이는 활동을 통해 자신의 신체 인식 및 대소근육의 발달을 가져오며, 음악과 관련된 용어의 사용으로 언어적 발달 및 소리에 민감해진다. 그리고 음악적 경험은 또래와의 상호작용으로 사회적 발달도 촉진한다(Cambell & Scott-Kassner, 2010). 음악은 유아들의 사고와 느낌을 표현할 수 있는 매체가 되어 그들의 삶을 보다 풍요롭게 해주고 창의적 사고를 촉진하도록 도우며 무한한 상상력을 발달시켜 주고(이숙희, 1995), 성인에 비해 언어적 표현이 자유롭지 못한 유아들이 감정을 전하며 느낌을 포착하고 이해하는 수단이 된다(Nolen, 2003). 유아는 생득적으로 타고난 많은 잠재적 음악성을 바탕으로 자신만의 음악세계를 향유하며 사회적인 환경과 맥락 속에서 유아 자신의 긍정적인 자아감을 형성하는 동시에 주변세계에 대한 지식을 구축한다. 음악은 유아의 모든 발달 영역을 유기적으로 연결시켜 준다(Greata, 2006; Rauscher, 2003).

유아기는 음악교육에 있어 매우 중요한 시기로서, 바람직한 음악교육을 통해 유아의 음악 능력을 향상시킬 수 있다(Cambell & Scott-Kassner, 2010; Greata, 2006; Hallam & Shaw, 2002). 음악적 능력은 인간의 보편적인 능력으로 어느 정도 선천적으로 타고나지만 음악을 배울 수 있는 내적 잠재력은 생의 초기에 질적 수준이 높은 음악적 환경을 접하면서 발달하고(Gruhn, 2008) 9세를 전후하여 안정된다(Gordon, 1990). 특히 유아기는 음악 발달의 결정적 시기로서(Chen, 2000; Zimmerman, 1971), 유아기에 가장 급속한 발달을 보이는 영역 중 하나가 바로 음악 영역(Gardner, 1983)이기 때문에 효과적인 음악교육이 가능한 최적기(Walker, 1992)이다. 그러므로 개인의 음악적 능력은 생의 초기에 발달하고, 의미 있는 성인과의 음악적 경험 및 풍부한 음악적 환경에 의해 영향을 받게 된다.

모든 인간은 태어날 때부터 음악적 지능을 소유하고 있지만 성장하면서 어떠한 음악적 경험을 하고 훈련을 받았느냐에 따라 같은 문화권 내에서도 개인차가 매우 크다(Gardner, 1993). 가정에서는 아버지의 음악적 태도, 가정에 악기의 유무, 음악 지도를 받는 형제의 유무, 유아의 창의성이 유아의 음악적 재능과 의미 있는 관계가 있다(Doxey &

Wright, 1990). 구체적으로 음악을 얼마나 접하는가, 음악적 활동을 경험하는가, 음악적 발달에 대한 내적 · 외적 동기를 부여하는 사회적 물리적 환경이 유아의 이후 음악적 성공에 큰 영향을 미친다. 또한 인간의 음악적 선호(musical preference) 형성은 특정 음악에 노출된 정도, 자신의 생에 있어 의미 있는 사람, 즉 성인이나 교사, 친구의 음악적 선호, 그리고 음악 경험의 질적 특성(대중음악 vs 클래식 음악, 속도가 빠른 음악 vs 보통 속도인 음악, 음악의 복잡성 등)에 의해 영향을 받는다(Peery, 1993). 유아기에 어떤 음악경험을 했는가에 따라 그 사람의 음악 선호 및 음악에 대한 반응과 내면화가 다르게 나타나며(안재신, 2004) 음악경험의 질과 양상에 따라 음악에 대한 태도와 신념, 효능감이 다르게 나타난다(이홍수, 1992).

결론적으로 유아의 음악적 능력은 양질의 바람직한 교육을 통해 개발될 수 있다(Flohr, 1981; Holahan, 1983: 안재신, 2004 p. 재인용). 따라서 유아의 음악적 잠재력, 즉 음악성(musicality)은 유아를 위한 양질의 음악 환경을 갖추고, 잘 훈련된 교사를 통해 질적으로 우수한 음악적 경험을 체계적이고 다양하게 제공할 때 계발될 수 있다.

## 2 유아 음악교육의 목적

유아 음악교육은 '음악 미(美)의 이해와 감득(感得)을 통해 미적 창조와 풍부한 인간성의 육성을 목표로 행해지는 예술교육의 한 분야(한국유아교육학회, 1996)'이다. 이러한 유아 음악교육의 목적은 학자들마다 조금씩 다르게 서술하고 있다. 학자별로 서술된 유아 음악교육의 목적을 살펴보면 다음과 같다.

〈표 1-1〉 유아 음악교육의 목적

| 학자 혹은 단체 | 음악교육의 목적 |
|---|---|
| Smith(1970) | – 모든 유아는 음악적 능력을 가지고 있으며, 누구나 그 잠재력을 발달시킬 수 있는 기회를 가져야 한다. |
| Zimmerman(1971) | – 음정에 맞춰 노래 부르기<br>– 리듬에 맞춰 신체 표현하기<br>– 간단한 악기 다루기<br>– 주의 깊게 소리듣기 |
| Moomaw(1984) | – 음악을 통한 유아의 전인 발달의 증진 |
| Anderson과 Lawrence(1985) | – 짧은 노래를 음정에 맞게 부르기<br>– 일정한 박자의 리듬을 칠 수 있기<br>– 음악을 표현적으로 연주하기<br>– 움직임을 통해 음악의 표현적 질에 반응하기<br>– 단순한 리듬이나 멜로디 패턴을 리듬악기로 연주하기<br>– 상상의 표현으로서 노래나 악기연주, 몸의 움직임이나 음악을 만들기 |
| Elliott(1995) | – 음악 감상, 노래 부르기, 악기 연주하기, 음악 만들기와 같은 음악 활동 그 자체인 '음악하기'이다. |
| 미국의 전국 음악교육교사 협의회 (Music Educators National Conference: MENC, 1992) | – 영유아의 음악적 태도 형성과 음악적 행동 증진 및 음악적 소양 향상 |
| Anderss(1995) | – 유아의 타고난 음악적 성향을 길러줌으로써 음악에 대한 경향, 호기심, 참여를 통해 음악이 삶의 중요한 요인이 되고 음악을 적절히 통제할 수 있게 하는 것 |
| Reimer(2003) | – 심미감 경험<br>심미적 음악교육은 음악 작품에 내재한 느낌의 세계를 감지하고, 그 질을 판단하는 것을 목적으로 한다(최은식, 2006). |
| 2007 개정 초등 음악교육과정 (교육과학기술부, 2008) | – 음악교과는 다양한 악곡 및 활동을 스스로 경험하며, 그러한 경험을 통하여 음악적 능력과 창의성을 계발하고, 풍부한 음악적 정서와 애호심을 함양하게 함으로써 음악의 가치를 인식하고 생활화할 수 있는 바탕을 마련하는 데 목적을 둔다. |
| 한국유아교육학회(1996) | – 전문적인 음악가를 양성하는 것이 아니며 넓고 깊은 의미에서 음악적인 생활을 향유할 수 있도록 하는 일 |

이상의 학자 및 단체들의 의견을 종합할 때 유아를 대상으로 하는 음악교육의 목적은 유아들에게 양질의 음악작품 및 음악 관련 활동을 제공함으로써 아름다움을 느끼게 해주고 음악활동을 하면서 음악을 좋아하고, 즐기며 음악적 문해능력(musical literacy)을

계발함과 동시에 유아의 전반적인 발달에 긍정적 영향을 주어 행복한 인간으로 삶을 영위할 수 있도록 하는 것이라 할 수 있다.

CHAPTER 02

# 유아 음악교육의 내용

1. 음악요소 및 개념

2. 음악활동의 유형

3. 영유아 음악교육과정

CHAPTER 02

# 유아 음악교육의 내용

유아교육 현장에서 유아를 위한 음악활동은 크게 소리탐색하기, 노래 부르기, 악기 연주하기, 음악 감상하기, 음악 만들기로 나뉜다. 유아들은 다양한 사물을 이용하여 소리를 들어 보고, 좋아하는 노래를 흥얼거리며, 노래나 음악에 맞추어 악기를 연주하고, 아름다운 곡을 감상하며 때로 자신이 하고 싶은 대로 악기를 연주한다. 비록 음악활동의 유형은 이렇게 나뉠 수 있지만 각 음악활동에서 강조하고 학습하고자 하는 목표는 음악 개념을 이해하고 심미감을 느끼도록 돕는 것이다. 즉 음악교육의 내용은 다양한 음악활동 속에서 음악적 요소 혹은 개념을 이해하면서 아름다움을 느끼도록 하고 자신이 아름다운 음악을 창조할 수 있는 기본 역량을 갖추도록 하는 것이다. 따라서 본서에서는 음악교육의 활동유형을 이해하기에 앞서 기본적인 음악적 요소 및 개념을 이해하고자 한다.

# 1 음악요소 및 개념

음악 개념은 사람으로 하여금 음악에 관해 음악적으로 사고할 수 있게 하고 음악을 이해할 수 있게 하며, 음악적으로 음악행위를 할 수 있게 하는 결정적인 요인이 된다(이홍수, 1992). 많은 학자들은 음악의 기본을 구성하는 기본요소와 음악 개념에 대해 서로 다르게 정의 내리고 있으며, 유아기에 다루어져야 할 음악 개념에 대해서도 조금씩 다른 견해를 보이고 있다. 본서에서는 Campbell과 Scott-Kassner의 음악 개념 정의에 기초를 두고 유아의 발달 수준과 유아기에 가르치기 적합한 수준을 고려하여 다음의 7가지 음악 개념으로 재구성하여 설명하고자 한다.

〈표 2-1〉 유아기에 적합한 음악적 요소 및 개념

| 음악적 요소 | 음악 개념 | |
|---|---|---|
| 음색 | • 음악적 소리/ 비음악적 소리 | • 악기의 유형 |
| 셈여림 | • 세게/ 여리게 | • 점점 세게/ 점점 여리게 |
| 빠르기 | • 빠르게/ 느리게 | • 점점 빠르게/ 점점 느리게 |
| 리듬 | • 박동<br>• 박자 | • 장단<br>• 리듬패턴 |
| 선율 | • 고저<br>• 음의 흐름(올라가기, 내려가기, 반복하기, 차례가기, 건너뛰기, 도약하기) | |
| 조직 | • 단성<br>• 화성 | • 다성 |
| 형식 | • 반복<br>• 변형 | • 대조 |

## 1) 음색(timbre)

음색은 하나의 소리가 다른 소리와 구별되는 독특한 소리의 차이점을 말하며 음색깔, 음질이라고도 한다. 사람마다 목소리가 다르거나, 같은 선율을 연주하는 바이올린과 플루트의 소리가 다른 이유는 음색이 다르기 때문이다.

음색은 소리 내는 사람의 성대의 생김새와 크기, 소리를 내는 방법 등에 따라 다르고, 물체의 재료, 구조, 크기 등에 따라서 달라진다.

### (1) 음악적 소리/비음악적 소리(musical sound and nonmusical sound)

보통 음악적인 소리는 사람의 목소리나 악기와 같이 연주자에 의해서 음정과 음색을 조정할 수 있는 소리를 말하며, 주변의 소리(문 닫는 소리, 자동차의 경적 소리 등)와 같이 그냥 들리는 소리를 비음악적 소리라고 한다.

음악적인 소리와 비음악적인 소리는 소리의 크기, 음높이, 음색에 의해서 구분된다. 음악적인 소리는 규칙적인 진동에 의한 파동을 보이며, 비음악적인 소리는 불규칙적인 진동에 의한 파동을 보이고 있다. 하지만 음악에서는 비음악적인 소리라도 음악을 만드는 사람에 의해서 소리를 조직화할 수 있으면 음악적인 소리가 될 수 있다(현관에서 딸랑거리는 종소리–비음악적 소리를 조직화하여 관현악의 일부로 종소리를 연주하면 음악이 될 수 있다).

### (2) 악기의 유형(type of instruments)

리듬악기와 선율악기로 나눌 수 있으며, 선율악기는 악기의 재료나 연주법에 따라 현악기(바이올린, 비올라, 첼로, 더블 베이스 등), 금관악기(트럼펫, 트럼본, 호른, 튜바 등), 목관악기(플루트, 오보에, 클라리넷, 바순 등) 등으로 나눈다. 유아들은 바이올린 소리와 첼로 소리 등 같은 악기군끼리의 소리를 구분하기 어려우나 바이올린과 플루트와 같이 다른 악기군의 소리는 구분해서 들을 수 있다. 유아기에 적합한 악기의 종류는 본서의 악기연주하기 편을 참고하기 바란다.

## 2) 셈여림(dynamic)

음악이 세게 또는 여리게 연주되거나 소리가 점점 커지거나 작아지는 것을 말한다. 보통 기호로 표현을 하는데 센 소리를 나타낼 때는 *f*, 여린 소리를 나타낼 때는 *p*로 표시를 한다. 또한 소리가 점점 커질 때에는 *cresc.*(크레센도), 소리가 점점 작아질 때는 *decresce.*(데크레센도) 또는 *dim.*(디미누엔도)로 표시를 한다.

〈표 2-2〉 셈여림 기호의 종류

<table>
<tr><th>기호</th><th>읽기</th><th>뜻</th></tr>
<tr><td>ff</td><td>포르티시모</td><td>아주 세게</td></tr>
<tr><td>f</td><td>포르테</td><td>세게</td></tr>
<tr><td>mf</td><td>메조포르테</td><td>조금 세게</td></tr>
<tr><td>mp</td><td>메조피아노</td><td>조금 여리게</td></tr>
<tr><td>p</td><td>피아노</td><td>여리게</td></tr>
<tr><td>pp</td><td>피아니시모</td><td>아주 여리게</td></tr>
<tr><td>crescendo(cresc.)</td><td>크레센도</td><td>점점 세게</td></tr>
<tr><td>decrescendo(decresce.)</td><td>데크레센도</td><td rowspan="2">점점 여리게</td></tr>
<tr><td>diminuendo(dim.)</td><td>디미누엔도</td></tr>
<tr><td>sfz</td><td>스포르찬도</td><td rowspan="2">이 음만 특히 세게</td></tr>
<tr><td>></td><td>악센트</td></tr>
</table>

## 3) 빠르기(tempo)

곡 전체가 빠르게 또는 느리게 표현되거나, 곡이 중간에서 점점 빨라지거나 점점 느려지는 등 변화되는 것을 말한다. 1분당 1박의 속도를 어떻게 하느냐에 따라서, 즉 고정박의 속도에 따라서 빠른 곡인지 느린 곡인지 정해진다. 보통 1분당 1박의 속도를 108~120 정도를 보통 빠르기라 하고 그 이상은 빠른 곡, 그 이하는 느린 곡으로 간주한다. 곡의 속도가 중간에 변화될 때 쓰는 나타냄말에는 *accel.*(아첼레란도: 점점 빠르게), *rit.*(리타르단도: 점점 느리게) 등이 있다.

〈표 2-3〉 빠르기말 종류 및 뜻

| 빠르기말 | 읽기 | 뜻 | 1분당 1박의 속도 |
|---|---|---|---|
| Presto | 프레스토 | 아주 빠르게 | 168~208 |
| Allegro | 알레그로 | 빠르게 | 120~168 |
| Moderato | 모데라토 | 보통 빠르게 | 108~120 |
| Andante | 안단테 | 느리게 | 76~108 |
| Adagio | 아다지오 | 아주 느리게 | 66~76 |
| accelerando(accel.) | 아첼레란도 | 점점 빠르게 | |
| ritardando(rit.) | 리타르단도 | 점점 느리게 | |

## 4) 리듬(rhythm)

리듬은 음악이 진행할 때의 시간적인 질서를 말한다. 리듬은 삽입음의 길고 짧음과 강약의 의미가 들어가 있다. 음악의 기초를 이루는 중요한 요소 중 하나로 박동, 장단, 박자, 리듬패턴 등의 하위 개념이 포함된다.

### (1) 박동(pulse)

시계소리나 심장소리와 같이 규칙적으로 음들이 표현되는 것을 말하며 고정박이라는 용어로 많이 쓰인다.

### (2) 장단(duration)

음들이 시간적으로 얼마나 길고 짧은가를 나타내는 것으로 각각의 길이가 약속된 음표들로 표시한다(온음표, 2분음표, 4분음표, 8분음표 등).

### (3) 박자(meter)

박이 진행되는 동안에 강조된 음(악센트)과 약한 음들이 규칙에 의해 반복되는 것을 말한다. 박자를 나타내기 위하여 2/4, 3/4, 4/4, 6/8 등과 같은 박자표로 표시하고 마디로 구분을 한다.

### (4) 리듬패턴(patterns)

박자 안에서 길고 짧은 음들이 묶여져 있는 것을 말한다.
음악적 요소 리듬의 하위 개념별 정의 및 특성을 요약 정리하면 다음과 같다.

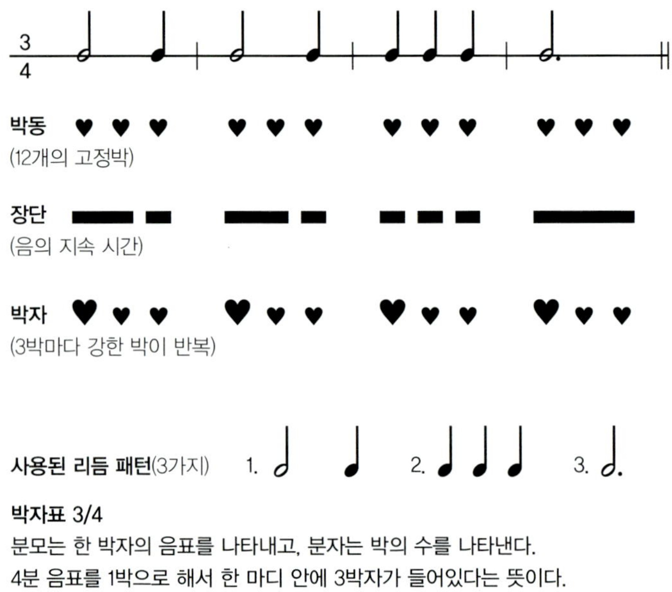


[그림 2-1] 리듬의 하위 개념 비교

## 5) 선율(melody)

높이와 길이가 있는 음들의 수평적인 연결을 말한다. 음악을 이루는 기초적인 요소 중의 하나로 음악적인 의미를 갖추기 위해서는 시간적 질서인 리듬이 포함되어야 한다.

### (1) 고저(pitch)

음의 높낮이를 말한다. 진동수가 많을수록 높은 음이며 음이름(C, D, E, F, G, A, B)을 사용하여 절대적인 음높이를 표시한다.

### (2) 음 흐름(contour)

음의 전체적인 진행흐름을 말하며, 올라가기(ascending), 내려가기(descending), 반복하기(repeat), 차례가기(step), 건너뛰기(skip), 도약하기(leap) 등으로 표현된다.

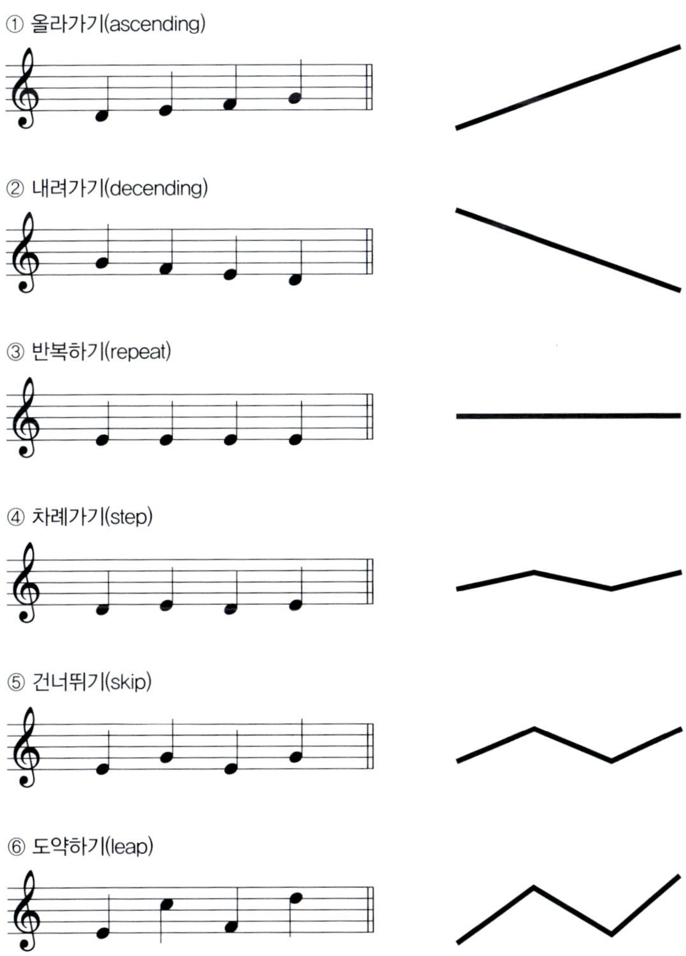


[그림 2-2] Melodic Contour(선율의 윤곽)의 예

## 6) 조직(texture)

음을 음악적으로 결합할 때의 개념으로 음악이 들릴 때 동시에 들을 수 있는 주선율의 수와 성부의 배열과 관련이 있으며 선율과 화음이 함께 가는 방법을 말한다.

### (1) 단성(monophony)

한 성부에서 주선율이 있는 것이다.

### (2) 다성(polyphony)

2개 또는 그 이상의 성부에서 주선율이 동시에 소리를 내는 것으로 각 성부의 소리는 독립적이지만 서로 조화롭게 어울려서 소리를 낸다.

### (3) 화성(homophony)

여러 성부에서 음악이 울리지만 주선율이 1개의 성부에 있고, 나머지 성부는 주요선율을 뒷받침하는 화음 반주로 되어 있다.

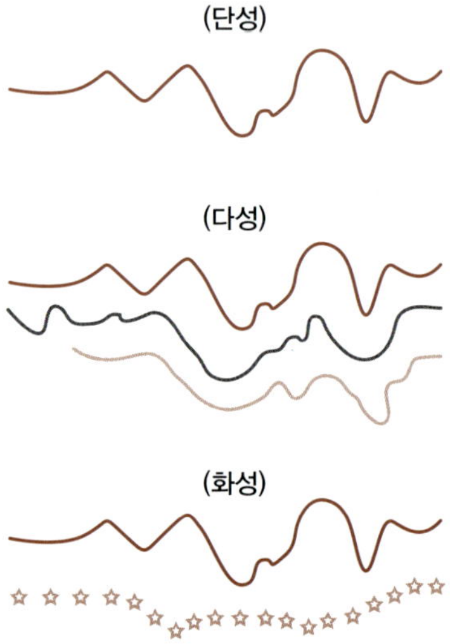


**[그림 2-3]** 음악 조직을 그림으로 나타난 예

출처: http://theelementsofmusic.blogspot.kr/2011/12/texture.html

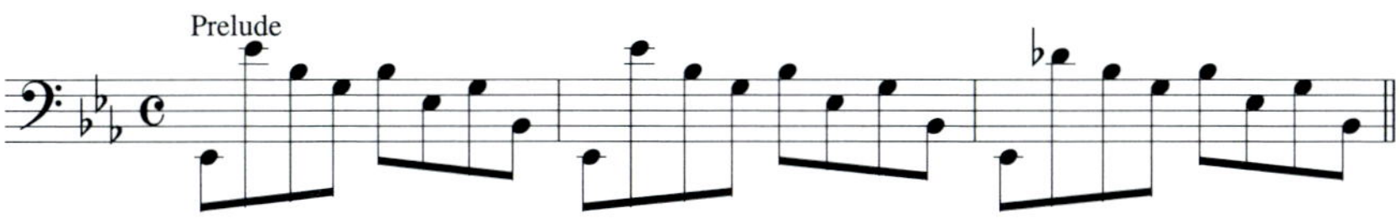


(단성) J. S. Bach: 무반주 첼로 모음곡 No. 4 중에서

(다성) G. P. Palestrina: Missa Aeterna Christi Munera 중에서

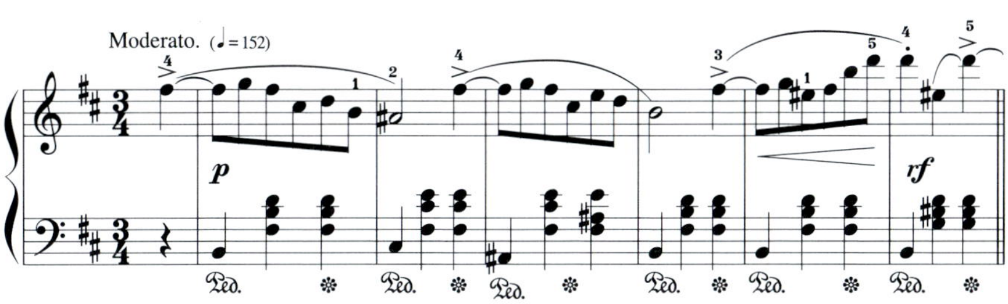


(화성) F. Chopin: 왈츠 op.69 no.2 중에서

**[그림 2-4]** 단성, 다성, 화성의 음악의 예

## 7) 형식(form)

리듬, 선율, 화음, 음색, 강약 등의 요소들이 전체적인 구조적 조직을 이루는 것을 말한다. 이때 이러한 요소들이 반복하여 통일성을 강조하거나 대조와 변화를 강조하는 형태로 조직 또는 변형되기도 한다.

(1) 반복: 뒤의 작은악절이 반복된 예

**참새**

전래가사
이성천 작곡

(2) 대조: 뒤의 작은악절이 대조된 예

**우리나라 꽃**

박종오 작사
함이영 작곡

(3) 변형: 뒤의 작은악절이 변형된 예

**모두제자리**

김성균 작사, 작곡

위에서 설명한 음악 개념은 우리가 음악을 접할 때 분리되어 우리 귀에 들어오는 것이 아니라 동시에 여러 개념이 통합되어 아름다운 소리로 접하게 된다. 따라서 교사는 음악 수업의 목표를 세울 때 어떤 음악적 요소 및 개념을 중심으로 활동을 할 것인가를 염두에 두고 수업계획을 하고 진행하여야 한다.

## 2 음악활동의 유형

유아들과 음악활동을 하게 될 때 외형적으로 나타나는 음악활동은 소리 탐색하기, 노래 부르기, 악기 연주하기, 음악 감상하기, 음악 만들기이다. 많은 유아교육기관에서 교사들은 노래 부르기와 악기 연주하기를 주도적으로 시행하고 있고, 소리 탐색하기는 음악활동보다는 과학활동으로 이루어지며 음악 감상하기는 비형식적으로 이루어지는 경우가 많다. 음악 만들기 활동은 특히 현장에서 자주 이루어지지 않고 있는데 유아들의 음악 창작 능력을 신장하기 위해 유아에게 적절한 음악 만들기 활동도 많이 계발해야 한다. 유아들에게 적합한 수준의 음악활동 유형에 대해서는 5장부터 9장까지 자세하게 소개하도록 하겠다.

# 3 영유아 음악교육과정

## 1) 표준보육과정에서의 영아 음악교육과정

「표준보육과정」은 어린이집의 만 0~5세 영 · 유아들에게 국가수준에서 제공하는 보편적이고 공통적인 보육의 목표와 내용을 제시한 것이다. 국가수준의 어린이집 표준보육과정을 시행함으로써 영유아의 전인적인 성장과 발달을 돕고 민주시민으로서의 자질을 길러 영유아가 심신이 건강하고 조화로운 사회 구성원으로 자랄 수 있도록 하고(보건복지부, 2020) 전국 어린이집의 질적 수준을 높이는 데 기여하고자 개발 고시한 것이다. 우리나라는 2007년에 최초로 「표준보육과정」이 고시된 이래(여성가족부 고시 제2007-1호), 0~4세 영유아를 대상으로 한 「제2차 표준보육과정」(2012년 2월), 0~5세 까지의 「제3차 어린이집 표준보육과정」(2013년 1월), 그리고 「제4차 어린이집 표준보육과정」(2020년 4월)이 개정 고시되었다. 「제4차 어린이집 표준보육과정」은 6개 영역별로 0~1세 보육과정, 2세 보육과정으로 구성되었고, 3~5세 보육과정은 누리과정을 실천하도록 하였다. 「제4차 어린이집 표준보육과정」 중 영아를 위한 예술경험 영역에서 제시하고 있는 음악교육의 목적과 목표 내용을 살펴보면 다음과 같다.

### (1) 0~1세, 2세 보육과정 예술경험의 목적 및 목표, 내용체계

예술경험 영역은 영아가 일상 속에서 주변의 아름다움에 관심을 가지고 느끼며, 아름다움에 대한 감성을 기르도록 돕는 영역이다. 영아는 자신이 느낀 아름다움과 경이로움, 감성을 자유롭게 표현하는 과정을 즐기며, 자연과 주변 환경에 대해 열린 마음을 가지고 향유하는 경험이 필요하다(보건복지부, 2020). 이를 위해 어린이집은 영아가 놀이를 통하여 심미적 감성을 키워 갈 수 있도록 도와야 하고 표준보육과정을 통해 영아가 일상에서 아름다움을 느끼며 감성이 풍부한 사람으로 성장할 수 있도록 해야 한다.

0~1세 보육과정에서 예술경험영역의 목표는 영아가 자연과 생활에서 아름다움을 느끼고 경험하는 것을 목표로 한다. 0~1세 영아는 자연과 생활 속에서 감각을 통한 자극에 호기심을 가지고 반응하며 다양한 방법으로 표현하기를 즐긴다. 영아는 자연물, 사물, 환경의 아름다움에 관심을 가지고 즐김으로써 풍부한 정서를 경험한다. 자신과 환경과의 상호작용에서 아름다운 요소를 발견하고 좋아하는 태도를 형성하고, 일상에 대한 긍정적인 태도를 기르고 자신을 둘러싼 대상과 상생하는 즐거움을 경험하게 된다. 이를 위하여 교사는 영아가 익숙한 일상환경에서 호기심을 가지고 주의 깊게 바라보며 경험할 수 있도록 지원해 주고, 영아가 자신의 경험을 자유롭게 표현할 수 있도록 허용적인 환경을 조성해 주어야 한다(보건복지부, 2020).

2세 보육과정에서 예술경험 영역의 목표는 영아가 자기 주변 환경에서 아름다움을 느끼고 즐기는 것을 목표로 한다. 예술경험 영역은 2세 영아가 일상에서 아름다움을 느끼고 즐기며 이를 통해 자신의 생각이나 느낌을 자유롭게 표현하는 경험을 가지도록 하는 영역이다. 영아들은 이러한 예술경험을 통해 감수성을 계발하고 심미적 태도를 증진시키게 된다. 이를 위해 교사는 영아가 익숙한 일상에서 접하는 대상과 공간에 주의를 기울여 아름다움을 느낄 수 있도록 충분한 시간과 여유로운 공간을 제공하도록 하며, 영아가 다양한 예술을 저마다의 방법으로 자유롭게 표현하고 즐기도록 돕고, 이 과정에서 개별 영아의 느낌과 생각, 표현 방법을 존중하여 자유롭고 편안한 분위기에서 자신의 생각을 표현하도록 지원해 주도록 한다(보건복지부, 2020).

**〈표 2-4〉** 0~1세, 2세 보육과정 중 예술경험 목표 및 세부 목표

| 구분 | 0~1세 보육과정 | 2세 보육과정 |
|---|---|---|
| 목표 | 아름다움을 느끼고 경험한다. | 아름다움을 느끼고 즐긴다. |
| 세부목표 | 1. 자연과 생활에서 아름다움에 관심을 가진다.<br>2. 예술적 경험을 표현한다. | 1. 자연과 생활에서 아름다움을 느끼고 관심을 가진다.<br>2. 예술을 통해 자유롭게 표현한다. |

예술경험 영역은 '아름다움 찾아보기', '창의적으로 표현하기'의 두 가지 내용범주로 구성되며, 내용범주별 내용은 다음과 같다.

〈표 2-5〉 0~1세, 2세 보육과정 중 예술경험 내용체계

| 내용범주 | 0~1세 보육과정 내용 | 2세 보육과정 내용 |
|---|---|---|
| 아름다움 찾아보기 | - 자연과 생활에서 아름다움을 느낀다.<br>- 아름다움에 관심을 가진다. | - 자연과 생활에서 아름다움을 느끼고 즐긴다.<br>- 아름다움에 관심을 갖고 찾아본다. |
| 창의적으로 표현하기 | - 소리와 리듬, 노래로 표현한다.<br>- 감각을 통해 미술을 경험한다.<br>- 모방 행동을 즐긴다. | - 익숙한 노래와 리듬을 표현한다.<br>- 움직임과 춤으로 자유롭게 표현한다.<br>- 미술 재료와 도구로 표현해 본다.<br>- 일상생활 경험을 상상놀이로 표현한다. |

'아름다움 찾아보기' 내용범주에서 0~1세 영아는 자신을 둘러싼 일상적인 환경에서 소리나 움직임, 색과 모양 등에 호기심을 기울이며 미적이고 감성적인 경험을 통해 아름다움을 인식하게 된다. 그러므로 이 시기의 영아들에게 교사는 영아가 일상생활에서 자연이나 사물의 아름다움을 감상하고 즐길 수 있도록 환경을 조성하고, 이러한 경험을 반복적으로 할 수 있도록 주의를 기울인다. 친근한 사람의 목소리, 주변의 소리와 리듬 있는 소리, 그리고 익숙한 노래 등에 영아가 관심을 가지고 아름다움의 요소를 경험할 수 있도록 하며 이를 즐기도록 격려해 준다. 2세를 위해서는 무심히 지나칠 수 있는 일상의 자연이나 생활 속 공간, 사물, 등의 아름다움에 주의를 기울여 풍부하게 느끼며, 자신과 또래의 다양한 예술적 표현을 감사하고 즐기도록 도와주도록 한다. 2세 영아가 다양한 소리나 리듬 등의 음악적 요소와 사람과 사물, 동식물의 움직임에서 아름다움을 발견하고 경험할 수 있도록 허용적인 분위기를 조성하고, 지원하도록 한다.

'창의적으로 표현하기' 내용 범주에서 0~1세 영아는 자신을 둘러싼 환경에서 들려오는 다양한 소리, 리듬과 노래 그리고 움직임에 주의를 기울여 관심을 두다가 익숙한 노래나 리듬을 선호하며 이를 표현하도록 하는 내용이다. 그러므로 이 시기의 영아들에게 보육교사는 다양하고 리듬 있는 소리와 노래에 관심을 갖도록 해주고 영아가 소리와 움직임으로 반응할 수 있도록 격려하며 환경적 지원을 하도록 한다. 2세 보육과정에서는 영아가 일상에서 익숙해진 노래를 부르고 간단한 리듬을 표현하는 것을 즐기도록 환경을 조성해 주도록 한다. 영아가 운율 있는 소리나 노래, 또는 보고 만지고 맛보는 등 감각적 경험에서의 느낌을 움직임이나 춤으로 표현할 수 있도록 돕고, 지원해 주어야 한다.

## 2) 누리과정에서의 유아 음악교육과정

「누리과정」은 유치원교육과정과 표준보육과정을 통합되어, 유치원과 어린이집에서는 2012년 3월부터 「5세 누리과정」을, 2013년 3월부터 「3~5세 연령별 누리과정」을, 그리고 2020년 3월부터는 「2019 개정 누리과정」을 시행하고 있다. 3~5 유아를 대상으로 음악교육을 시행하기 위한 내용 선정 근거는 '예술경험 영역'에서 찾을 수 있다. 예술경험의 목표와 내용을 자세히 살펴보면 다음과 같다.

### (1) 예술경험의 목표

아름다움과 예술에 관심을 가지고 창의적 표현을 즐긴다.

① 자연과 생활 및 예술에서 아름다움을 느낀다.
② 예술을 통해 창의적으로 표현하는 과정을 즐긴다.
③ 다양한 예술 표현을 존중한다.

개정 누리과정은 유아가 자연과 문화에 대한 감수성을 바탕으로, 일상 속에서 아름다움을 느끼고 즐기는 마음을 가지도록 돕는 것을 목표로 한다. 유아는 자신이 느낀 아름다움과 경이로움, 시적인 감수성을 예술적으로 표현하는 과정을 즐기며, 자연과 문화에 대해 열린 마음을 가지고 향유하는 경험이 필요하다. 유치원과 어린이집은 유아가 놀이를 통하여 문화적 공감 능력과 심미적 감수성을 키워 갈 수 있도록 격려하고 도와주도록 한다(교육부 · 보건복지부, 2019).

### (2) 예술경험 영역의 내용

예술경험 영역은 유아가 자연, 생활, 예술에서 아름다움을 찾아보고 느끼며, 다채롭고 창의적인 방법으로 자신의 경험, 생각, 느낌을 표현해 보고, 다양한 예술 표현을 존중하는 경험과 관련된 내용 영역이다. 예술경험 영역의 내용을 자세하게 살펴보면 다음과 같다.

〈표 2-7〉 누리과정 중 예술경험 영역의 연령별 세부내용-음악교육

| 내용범주 | 내용 |
|---|---|
| 아름다움 찾아보기 | 자연과 생활에서 아름다움을 느끼고 즐긴다. |
| | 예술적 요소에 관심을 갖고 찾아본다. |
| 창의적으로 표현하기 | 노래를 즐겨 부른다. |
| | 신체, 사물, 악기로 간단한 소리와 리듬을 만들어 본다. |
| | 신체나 도구를 활용하여 움직임과 춤으로 자유롭게 표현한다. |
| | 다양한 미술 재료와 도구로 자신의 생각과 느낌을 표현한다. |
| | 극놀이로 경험이나 이야기를 표현한다. |
| 예술 감상하기 | 다양한 예술을 감상하며 상상하기를 즐긴다. |
| | 서로 다른 예술 표현을 존중한다. |
| | 우리나라 전통 예술에 관심을 갖고 친숙해진다. |

'아름다움 찾아보기'는 유아가 자연과 생활에서 아름다움을 느끼며 예술적 요소에 관심을 가지고 찾아보는 내용이다. 유아가 자신의 주변에서 만나는 자연, 공간, 사물 등의 아름다움을 풍부하게 느끼며 즐길 수 있도록 경험을 구성하도록 하며, 주변의 자연과 생활에서 다양한 소리나 리듬 등의 음악적 요소를 발견하고, 사물이나 동식물의 움직임에서 아름다움을 경험할 수 있도록 교사가 환경을 지원하고 격려해 주도록 한다(교육부 · 보건복지부, 2019).

'창의적으로 표현하기'는 예술을 통해 창의적으로 표현하는 과정을 즐기는 내용이다. 유아가 흥얼거리거나 친구들과 함께 소리와 박자 등을 느끼고 노랫말을 바꾸어 불러 보며 노래 부르기를 즐기는 경험을 하도록 구성하며, 자신의 신체, 주변의 사물, 리듬 악기 등을 사용하여 소리와 리듬을 창의적으로 만들어 보고, 자신의 경험, 느낌, 생각 등을 창의적으로 표현하는 과정을 즐기는 내용(교육부 · 보건복지부, 2019)도 가능하다.

'예술 감상하기'는 다양한 예술 표현을 존중하는 내용이다. 유아가 자신과 또래의 작품이나 음악, 춤, 미술작품, 극 등 다양한 예술을 감상하고 자유롭게 상상하기를 즐기도록 하며, 이러한 활동 및 과정 속에서 다양한 표현을 존중하고, 우리나라 고유의 전통 음악, 춤, 미술, 건축물, 극 등에 관심을 가지고 전통 예술을 감상하며 우리나라 문화에 친숙해지도록 구성하는 내용이다(교육부 · 보건복지부, 2019). 교사는 유아가 아름다움을

느끼고 즐기며 창의적으로 표현하는 과정을 통해 풍부한 감수성을 기르도록 돕는다. 또한 유아가 다양한 예술 감상을 통해 상상력을 키우고 예술 표현이 가지고 있는 고유의 가치를 존중하도록 지원하도록 한다.

## 3) 세계 각국의 유아 음악교육과정

### (1) 미국의 유아 음악교육과정

미국은 각 주별로 예술교육의 내용을 다르게 제시하고 있으며 이 주별 교육과정은 필수적으로 시행하는 반면 국가표준은 선택적 사항이다. 1994년 전미예술교육협회(National Arts Education Association)는 전미음악교육협회(The National Association for Music Education: NAfME)의 동의하에 국가수준의 예술교육을 제시하였고, 다시 2014년에 수정 보완하여 국가 수준의 예술교육표준인 국가공통핵심예술표준(National Common Core Arts Standards)을 발표하였다. 이 자발적인 예술표준은 각 주 교사들에게 고유의 교육과정을 발전시킬 수 있도록 융통성을 허용하며 그 분야에 필요한 지식과 기술을 국가공통핵심예술표준에 보충하여 제안할 수 있다. 전미음악교육협회가 발표한 유아기 음악교육 내용 범주를 살펴보면 다음과 같다.

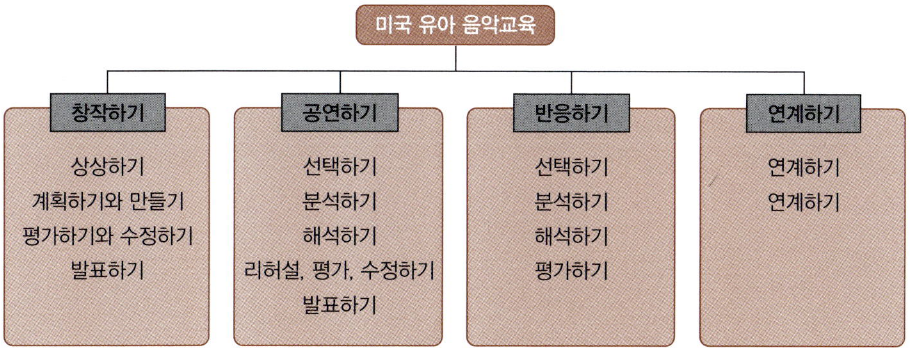


**[그림 2-6]** 미국의 음악교육 내용 범주

미국 음악교육의 내용인 국가공통핵심예술표준은 유아기(prekindergarten)부터 8학년

(8th grade)까지 제시되어 있는데 유아기에 해당하는 Prekindergarten과 Kindergarten의 핵심 기준을 창작하기, 공연하기, 반응하기, 연계하기로 나누어서 살펴보면 다음과 같다(NAfME, 2014).

〈표 2-8〉 미국의 유아음악교육 중 창작하기 기준

<table>
<tr><th>음악 영역</th><th>하위 영역</th><th>Prekindergarten</th><th>Kindergarten</th></tr>
<tr><td rowspan="8">창작<br>하기</td><td rowspan="6">상상하기:<br>다양한 목적과 맥락을 위한 음악적 아이디어 생성하기</td><td>- 실제적인 안내가 있는 가운데 다양한 음악을 탐색하고 경험하기</td><td>- 안내가 있는 가운데 음악적 개념(박과 선율의 흐름과 같은)을 탐색하고 경험하기</td></tr>
<tr><td></td><td>- 안내가 있는 가운데 음악적 아이디어(움직임과 동기와 같은)를 생성하기</td></tr>
<tr><td>- 실제적인 안내가 있는 가운데 원래 음악적 아이디어를 완성하기 위해 아이콘 기보법 그리고/혹은 기록화 기법을 사용하면서 주문 사항을 선택하고 수행하기</td><td>- 안내가 있는 가운데 좋아하는 음악적 아이디어를 시연해보고 선택하기</td></tr>
<tr><td>- 실제적인 안내가 있는 가운데 원래 음악적 아이디어를 완성하기 위해 아이콘 음표와/혹은 기록화 기법을 사용하면서 선별 유지하기</td><td>- 안내가 있는 가운데 아이콘 기보법과/혹은 기록화 기법을 사용하면서 개인적인 음악적 아이디어를 조직화하기</td></tr>
<tr><td>- 실제적인 안내가 있는 가운데 개인의 음악적 아이디어를 시연하거나 다듬을 때 개인의, 동료의, 교사의 피드백을 고려하기</td><td>- 안내가 있는 가운데 개인의 음악적 아이디어를 다듬을 때 개인의, 동료의, 교사의 피드백을 활용하기</td></tr>
<tr><td>- 실제적인 안내가 있는 가운데 수정된 개인의 음악적 아이디어를 또래와 공유하기</td><td>- 안내가 있는 가운데 개인의 음악적 아이디어를 또래에게 최종버전으로 시연하기</td></tr>
<tr><td rowspan="2">계획하기와 만들기:<br>규정된 목적과 맥락을 위한 음악적 아이디어를 선택하고 발전시키기</td><td>- 실제적인 안내가 있는 가운데 좋아하는 음악적 아이디어(움직임, 발성 또는 악기 반주 같은)를 탐색하기</td><td>- 안내가 있는 가운데 좋아하는 음악적 아이디어를 보여주고 선택하기</td></tr>
<tr><td>- 실제적인 안내가 있는 가운데 원래 음악적 아이디어를 완성하기 위해 아이콘 기보법 그리고/혹은 기록화 기법을 사용하면서 주문 사항을 선택하고 수행하기</td><td>- 안내가 있는 가운데 아이콘 기보법 그리고/또는 기록화 기법을 사용하면서 개인의 음악적 아이디어를 조직하기</td></tr>
</table>

| 창작하기 | 평가하기와 수정하기: 적절한 기준에 충족하는 음악작품을 창작하기 위해 선택된 음악적 아이디어를 평가하고 수정하기 | – 실제적인 안내가 있는 가운데 개인의 음악적 아이디어를 보여 주고 수정할 때 개인, 또래 그리고 교사의 피드백을 고려하기 | – 안내가 있는 가운데 개인의 음악적 아이디어 수정에 개인, 또래 그리고 교사의 피드백을 적용하기 |
|---|---|---|---|
| | 발표하기: 의도, 시연 작품, 원곡 공연 등이 연결된 창의적 음악 작품을 공유하기 | – 실제적인 안내가 있는 가운데 수정된 음악적 아이디어를 또래와 공유하기 | – 안내가 있는 가운데 음악적 아이디어를 또래에게 최종 버전으로 시연하기 |

출처: 미국음악교육협회(www.nafme.org/my-classroom/standards/core-music-standards).

〈표 2-9〉 미국의 유아 음악교육 중 공연하기 기준

| 음악 영역 | 하위 영역 | Prekindergarten | Kindergarten |
|---|---|---|---|
| 공연하기 | 선택하기 | – 실제적인 안내가 있는 가운데 다양한 음악적 선택을 위해 시연하고 진술하기 | – 안내가 있는 가운데 다양한 음악적 선택 안에 있는 개인의 흥미를 시연하고 진술하기 |
| | 분석하기: 공연을 위하여 다양한 음악작품의 구조와 맥락 및 그 작품의 함의를 분석하기 | – 실제적인 안내가 있는 가운데 음악적 대조에 대한 의식을 탐색하고 시연하기 | – 안내가 있는 가운데 공연하려고 선택한 다양한 음악에서 음악 대조(높음/낮음, 세게/여리게, 같음/다름과 같은)에 대한 의식을 탐색하고 시연하기 |
| | 해석하기: 창작자의 의도를 고려한 개인의 해석을 개발하기 | – 실제적인 안내가 있는 가운데 음악의 표현적 질(목소리 질, 셈여림, 빠르기와 같은)을 탐색하기 | – 안내가 있는 가운데 창작자의 표현적 의도를 지원하는 표현적 질(목소리 질, 셈여림, 빠르기와 같은)에 대한 의식을 시연하기 |
| | 리허설, 평가, 수정하기: 독주, 앙상블을 개별적으로 혹은 다른 사람과 협력하여 평가하고 수정하기 | – 실제적인 안내가 있는 가운데 자신이 공연에 대해 갖고 있는 좋아하는 것을 연습하고 시연하기 | – 안내가 있는 가운데 공연을 수정하기 위해 개인의, 교사의, 또래의 피드백을 적용하기 |
| | | – 실제적인 안내가 있는 가운데 개인의, 또래의, 교사의 피드백을 공연 수정에 적용하기 | – 안내가 있는 가운데 음악의 표현적 질을 향상시키기 위해 제안된 전략을 리허설에서 사용하기 |

| | | | |
|---|---|---|---|
| 공연하기 | 발표하기: 적절한 해석 및 정확한 연주기법을 가지고, 청중과 맥락에 적합한 매너로 풍부하게 공연하기 | – 실제적인 안내가 있는 가운데 표현력 있게 음악을 공연하기 | – 안내가 있는 가운데 표현력 있게 음악을 공연하기 |
| | | | – 청중을 위해 적절하게 공연하기 |

출처: 미국음악교육협회(www.nafme.org/my-classroom/standards/core-music-standards).

〈표 2-10〉 미국의 유아 음악교육 중 반응하기 기준

| 음악 영역 | 하위 영역 | Prekindergarten | Kindergarten |
|---|---|---|---|
| 반응하기 | 선택하기: 특별한 목적 혹은 맥락에 적절한 음악을 선택하기 | – 실제적인 안내가 있는 가운데 개인적인 관심을 진술하고 다른 사람들 이상으로 어떤 음악 선정을 더 좋아하는 이유를 설명하기 | – 안내가 있는 가운데 개인적인 관심과 경험을 나열하고 다른 사람들 이상으로 어떤 음악 선정을 더 좋아하는 이유를 설명하기 |
| | 분석하기: 다양한 음악작품의 구조와 맥락이 반응자들에게 어떻게 정보를 주는지 분석하기 | – 실제적인 안내가 있는 가운데 음악 안에서 음악적 대조를 탐색하기 | – 안내가 있는 가운데 특별한 음악 개념(박 혹은 선율의 방향)이 어떻게 음악 안에서 사용되는지 시연하기 |
| | 해석하기: 창작자/공연자의 표현적 의도를 반영한 음악 작품에 대한 해석을 지원하기 | – 실제적인 안내가 있는 가운데 음악의 표현적 질(셈여림과 빠르기와 같은)을 탐색하기 | – 안내가 있는 가운데 창작자/공연자의 표현적 의도를 반영한 표현적 질(셈여림과 빠르기와 같은)에 대한 인식을 설명하기 |
| | 평가하기: 분석, 해석, 형성평가 준거에 기초하여 음악적 작품과 공연에 대한 평가를 지원하기 | – 실제적인 안내가 있는 가운데 음악안에 있는 개인적 표현적 선호에 관해 이야기하기 | – 안내가 있는 가운데 음악 평가안에 개인적 표현적 선호를 적용하기 |

출처: 미국음악교육협회(www.nafme.org/my-classroom/standards/core-music-standards).

〈표 2-11〉 미국의 유아 음악교육 중 연계하기 기준

| 음악 영역 | 하위 영역 | Prekindergarten | Kindergarten |
|---|---|---|---|
| 연계하기 | 연계하기: 음악을 만들기 위해 지식과 개인적 경험을 종합적으로 다루고 관계 짓기 | - 창작하기, 공연하기, 음악에 반응하기를 할 때 관심, 지식, 기술이 개인적 선택 및 의도와 어떻게 관련되는지 설명하기<br>- 실제적인 안내가 있는 가운데 수정된 음악적 아이디어를 또래와 공유하기<br>- 실제적인 안내가 있는 가운데 다양한 음악적 선택을 위해 선호에 대해 설명하고 진술하기<br>- 실제적인 안내가 있는 가운데 음악의 표현적 질(목소리 질, 셈여림, 빠르기)을 탐색하기 | - 창작하기, 공연하기, 음악에 반응하기를 할 때 관심, 지식, 기술이 개인적 선택 및 의도와 어떻게 관련되는지 설명하기<br>- 안내가 있는 가운데 최종 음악적 아이디어를 또래에게 설명하기<br>- 안내가 있는 가운데 다양한 음악적 선택안에 있는 개인적 관심을 설명하고 진술하기<br>- 안내가 있는 가운데 창작자의 표현적 의도를 지원하는 표현적 질(목소리 질, 셈여림, 빠르기)에 대한 의식을 설명하기 |
| | 연계하기: 심화 이해를 위해 음악적 아이디어와 작품을 다양한 맥락과 관계 짓기 | - 음악과 다른 예술작품, 다른 원리, 다양한 맥락, 일상생활 간의 관계성 이해를 설명하기<br>- 실제적인 안내가 있는 가운데 음악적 대조에 대한 인식을 탐색하고 설명하기<br>- 실제적인 안내가 있는 가운데 음악 안에 있는 음악적 대조를 탐색하기<br>- 실제적인 안내가 있는 가운데 음악 안에 있는 개인적이고 표현적인 선호에 대해 말하기 | - 음악과 다른 예술작품, 다른 원리, 다양한 맥락, 일상생활 간의 관계성 이해를 설명하기<br>- 안내가 있는 가운데 공연을 위해 선정된 다양한 음악 안에 있는 음악 대조(높은/낮은, 세게/여리게, 같은/다른 과 같은)에 대한 인식을 탐색하고 설명하기<br>- 안내가 있는 가운데 음악 안에서 특별한 음악 개념(예를 들어 박 혹은 선율의 방향)이 사용된 방법을 설명하기<br>- 안내가 있는 가운데 음악 평가 안에 개인적 표현적 선호를 적용하기 |

출처: 미국음악교육협회(www.nafme.org/my-classroom/standards/core-music-standards).

NAfME에 의해 제시된 국가공통핵심예술표준은 유아단계부터 고등학교과정까지 예술영역 안에 동일한 하위범주 내에서 내용을 제시하고 있어 유아기부터의 연계성을 강화하고 예술영역 전체의 통합성을 강조하였다. 국가공통핵심예술표준은 자발적 표준이며 연방정부에서 발표한 것이 아니라 음악교육협회에서 발표한 내용이라 각 주별로 차이가 있다. 전체적으로 미국의 유아음악교육과정의 공통 특징은 유아기부터 중·고능 과정까지 동일한 내용 체계하에 연계되어 제시되고 있으며, 예술표준으로 제시했

다 하더라도 예술영역 내의 음악영역에서 습득해야 할 개념과 기술, 태도나 가치 등이 구체적으로 진술되어 있다.

### (2) 영국의 유아 음악교육과정

영국의 교육과정은 National Curriculum이라는 국가수준의 교육과정을 공표하여 시행하고 있다. 교육과정의 기초단계인 0~5세 교육과정은 The Early Years Foundation Stage(EYFS)에 해당되며 개인적 · 사회적 · 정서적 발달영역(personal, social and emotional development area), 의사소통, 언어와 문해 영역(communication, language and literacy area), 문제해결, 추론, 수학 영역(problem solving, reasoning and numeracy area), 세계에 대한 지식과 이해 영역(knowledge and understanding of the world area), 신체발달 영역(physical development area), 창의성 발달 영역(creative development area)인 6개 영역으로 구분하여 제시하고 있다. 창의성 발달영역은 미술, 음악, 동작, 춤, 역할놀이 활동, 수학, 디자인 , 테크놀로지 등을 통한 유아의 생각과 느낌, 사고의 공유와 탐구를 위한 기회를 제공하며, 아이들의 창의성은 놀이와 탐구를 통해 나타난다는 것을 밝히고 있다. EYFS의 마지막 단계에 오면 유아들이 성취해야 할 세부적인 내용을 다음과 같이 제시하고 있다.

〈표 2-12〉 영국 창의성 발달 영역에 나타난 유아 음악교육 내용

| | 창의성 발달 영역의 내용 |
|---|---|
| 유아의 성취기준 | • 오감으로 느끼는 것에 반응하기<br>• 유아들이 많은 자료와 적당한 도구, 상상 역할 놀이, 움직임, 디자인하고 만들기, 다양한 노래와 악기를 사용하여 생각과 감정을 표현하고 의사소통하기<br>• 색, 문맥, 모양, 형태, 공간을 2~3차원에서 탐색하기<br>• 어떻게 소리가 변하는지 탐색하고 알기, 간단한 노래 기억하여 부르기, 반복된 소리와 패턴을 인식하기, 음악에 맞춰 움직이기<br>• 미술과 디자인, 음악, 춤, 상상과 역할 놀이, 이야기에서 유아의 상상력 사용하기 |

출처: http://webarchive.nationalarchives.gov.uk/20110809091832/
http://teachingandlearningresources.org.uk/early-years/early-years-foundation-stage-eyfs

### (3) 캐나다의 유아 음악교육과정

캐나다는 각 주별로 예술교육의 내용을 다르게 제시하고 있다. 그중 온타리오 주 교

육과정을 중심으로 살펴보면 개인적 사회적 발달, 언어, 수학, 과학과 공학, 건강과 신체 활동, 예술 영역으로 구분하여 제시하고 있다. 이 중 예술영역은 의사소통 및 언어, 인지, 정서, 신체의 발달과 연관이 있으며, 조형, 음악, 춤, 사회 극화 놀이가 포함되어 있다. 캐나다의 예술영역 중 음악교육 관련 내용을 살펴보면 다음과 같다.

〈표 2-13〉 캐나다 온타리오 주 예술영역에 나타난 유아 음악교육 기대수준

| 음악교육에서 전반적 기대수준 | 구체적 기대수준 |
|---|---|
| 음악활동을 통해 스스로 음악가로 인지하기 | • 음악에 대한 흥미와 성취감 알기(㉵ 자신의 생각을 넣어 노래 부르기, 노래 부를 때 반주 만들기)<br>• 친숙하고 새로운 방법으로 음악을 만들기 위해 다양한 도구와 재료(㉵ 숟가락, 캐스터네츠, 리듬막대, 음악 소프트웨어)를 이용하여 탐색하기 |
| 음악과 음악활동을 통해 기본 지식과 기술 익히기 | • 음악의 다른 요소들(㉵ 박, 음색, 빠르기, 셈여림) 탐색하기(㉵ 노래의 박에 맞추어 손뼉치기, 발건반의 소리 비교하기, 노래 부르며 다른 악기들과 함께 연주해 보기) |
| 혼자, 다른 사람들과 음악을 사용한 기술, 재료, 과정의 경험으로 문제 해결 전략들 사용하기 | • 음악을 만들 수 있는 상상력과 문제해결력을 사용하기(㉵ 익숙한 노래에 다른 리듬패턴을 만들며 악기로 연주하기, 친숙한 노래를 변주해 보기) |
| 다른 문화를 포함한 음악으로 다양하게 표현하기 | • 음악적 형식에 대한 말, 자신의 경험과 연결하여 만들기, 또는 움직이기에 따라 음악에 대한 반응을 표현하기<br>• 다양한 문화의 음악에 반응하기(㉵ 포크송, 원주민의 챈트, 다른 언어의 노래) |
| 음악을 통한 생각을 의사소통하기 | • 소리, 리듬, 음악을 통해 어떤 것(㉵ 책, 경험, 그림)에 대한 자신의 생각을 의사소통하기(㉵ 노래나 챈트 만들기, 소리효과 만들기, 노래나 시에 리듬 사용하기) |

출처: www.edu.gov.on.ca/eng/curriculum/elementary/kindergarten_english_june3.pdf

캐나다 온타리오 주의 종일제 유치원 교육과정의 음악영역의 내용 체계는 종일제 조기학습 유치원 프로그램(full-day early learning-kindergarten program)을 마칠 무렵에 기대할 수 있는 전반적인 기대수준을 5가지로 제시하고 있다. 또한 음악영역 내용 체계에는 구체적인 기대수준 그리고 유아가 적용할 수 있는 연계내용과 교사들이 상호작용해야 하는 연계내용이 구체적으로 명시되어 있다.

CHAPTER 03

# 유아 음악교육의 교수방법

CHAPTER 03

# 유아 음악교육의 교수방법

## 1 유아 음악교육의 교수-학습 원리

### 1) 음악 개념을 학습주기에 활용하기

많은 유아들은 음악을 듣고 손뼉을 치고, 고개를 흔들며, 춤을 추듯이 움직이지만 음악이 갖고 있는 미적 의미를 이해하고, 즐거워하는 것은 아니다. 유아들이 음악을 듣고 미적 의미를 이해하고 즐거워하기 위해서는 유아들의 발달적 수준에 맞는 곡을 선정하고 곡의 미적 의미와 음악 개념을 잘 이해할 수 있도록 고안된 교수-학습 방법이 요구된다. 교사가 유아 음악활동을 잘하기 위해서는 어떤 음악을 선정할 것인가에서 부터 출발하여 선정한 곡의 음악 개념을 가장 효율적으로 유아가 학습하고 교사가 가르칠 수 있는 교수-학습 방법을 고안하는 과정까지 유아의 발달에 적합하고, 유아의 관점에서 수용할 수 있는 세밀한 준비과정이 필요하다. 유아들이 음악을 잘 듣고 이해하고 즐기게 하려면 선정한 곡의 심미적 인상 뿐 아니라 선정한 곡의 음악 개념을 유아가 능동적으로 학습할 수 있도록 체계적으로 전개하여야 한다(이옥주, 2011).

유아들이 능동적인 학습의 과정을 통해 음악을 듣고 활동을 하면서 음악 개념을 체계적으로 이해하고, 내면화하는 교수–학습 방법으로 학습주기(learning cycle)를 추천한다(김소향 · 안경숙, 2006; 안재신 · 이옥주 · 정수진, 2005; 이옥주, 2011; 이옥주 · 류진순, 2008). 학습주기는 피아제의 인지발달 모델에 기초하고 있는 교수–학습 방법으로서 유아가 개념을 적극적으로 탐색하도록 허용하는 교수–학습 방법이다(Sowell, 1993). 모든 학습 과정은 인식(awareness), 탐색(exploration), 탐구(inquiry), 적용(utilization)이라는 학습의 순환주기를 따른다(Schmidt, 2008). 먼저 인식 단계는 학습자의 관심에 의해 새로운 학습을 시작하는 단계이다. 보통 학습자들은 자신의 관심이 많은 사건이나 사물에 대해 호기심을 갖고 학습을 시작한다. 학습자가 관심을 갖고 있으면 학습할 개념에 대해 쉽게 동기가 발생하고, 자신이 갖고 있었던 개인적 경험과 연계하기 시작한다. 간혹 학습자들이 관심을 보이지 않을 경우 교사가 오늘 학습할 목표 혹은 개념에 대해 안내할 수도 있다. 예를 들어 하이든의 놀람교향곡을 감상하면서 음악적 개념 중 큰 소리를 학습하는 것을 계획하였을 경우 교사는 유아들에게 일상생활 속에서 들었던 소리 중 큰 소리는 어떤 소리들이 있었는지 질문하여 유아에게 큰 소리에 대해 관심을 갖게 할 수 있다. 탐색단계에서는 학습자가 가능한 수단을 동원하여 학습 개념을 다양하게 발견한다. 이 탐색 단계에서 학습자는 질문을 하기도 하고, 자신이 인식한 개념에 대해 특성과 구성요소 등을 생각해 본다. 어떤 경우는 인식과 탐색이 거의 동시에 이루어지기도 한다. 유아들이 놀람교향곡을 여러번 들어보면서 큰 소리로 들리는 부분은 어디인지 찾아볼 수 있다. 탐구단계에서는 자신이 이해한 것들을 관찰, 비교, 분석, 검토하면서 개인적이고 구체적이었던 개념을 보다 객관적이고 일반적인 것으로 변화시켜 본다. 학습자는 학습 개념과 관련된 자료를 수집하고, 연구하고, 도서관에 자주가서 관련 정보를 수집하고, 개념에 대해 많은 사람들과 열정적으로 토론하면서 초점을 맞추어 깊게 조사하면서, 자신의 이론을 창안하여 검증하고 끝까지 문제를 해결하는 전문가가 될 수 있다. 놀람교향곡에서 큰 소리가 나는 부분을 탐색한 후 큰 소리가 나는 부분을 다른 양식으로 어떻게 표현할지 연구해 볼 수 있다(예를 들어 신체로 크게 표현하기, 교실에서 활용할 수 있는 다양한 악기로 크게 연주해 보기 등). 마지막으로 적용단계에서는 자신이 배운 개념을 여러가지 목적으로 이용하거나 새로운 상황에 활용하는 단계이다. 음악에서 큰 소리로 연주하는 것이 효율적임을 안 학습자가 다시 크게 연주하면 좋을 곡을 선정하여 큰 소리로 연주해 보거나, 다른 일상생활 속에서 큰 소리를 내면 효과가 있을 상황을 생각하고 그러한 상황에서 큰 소리를 내 보는 활동을 하는 것이 해당된다. 이 네 단계의 학습주기를 적용하는 교수 방법은 시간이 상당히 소요되지만, 학습자의 호기심, 다양한 학습 양식, 대화, 상호작용과 창안의 기회를 제공한다. 학습주기를 적용하는 것은 학습자들이 특정 시기에 특정 과목 혹은 개념에 대해 전문가가 되는 방법을 알게 하는 것이며, 자신의 학습을 어떻게 활동하는지를 배우도록 하는 방법이다. 즉 학습주기는 학습과 문제를 연결시키고 응용하도록 하는 방법이며, 학습자들이 협력하는 방법을 알게 하고, 사회적 기술을 향상시키는 교수 방법이다(Schmidt, 2008).

학습주기를 고려한 음악 감상활동과 노래 부르기 활동의 예는 다음과 같다.

**〈표 3-1〉** 학습주기를 활용한 음악 감상활동 예시

| 곡명 | 놀람 교향곡(하이든) |
|---|---|
| 목표 | 1. 큰 소리와 작은 소리의 개념을 알고 구분할 수 있다.<br>2. 주변에서 나는 큰 소리와 작은 소리를 찾을 수 있다.<br>3. 놀람 교향곡에서 큰 소리가 나는 부분을 찾고 표현할 수 있다.<br>4. 다른 곡에서 큰 소리가 나는 부분을 찾고 표현할 수 있다. |
| 음악 개념 | 셈여림(큰 소리) |
| 인식단계 | 1. 주변에서 나는 큰 소리와 작은 소리를 찾아본다.<br>1-1 교사는 유아들에게 여러 가지 소리를 들려준다.<br>1-2 유아는 큰 소리와 작은 소리를 구분해 본다.<br>2. 다양한 소리를 들려주고 유아는 큰소리와 작은 소리를 구분해 본다. |
| 탐색단계 | 1. 놀람 교향곡을 듣고 느낌을 이야기해 본다.<br>2. 크게 연주되는 부분이 어디였는지 작게 연주되는 부분은 어디였는지 이야기해 본다. |
| 탐구단계 | 1. 놀람교향곡을 들으면서 크게 연주되는 부분에서 어떻게 표현할지 의논한다(예 박수를 크게 쳐 본다). |
| 적용단계 | 1. 큰소리가 나는 악기와 작은 소리가 나는 악기에 대해 얘기해 본다.<br>2. 준비한 악기 중 큰소리가 나는 악기와 작은 소리가 나는 악기를 찾아 보고 소리를 들어 본다.<br>3. '천둥과 번개의 폴카(요한 스트라우스 곡)' 음악을 들으면서 큰 소리와 작은 소리를 찾아본다.<br>4. '천둥과 번개의 폴카(요한 스트라우스 곡)' 음악을 들으면서 큰 소리를 내는 악기와 작은 소리를 내는 악기로 큰 소리와 작은 소리에 맞게 연주해 본다. |

출처: 이옥수(2011). p. 7.

〈표 3-2〉 학습주기를 활용한 노래 부르기 활동계획안 예시

| 곡 명 | 자동차가 붕붕(안재신 요/곡) |
|---|---|
| 목표 | 1. 교통기관(탈 것)의 소리를 탐색한다.<br>2. 악기로 교통 기관의 소리를 묘사할 수 있다. |
| 음악 개념 | 음색-교통기관의 소리 |
| 인식단계 | 1. 자동차를 타 본 경험에 대해 이야기 나눈다.<br>2. 여러 가지 탈 것의 소리(자동차, 자전거, 오토바이, 배 등)를 들려주면서 이야기를 나눈다.<br>3. 탈 것의 소리를 들으면서 입으로 흉내 내어 본다. |
| 탐색단계 | 1. 자동차 모형과 네거리 길 모양 판을 이용하여 '자동차가 붕붕' 가사 내용을 융판 동화로 들려준다.<br>2. 이러한 동화 내용의 노래가 있음을 알려준다.<br>3. '자동차가 붕붕'노래를 음원을 이용해서 혹은 교사가 육성으로 들려준다.<br>4. 그림악보를 보면서 노랫말을 읽어 본다.<br>5. 단음으로 불러 본다('붕'으로 불러 보자).<br>6. 반주에 맞추어 노랫말로 끝까지 불러 본다. |
| 탐구단계 | 1. '자동차가 붕붕' 노래를 들으면서 소리를 나타낸 부분을 찾아 본 후 노래를 부른다.<br>2. 노랫말에 자동차 대신에 다른 탈 것을 넣어서 불러 본다.<br>(예 자전거가 씽씽 달려갑니다)<br>3. 탈 것의 소리와 비슷한 소리를 낼 수 있는 악기에 대해 이야기를 나눈다.<br>4. '자동차가 붕붕' 노래를 부를 때 소리가 비슷한 악기를 노랫말에 맞추어 연주해 본다. |
| 적용단계 | '간다간다' 노래를 들어보면서 소리로 표현된 곳을 찾아본다.<br>'간다간다' 노래에서 소리로 표현된 곳을 악기로 연주해 본다. |

지금까지 학습주기를 활용하여 음악활동을 진행한 연구들을 살펴보면, 노래 부르기 활동에 학습주기를 적용하였을 때 유아들의 리듬, 노래 지각, 음을 듣고 알아맞히기와 같은 음악적 능력이 향상되었고(이옥주 · 류진순, 2008), 음악 감상 활동에 음악적 개념을 학습주기로 전개하였을 때 유아의 음악적 능력이 향상되었고(이옥주, 2011), 학습주기와 놀이를 연계한 통합적 음악활동은 유아의 음악적 개념과 태도 향상에 효과가 있었다(김소향 · 안경숙, 2006).

## 2) 음악교육 학자별 교수방법

### (1) 오르프 접근법

Carl Orff는 누구에게나 자연스럽게 혹은 선천적으로 주어진 음악적 본성에 기초하여 자기 내면의 감정을 적극적이며 자유롭게 표현하도록 음악교육을 시도하였다. Orff는 인간의 원 감정을 진작시키고, 자발적인 음악활동이 이루어지도록 배려하고, 스스로 표현하는 즉흥성을 강조하는 특징을 갖고 있다. 즉 유아에게 흥미와 열의를 자연스럽게 유도하며 자유로운 표현을 할 수 있도록 하기 위해 음악활동을 놀이형식으로 진행한다. 악기 연주는 먼저 우리의 몸을 악기로 표현하도록 하고 그다음에 일반 악기를 연주해 보도록 하고 있다. 또한 모국어를 강조하여 언어와 음악이 어우러지게 하고, 여기에 율동이 하나로 통합되는 방법을 고안하여 유아들이 언어와 음악, 신체가 하나로 통합되는 형태의 새로운 교수법을 창안하였다.

Orff 접근법은 말 리듬(rhythm speech), 노래 부르기(singing), 신체표현(movement), 악기 연주(instruments)의 4가지 교수매체를 중심으로 이루어진다.

#### ① 말 리듬(rhythm speech)

말 리듬은 유아의 자국어에서 나온 단어, 라임, 수수께끼, 속담, 전해져 내려오는 시나 이야기 등과 같은 고유의 리듬을 기초로 익힌다. 익힌 말 리듬을 신체로 표현하거나 노래 부르기 활동으로 연계하고, 다양한 무선율, 선율 악기 연주로 전환하면서 유아의 감수성과 음악적 기술을 만들어 가는 매체이다(Frazee & Kreuter, 1987: 권오선 · 이옥주, 2012에서 재인용). 일상적으로 쓰는 모국어에 내재되어 있는 음성적 말의 리듬(다양한 목소리 효과 등)을 사용함으로써 아직 글쓰기에 대한 학습이 이루어지지 않은 유아에게 쉽고, 친근하게 적용할 수 있다(한국오르프음악교육연구소, 2005).

◈ 말 리듬 활동의 예 1 : 전래놀이 중 운율이 있는 놀이를 말 리듬으로 하기

| 전래동요 | 꼭 꼭 숨 어 라 머 리 카 락 보 일 라 |
|---|---|
| 말 리듬 | ♩ ♩ ♪ ♪ ♩ ♪ ♪ ♪ ♪ ♪ ♪ ♩ |
| 고정 박 | ♩ ♩ ♩ ♩ ♩ ♩ ♩ ♩<br>× × × × × × × ×<br>×에서는 손뼉치기를 한다. |

◈ 말 리듬 활동의 예 2: 일상생활에서 활용하는 말 혹은 재미있는 문장을 리듬으로 만들기

| 전래동요 | 눈 떠 눈 떠 이 윤 석 눈 떠 |
|---|---|
| 말 리듬 | ♩ ♩ ♩ ♩ ♪ ♪ ♩ ♩ ♩ |
| 고정 박 | ♩ ♩ ♩ ♩ ♩ ♩ ♩ ♩<br>× × × × × × × ×<br>×에서는 손뼉치기를 한다. |

◈ 말 리듬 활동의 예 3: 말 리듬을 활용한 시 낭송하기

새하얀 밤

강소천

눈빛도 희고
달빛도 희고
마을도 그림 같고
집도 그림 같고
눈빛도 화안하고
달빛도 화안하고
누가 이런 그림 속에
나를 그려 놓았나?

새하얀 밤

강소천

| 동 시 | 눈빛 | 도 | 희 | 고 | 달빛 | 도 | 희 | 고 | 마을 | 도 | 그림 | 같고 | 집 | 도 | 그림 | 같고 |
|---|---|---|---|---|---|---|---|---|---|---|---|---|---|---|---|---|
| 리 듬 | ♫ | ♩ | ♩ | ♩ | ♫ | ♩ | ♩ | ♩ | ♫ | ♩ | ♫ | ♫ | ♩ | ♩ | ♫ | ♫ |
| 동 시 | 눈빛 | 도 | 화안 | 하고 | 달빛 | 도 | 화안 | 하고 | 누가 | 이런 | 그림 | 속에 | 나를 | 그려 | 놓았 | 나? |
| 리 듬 | ♫ | ♩ | ♫ | ♫ | ♫ | ♩ | ♫ | ♫ | ♫ | ♫ | ♫ | ♫ | ♫ | ♫ | ♫ | ♩ |

◈ 말 리듬 활동의 예 4: 말 리듬을 만들어 보기

아가야

공재동

새가 되거라,
새가 되거라,
아침이면 새들이
조잘대고 간다.

꽃이 되지 않겠니,
꽃이 되지 않겠니,
낮에는 꽃들이
웃어주고 간다.

별이 되려마,
별이 되려마,
밤에는 별들이
속삭이고 간다.

– 위의 동시를 리듬을 넣어서 낭송해 보자.

① 리듬을 만들 때 가급적 4마디를 고려하여 단어를 배치한다.

② 4마디를 하나의 단위로 하여 몇 단위로 할 것인지 결정한다.

③ 각 마디의 리듬을 만들어 본다.

④ 완성된 리듬을 전체적으로 읽어 보며 쉬어야 하는지, 반복하면 더 어울리는지 조정한다.

| 아 가 야 | | | | |
|---|---|---|---|---|
| 동 시 | | | | |
| 리 듬 | | | | |
| 동 시 | | | | |
| 리 듬 | | | | |
| 동 시 | | | | |
| 리 듬 | | | | |
| 동 시 | | | | |
| 리 듬 | | | | |
| 동 시 | | | | |
| 리 듬 | | | | |
| 동 시 | | | | |
| 리 듬 | | | | |

② 노래 부르기(singing)

노래 부르기는 목소리를 통해 말 리듬과 연계하여 다양한 선율이나 화음으로 표현해 냄으로써 자신을 정교하게 표현하면서 음악의 기초개념을 이해하도록 한다. Orff 접근에서 노래 부르기 선율은 단계적으로 학습하기 위해 '솔-미'의 하행 3도 음정에서 즉흥 노래 부르기로 시작하여 차츰 '라'와 '도, 레'의 음정이 추가되면서 팬타토닉(5음계)에서의 노래 부르기 활동이 이루어지고, 익숙해지면 '파, 시'가 들어간 7음계를 익히는 순서로 전개한다. 간단하고 반복되는 멜로디를 이용하며 캐논이나 론도 형태의 곡을 자주 사용함으로(Yun, 2008: 권오선 · 이옥주, 2012에서 재인용) 아직 음역이 발달 중에 있는 유아기의 어린이들이 쉽게 따라할 수 있는 음정의 단계로 진행하도록 한다.

### ③ 신체표현(movement)

음악을 신체로 표현하는 것은 아동에게 가장 본능적이고 자연스러운 학습 방법이며 말하기와 같이 신체표현은 가장 먼저, 가장 자연스럽게 유아에게 적용되는 음악학습이며 창의적 표현의 기초가 된다(Yun & Jeong, 2005). Orff 접근에 의한 음악교육을 시행할 때 신체표현에서 가장 우선적으로 생각해야 하는 것은 '신체가 무엇을 할 수 있을까? 어떤 움직임이 신체로부터 일어나는가? 신체로부터 어떤 형상이 나타나는가?'라는 질문이다(Coogan, Beidinger, & Lee, 2008). 내 몸을 형성하고 있는 작은 근육들과 관절의 움직임, 신체의 모양을 지각하고 나를 둘러싸고 있는 에너지를 느끼는 것으로부터 시작하여 공간과 나, 시간과 나와의 관계를 형성해 나가도록 하는 것이다(권오선, 2011).

다양한 신체표현의 수단으로 이용되는 기술들은 다음과 같다.

〈표 3-3〉 Orff 접근에서 사용하는 신체표현의 유형

| 신체표현(동작)의 유형 | 세부적인 움직임 기술의 예 |
|---|---|
| 이동하기(travelling) | 기어가기, 구르기, 걷기, 뛰기, 홉핑, 갤롭핑, 스키핑, 도약하기, 내던지기 등 |
| 정지하기(holding) | 잡기, 멈추기, 정착하기 등 |
| 돌기(turning) | 빙글돌기, 원 만들기, 회전하기, 말기, 축이 되어 돌기 등 |
| 확장하기(expanding) | 뻗기, 멀리 도달하기, 열기, 길게 늘이기 등 |
| 수축하기(contracting) | 구부리기, 줄어들기, 닫기 등 |
| 점핑하기(jumping) | 도약하기, 가볍게 던지기, 튀어 오르기, 날기, 뛰어다니기 등 |
| 진동하기(vibrating) | 후들후들 떨기, 털기, 퍼덕거리기, 진동하기 등 |
| 다양한 몸짓(gesturing) | 흔들기, 문지르기, 지시하기, 손으로 뜯기 등 |
| 가라앉기(sinking) | 떨어지기, 무너지기, 녹아내리기, 낮추기, 낙하하기 등 |
| 떠오르기(rising) | 성장하기, 매달리기, 들어올리기 등 |

### ④ 악기연주(instruments)

악기연주는 Orff 접근법에서 빼놓을 수 없는 중요한 부분이다. Orff 악기는 다양한 선율 악기, 무선율 악기뿐만 아니라 목소리나 신체 타악기를 이용하기도 하며 오르프 슐베르크에서 이용되는 모든 악기를 총칭한다. Orff는 민속음악가인 Sachs의 조언을 통해 다양한 민족들이 사용하는 많은 작은 타악기와 북 종류의 악기들을 누구나 쉽게 연

[그림 3-1] 오르프 악기 연주 모습

오르프 음악활동에서 사용되는 악기들은 복잡한 연주 기술을 필요로 하지 않는다. 특히 선율 악기는 노래의 반주에서도 사용될 수 있다. 분명하고 간단한 악기편성으로 각 악기군의 전형적인 음색과 신비한 특성을 느끼고, 그 후 미적 감각을 이해할 수 있다(Wuytack, 2008).

### (2) 코다이 접근법

헝가리 출신의 민속음악가인 Kodály는 1958년 세계음악교육자협회(International Society for Music Educator: ISME)에서 아담이 헝가리의 교육방법을 소개한 것이 '코다이 교수법'으로 불리게 되면서 세계적으로 알려지게 되었다. 코다이는 음악이 모든 사람에게 교육되어야 하며, 글처럼 음악도 읽고 쓸 수 있어야 하고, 음악적 감수성이 예민한 3~7세 사이에, 목소리로 부르는 것부터 시작해야 하며, 모국어인 민요로 음악교육을 시작해야 한다고 주장하였다. 구체적으로 예술적인 가치가 적은 음악과 접촉하지 않도록 아이들을 보호해야 하고 좋은 음악만을 경험하도록 하고, 고대 그리스 시대처럼 다른 교과와 동일하게 음악을 중요한 과목으로 인식하여 음악이 교육과정의 핵심으로 자리 잡아야 한다고 생각했다. 또한 음악교사는 어릴 때부터 시창 훈련을 바르게 받고, 노래를 잘 부르며, 기악 연주와 작곡능력을 갖추어야 한다고 믿어 표준화된 교재와 교육과정을 마련하고 엄격한 음악교사 연수를 시행하였다.

코다이의 교수법은 크게 계명창법(solfa teaching), 손기호(hand signs), 리듬음절(rhythm syllables), 기보훈련을 들 수 있다. 코다이 교수법을 각각 구체적으로 살펴보면 다음과 같다.

① 계명창법(solfa teaching)

코다이 교수법에서는 노래(선율)를 지도할 때 이동도법에 의한 계이름을 부르도록 한다. 이동도법이란 조가 이동할 때마다 으뜸음 '도'의 위치를 바꿔서 계이름을 읽는 것을 의미한다. 예를 들어 $E^{b}$ 장조의 도는 $E^{b}$, F장조의 도는 F, $B^{b}$ 장조의 도는 $B^{b}$이 된다. 이동도법 계명창은 음높이가 고정되어 있는 절대음을 배우기 전부터 시창하는 법을 가르쳐주고, 조가 바뀌더라도 각 계명 사이의 음정이 일정하기 때문에 정확한 음정을 느끼며 노래를 부를 수 있다. 또한 조의 특성을 알아내거나 음악적 화성 구조 등의 내면적 특성을 이해할 수 있게 해준다. 코다이 교수법에서 이동도법은 학습자가 보표와 음명에 익숙해질 때까지 사용된다. 음표의 위치가 보표의 줄에 있든 칸에 있든, 두 음 사이의 음정은 언제나 일정하므로 여러 조성의 음정과 친숙해질 수 있다. 초기단계부터 상당 기간 동안 '도'의 위치는 C, F, G의 조성에 국한되어 철저한 이동도법의 훈련을 통해 독보력을 기른다(Szöny, 1994). 코다이의 이동도법에 의한 계명창 부르기 교수법은 우리나라의 초등학교에서 많이 활용되고 있다.

◈ 이동도법에 의한 계명창 부르기 활동의 예 1(다장조)

다장조의 '유치원에 갑니다' 동요를 부를 때 C를 도로 생각해서 다음과 같이 부른다.

**유치원에 갑니다**

김성균 작사, 작곡

◈ 이동도법에 의한 계명창 부르기 활동의 예 2(바장조)

바장조의 '병원놀이' 곡을 부를 때 다장조의 파(F)를 도로 생각해서 다음과 같이 부른다.

**병원놀이**

장민수 작사
장정옥 작곡

◈ 이동도법에 의한 계명창 부르기 활동의 예 3(사장조)

사장조의 '당신은 누구십니까?' 곡을 부를 때 G를 도로 생각해서 다음과 같이 부른다.

**당신은 누구십니까**

외국곡

② 손기호(hand signs)

손기호는 음높이를 시각적 높이나 모양을 통해 구체적으로 보여 주므로 음악을 잘 모르는 초보자들도 음높이를 확실히 지각할 수 있고, 눈을 통해 지각된 음감각으로 정확한 음을 소리 내게 하는 방법이다. 손기호는 귀도 다레초가 손마디에 음이름을 표기한 데서 시작되어 19세기 중엽에 Curwen이 여러 가지 손 모양으로 계이름을 가르치면서 손기호 원형을 완성하여 사용하다가 코다이에 의해 '파'와 '티'의 손 모양을 수정하고 반음의 손 모양도 첨가하여 손기호 체계를 확립하였다(임미경 외, 2010). 코다이의 손기호는 임시음들도 분명하게 표시할 수 있고, 두 손을 이용하면 조바꿈과 화음도 표시할 수 있다. 또한 합창단의 워밍업 시간이나 다성부 훈련을 위한 들으면서 부르는 훈련에 유용하게 쓰일 수 있는데, 새 곡의 초견 연습이나, 기존 연습곡의 어려운 음정이 나오는 부분을 손 기호를 통해 연습하면 한결 수월하게 해결할 수 있다(강문진, 2009).

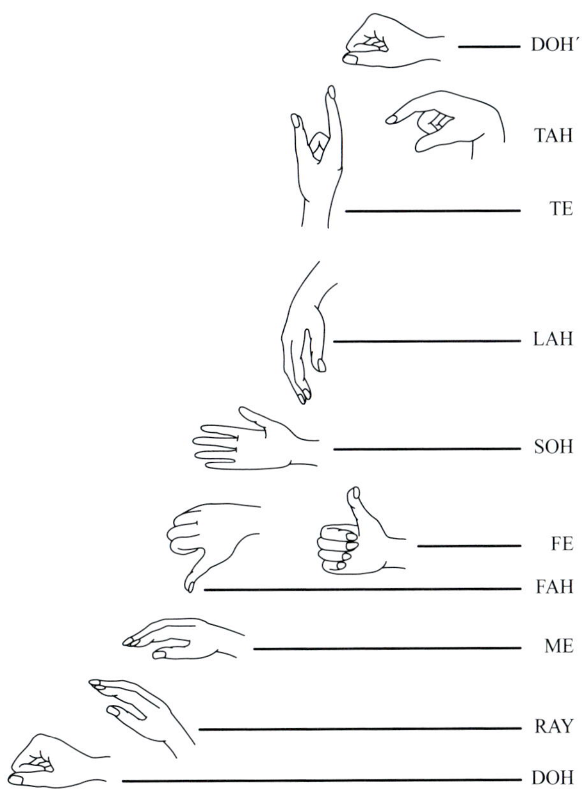


[그림 3-2] 코다이 손기호

출처: Szönyi(1994). p. 27.

③ 리듬음절(rhythm syllables)

리듬음가에 따른 이름을 리듬음절이라고 한다. 코다이 교수법에서는 초기단계부터 리듬을 소리 내어 읽는다. 음정에도 이름이 있듯이, 리듬에도 이름을 붙여 음악을 말하고, 듣고, 이해하는 도구로 활용한다.

**〈표 3-5〉** 코다이 리듬음절

| 음표기호 | 코다이 리듬음절 | 음표기호 | 코다이 리듬음절 |
|---|---|---|---|
|  | 타 아 아 아 |  | 팀 리 |
|  | 타 아 |  | 리 팀 |
|  | 타 |  | 티리티리 |
|  | 티티 |  | 티 티리 |
|  | 타이 티 |  | 레스트(쉼) |
|  | 티타 티 |  | 툼(6/8, 9/8, 12/8 박) |
| 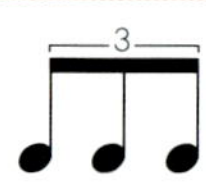 | 트리올라 |  | 투 움(6/8, 9/8, 12/8박) |

◈ 리듬음절 활동의 예

노래를 배우기 전 단계에서 리듬을 익히기 위해 '사과같은 내얼굴' 동요를 부를 때 아래와 같이 리듬음절로 불러 보도록 한다.

**사과같은 내 얼굴**

김방옥 작사
외국 곡

④ 기보훈련

코다이는 음악을 듣고 적는 활동을 중요한 학습과정으로 생각하여 선율을 듣고 기록화하도록 하였다. 이 교수법은 교사가 노래의 2마디 혹은 4마디를 허밍이나 가사로 불러주면 아동이 그 선율을 계명으로 적고 선율의 리듬을 리듬음절로 응답한 후 기보하는 것이다. 처음에는 '솔–미' 2음으로 시작하다가 한 음씩 추가하고, 리듬도 4분음표의 일정박으로 시작하다가 8분음표 리듬도 추가하게 된다. 기보훈련에서는 주로 리듬과 선율을 간략하게 표시하는 방법을 사용한다. 음표의 검은 머리를 생략하여 기둥만 제시하고 음높이는 그 기둥 밑에 계이름의 첫 글자만 제시한다(기둥 악보).

◈ 기둥 악보의 예 1

전래동요 '우리집에 왜 왔니?'를 코다이의 기둥악보로 제시할 경우 다음과 같다.

**우리 집에 왜 왔니?**

전래동요

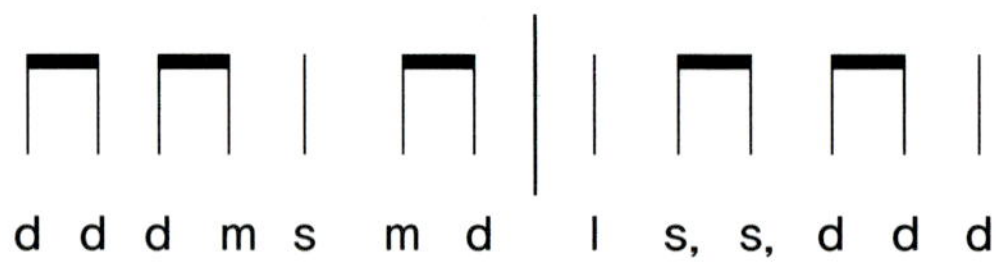


| | | | | | | | | | | | | |
|---|---|---|---|---|---|---|---|---|---|---|---|---|
| 우 | 리 | 집 | 에 | 왜 | 왔 | 니 | 왜 | 왔 | 니 | 왜 | 왔 | 니 |
| 꽃 | 찾 | 으 | 러 | 왔 | 단 | 다 | 왔 | 단 | 다 | 왔 | 단 | 다 |
| 무 | 슨 | 꽃 | 을 | 찾 | 으 | 러 | 왔 | 느 | 냐 | 왔 | 느 | 냐 |
| ○ | ○ | 꽃 | 을 | 찾 | 으 | 러 | 왔 | 단 | 다 | 왔 | 단 | 다 |

이상과 같이 코다이 교수법은 유아의 발달적 수준을 고려하여 노래 부르기를 몸으로 표현하면서 쉽게 암보할 수 있는 다양한 방법을 시도하였다. 특히 코다이는 음악 개념을 가르칠 때 순서를 중요하게 여겨 모국어의 라임 혹은 민요에서 친숙하게 된 음정인 단 3도부터 선율을 익히고, 동작은 걷기의 발걸음과 비슷한 4분음표부터 리듬 지도를 시작하도록 제시하였다. Kodály가 제시한 리듬과 선율의 음악 개념의 위계를 구체적으로 살펴보면 4분음표 → 8분음표 → 4분쉼표 → 2/4박자 → 2분음표 → 당김음 → 8분쉼표 → 4/4박자 → 온음표 → 2분쉼표 → 온쉼표 → 2/2박자 → 점4분음표 → 3/4박자 → 점2분음표 → 16분음표 → 16분쉼표 순으로 학습하도록 제시하였다.

〈표 3-6〉 코다이 선율 교수학습 위계

| 음정 | 음계 |
|---|---|
| 솔 → 미 → 라 → 도 → 레 → 라, → 도′ → 솔, → 파 → 티→ 피 → 타 → 시 | 5음 음계[1] → 장3화음[2] → 단3화음[3] → 펜타코드[4] → 헥사코드[5] → 7음음계[6] |

### (3) 달크로즈 접근법

Dalcroze는 이론 위주의 음악학습에 문제점이 있음을 발견하고 모든 음악 개념은 인간의 자연적인 신체활동에 근원이 있다는 사실에 기초하여 특징적이고 영향력 있는 교육방법을 제시하였다. 그는 들리는 소리, 즉 음악은 신체로 표현할 수 있으며, 마음과 신체 간에 즉각적인 반응이 있어야 한다고 보았다(Choksy, Abramson, Gillespie & Woods, 1986). Dalcroze는 여러 음악교과목들이 서로 연관성 없이 각각 학습되는 것에 대한 대안으로 음악적 요소를 신체를 사용하여 표현할 수 있는 교육방법을 개발하였다. 테크닉 위주의 연주 기술만을 습득하기보다 음악에 대한 다양한 경험으로 음악교육이 이루어져야 하며 가장 먼저 경험되어야 하는 음악적 요소를 리듬으로 생각하여 수업시간 및 공간의 크기 등이 조절될 수 있음을 강조하였다. 특히 유아부터 성인에 이르기까지 음악에 반응하여 표현하는 과정에 중점을 두기 때문에 연령과 무관하게 교육활동이 이루어지는 교육적 특성을 지닌다(이주은, 2003). 이러한 달크로즈의 교수법은 유리드믹스, 솔페이즈, 즉흥연주 세 가지 분야로 대두된다. 각각의 교수법을 구체적으로 살펴보면 다음과 같다.

#### ① 유리드믹스(eurhythmics)

유리드믹스는 생리학, 심리학, 음악, 기하학, 무용, 교육학을 동시에 다루는 학문이다(Dalcroze, 1930: 유승지, 2012에서 재인용). 유리드믹스는 '좋다(good)'라는 뜻의 'eu'와 '흐르

1) 5음음계: 계이름으로 도레미솔라
2) 장3화음: 계이름으로 도미솔(밑음으로부터 장3도+완전5도)
3) 단3화음: 계이름으로 라도미(밑음으로부터 단3도+완전5도)
4) 펜타코드: 계이름으로 도레미파솔
5) 헥사코드: 계이름으로 도레미파솔라
6) 7음음계: 계이름으로 도레미파솔라시

다'라는 뜻의 그리스어인 '리트머스(rhythmos: flow, river)'의 합성어로 '좋은 리듬' 또는 '훌륭한 움직임'이라는 뜻의 희랍어이다. Dalcroze는 좋은 리듬의 개발이 학습자들의 음악적 발전에 매우 중요하다고 생각하여 이 유리드믹스를 창안하였고, 유리드믹스를 통해 학습자들이 좋은 리듬을 가지기 위해 학습해야 할 리듬의 요소를 34가지 세부적인 요소들로 분류하고 각 요소들은 단순한 것으로부터 복잡한 것의 순으로 나선형식 지도를 시도하였다(이슬기, 2011).

**〈표 3-7〉** 리듬의 34요소

| | 리듬의 요소 | 학습 내용 및 방법 |
|---|---|---|
| 1 | 시간(time), 공간(space), 무게(weight), 균형(balance), 힘(energy), 유동성(plasticity) | 리듬에서 가장 근본적인 요소이며, 다양한 활동을 통해 각각의 요소들을 학습할 수 있다. |
| 2 | 규칙적인 박(steady beat) | 아나크루시스, 메타크루시스, 크루시스의 세 가지 박의 성질을 유리드믹스 활동으로 학습한다. |
| 3 | 빠르기(tempo) | 신체동작을 통해 다양한 빠르기를 학습한다. |
| 4 | 점진적으로 변하는 빠르기 (accelerando/ ritardando) | 다양한 빠르기 변화를 신체동작을 통해 학습한다.<br>본래빠르기–점점빠르기–점점느리기–본래빠르기로 연습한다. |
| 5 | 강약(dynamics) | 소리의 크고 작음을 에너지와 중력에 관련하여 학습한다. |
| 6 | 변화되는 강약(dynamics) | 신체동작과 연결하여 변화되는 소리의 크고 작음을 학습한다. |
| 7 | 악상(articulation) | 동작과 연결하여 음악적 표현을 학습한다.<br>손가락 튕기기: 스타카토, 미끄러지기: 레가토, 밀기: 테누토 등 다양한 동작으로 악상을 학습한다. |
| 8 | 여러 가지 악센트 (various accents) | 테누토, 스포르잔도 등 여러 가지 악센트를 교사와 학습자 간의 다양한 활동을 통해 학습한다. |
| 9 | 여러 가지 박자 (various meter) | 단순박자와 복합박자 모두를 학습하는데, 이때 단순박은 신체의 각 부위(손목, 팔꿈치 등)를 사용할 수 있고, 몸 전체를 흔들어 복합박을 학습할 수 있다. |
| 10 | 쉼(rest) | 움직임을 자제할 수 있는 능력을 학습해야 하며, 이때 다양한 활동으로 음과 쉼의 구분을 하게 한다. |
| 11 | 음의 길이(duration) | 정확한 음의 길이를 학습할 수 있도록 하며, 시간과 힘의 균형을 잘 유지해야 한다. |
| 12 | 음의 세분(subdivision) | 어떤 박에서도 음을 분할할 수 있는 능력을 학습해야 하며, 움직임의 속도와 질을 고려하며 학습한다. |

| 13 | 패턴(pattern) | 리듬의 구성 요소를 더욱 체계적으로 이해할 수 있게 하는 요소이며, 신체, 사물 등을 활용하여 다양하게 학습한다. |
|---|---|---|
| 14 | 내재된 박<br>(intrinsic beat) | 패턴 속에 내재되어 있는 박으로 2,3,4박의 다양한 음악을 듣고 신체 표현을 통해 이를 학습한다. |
| 15 | 프레이즈(phrase) | 규칙적, 불규칙적인 것을 포함한 다양한 형태의 프레이즈를 익히기 위해 신체표현을 통해 학습한다. |
| 16 | 단선율 형식<br>(a melodic form) | 동기, 악구, 악절, 주제와 변주, 가요 형식을 포함한 곡들의 형식을 신체 표현을 통해 학습한다. |
| 17 | 축소(diminution) | 음의 축소를 익히기 위해 음가의 2~3배를 빠르게 연습한다.<br>걷다가 뛰는 동작이나, '도–도' 음계를 활용하는 등 다양한 방법으로 학습한다. |
| 18 | 확대(augmentation) | 음의 확대를 익히기 위해 음가의 2~3배를 느리게 연습한다.<br>걷다가 뛰는 동작이나, '도–도' 음계를 활용하는 등 다양한 방법으로 학습한다. |
| 19 | 리듬적 대위법<br>(rhythmic counterpoint) | 교사와 학습자–학습자 간의 활동을 통해 자연스럽게 익히는 것이 중요하며, 교사가 피아노로 하나의 리듬패턴을 지속적으로 유지하고, 이때 학습자들은 다른 패턴을 연주한다. |
| 20 | 당김음(syncopation) | 미리 나오거나, 지체되는 음에 대해 교사가 다양한 활동을 통해 학습자들에게 학습시킨다. |
| 21 | 반주가 있는 단선율<br>(one voice with accompaniment) | 보다 복잡한 선율, 대위적 선율을 익히기 위한 전 단계로 교사의 피아노 연주와 신체표현을 통해 학습하면 효과적이다. |
| 22 | 대위적 형식<br>(countrapuntal forms) | 중첩되거나 변주형식의 오스티나토, 샤콘느와 파사칼리에 등이 대위적 형식에 해당된다. |
| 23 | 카논(canon) | 리듬을 익히기 위한 다양한 활동을 통해 메아리 카논과 연속 카논을 학습한다. |
| 24 | 푸가(fugue) | 푸가의 요소인 주제, 응답, 에피소드의 관계 및 형식을 다양한 동작을 통해 학습한다. |
| 25 | 보충(부가) 리듬<br>(complementary rhythms) | 원래의 리듬과 보충리듬에 대한 구별되는 활동을 통해 학습한다.<br>원리듬은 피아노로 또는 악기로, 보충리듬은 신체표현으로 할 수 있으며, 움직임으로 원리듬과 보충리듬을 표현할 경우, 다른 동작을 사용하여 구별되게 학습하여야 한다. |
| 26 | 혼합박자<br>(unequal meter) | 다양한 나라의 곡들을 통해 균등하지 않은 박자와 균등한 박자와의 차이를 구별할 수 있는 학습을 한다. |
| 27 | 혼합박(unequal beat) | 균등하지 않은 박을 익히기 위해 북아메리카, 재즈, 중동, 인디아 등의 음악을 활용하여 학습한다. |

| | | |
|---|---|---|
| 28 | 혼합박자와 혼합박 (unequal meter & unequal beat) | 혼합박자와 혼합박의 결합으로 다양한 형태의 활동(게임, 신체놀이 등)으로 학습한다. |
| 29 | 복합박자 (polymeter) | 2개의 박자가 동시에 결합되어 나타나는 것으로 신체활동을 통해 복합박자를 학습한다.<br>2박자로 걸으며 동시에 팔은 3박자 지휘를 하는 등 다양한 신체활동을 통해 복합박자를 학습한다. |
| 30 | 복합리듬 (poly rhythm) | 여러 가지 신체 활동을 통해 2:3, 3:2 등의 다양하고 복합적인 리듬을 학습한다. |
| 31 | 헤미올라 (hemiola) | 실제 음악은 3박이지만, 움직임은 2박으로 표현되는 것이며, 초기 바로크의 춤곡에서 많이 나타난다.<br>이 형식을 포함한 다양한 춤곡을 사용하여 신체표현을 함으로써 헤미올라를 학습한다. |
| 32 | 리듬적 변화 (rhythmic trasformation) | 박자 변화 시 달라지는 리듬의 패턴을 학습하기 위해 다양한 리듬패턴을 신체나 악기를 사용하여 학습한다. |
| 33 | 12음 나누기 (divisions of twelve) | 음을 12개로 분할하고, 나누어진 박을 다시 그룹화하는 활동을 통해 박과 박자 등의 개념을 학습한다. |
| 34 | 루바토 (rubato) | 박과 음의 길이 등에 변화를 주어 음악의 표현을 풍부하게 하는 활동을 통해 루바토를 학습한다. |

출처: 임미경 외(2013). pp. 21-23.

Dalcroze는 음악을 듣고 그 음악적 현상을 지각하는 것과 동시에 신체적으로 반응하는 것이 음악적 아이디어를 이해하는 데 필수적이라고 보았다. 음악에 따른 신체의 움직임은 선율의 흐름, 화성의 변화, 빠르기와 음절, 박자, 프레이즈 등 모든 종류의 음악적인 요소와 개념을 파악하는 수단이 된다. Dalcroze는 천부적으로 음악적 재능을 타고난 소수를 제외한 대부분의 사람은 멜로디와 리듬을 동시에 인지하는 것이 어렵다고 보고, 리듬에 대한 개념을 확실히 익힌 후 멜로디 훈련으로 넘어가는 것이 좋다고 권유하였다. 이 세상에 존재하는 리듬에는 자연의 리듬, 주위 환경의 리듬, 신체의 리듬이 있다. 이들 중 특히 사람의 심장박동소리, 숨소리 등의 신체리듬은 음악적 리듬과 일치한다고 보고, 신체를 통해 잠재된 음악성과 이에 필요한 요소들을 계발하고 발전시키기 위해서는 반드시 음악과 신체동작을 결합해야 한다고 확신하였다(임미경 외, 2013).

유리드믹스에서의 신체표현에서 활용할 수 있는 동작은 '제자리에서의 움직임'과 '공간에서의 움직임'의 두 종류가 있다(유승지, 2001; Choksy, Abramson, Gillespie, Woods, &

York, 2001). '제자리에서의 움직임'은 비이동 동작(non-locomoter movement)으로 제자리에서 신체의 특정 부위를 움직이는 것이다. '공간에서의 움직임'은 이동 동작(locomoter movement)으로 자유롭게 공간을 이동하면서 이루어지는 것이다. 이 두가지 동작은 유리드믹스에서 가장 기초적인 동작이라고 할 수 있다(임미경 외, 2013). 유리드믹스에서의 신체 움직임의 요소를 정리하면 다음과 같다

〈표 3-8〉 유리드믹스에서 신체 움직임의 요소

| 신체 움직임 | 음악요소와의 연결 | |
|---|---|---|
| 제자리에서의 움직임<br>(movement in place) | 손뼉치기, 박수치기(clapping)<br>스윙, 좌우로 흔들기(swinging)<br>뻗기, 스트레칭(stretching)<br>지휘하기(conducting)<br>잡아당기기(pulling)<br>구부리기(bending) | 회전하기(turning)<br>흔들기(swaying)<br>노래하기(singing)<br>말하기(speaking)<br>밀기(pushing) |
| 공간에서의 움직임<br>(movement in space) | 걷기(walking)<br>뛰기(leaping or jumping)<br>앙감질(hopping)<br>크롤링(crawing)<br>스킵(skipping) | 달리기(running)<br>미끄러지기(sliding)<br>기기(creeping)<br>갤럽(galloping) |

출처: Dalcroze(1976); 박소연(2010)에서 재인용.

② 솔페즈(solfege)

솔페즈는 음악적으로 노래를 부를 수 있는 능력을 키우기 위한 음악교육방법이다. Dalcroze는 솔페즈를 통해 청음능력을 향상시키고, 계이름으로 노래를 부름으로써 마음속으로 음을 상상하는 내청(inner hearing)능력이 생겨 음의 높낮이와 음들간의 관계를 파악하는 능력이 발달한다고 주장하였다. 솔페즈 교육의 두드러진 특징은 선율의 움직임을 몸동작과 연결해서 학습하는 것이다. '육체적 경험'과 '청각적 경험'이 서로 연계되어 잠재된 '청음능력'을 효과적으로 발전시켜 주는 것이다(Mead, 1994: 유승지, 2009 재인용). 예를 들어 음정 간격의 변화를 손가락으로 표시하거나 화음의 변화를 구별되는 동작으로 표현하는 과정을 통해 학습자들은 청각적 경험과 육체적 경험을 동시에 하게 된다. 이러한 과정을 통해 학습자들은 단순히 '음(pitch)'을 정확하게 노래 부르는 것에 머무르지 않고 '음과 음 사이의 상호관계'를 끊임없이 생각하게 되어 '내청 능력'을 키우

게 된다. 즉 달크로즈 솔페즈 교육방법을 이용한 내청 훈련은 '사고하는 목소리(thinking voice)를 이용해서 소리를 듣는 과정이다(Mead, 1994: 유승지, 2009에서 재인용).

달크로즈는 솔페지 지도에서 대부분 학습자들에게 절대음감을 강조하며 고정도법에 의한 계이름부르기(solmization)를 권한다. 어린 유아들의 경우에는 몸의 동작으로 높은 것과 낮은 것으로 나타내도록 하였다. 이 경우에도 높이의 차이가 심한 두 소리를 다루고 점차 좁은 간격의 음정들을 다룬다. 그리고 점점 올라가는 선율, 내려가는 선율, 같은 높이로 가는 선율 등으로 선율의 방향을 탐색하기도 한다. 학년이 올라갈수록 어려운 음정 관계를 다루게 하였다. 가온 다에서부터 옥타브 다 음까지의 음계를 배우고, 노래부르고, 음을 듣고 가리는 학습을 한다(박승경, 2008).

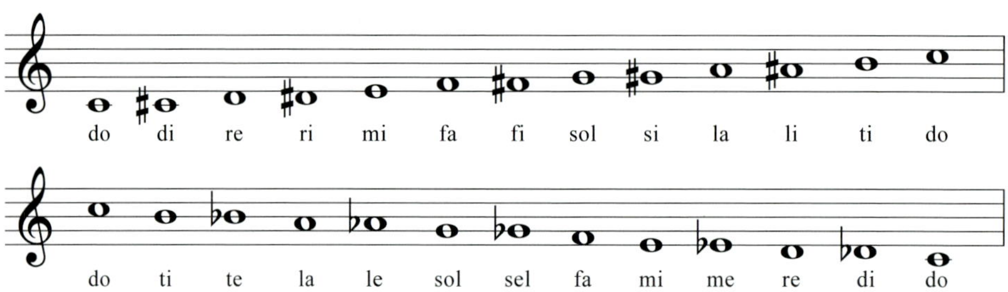


**[그림 3-3]** 고정도법으로 계명 읽기

출처: 백병동(1994). p. 70

◈ 고정도법에 의한 계명창 부르기 활동의 예 1

다장조의 '유치원에 갑니다' 동요를 부를 때 C를 도로 생각해서 다음과 같이 부른다.

### 유치원에 갑니다

김성균 작사, 작곡

◈ 고정도법에 의한 계명창 부르기 활동의 예 2

바장조의 '병원놀이' 곡을 부를 때 조와 관계없이 C를 도로 생각해서 다음과 같이 부른다.

### 병원놀이

장민수 작사
장정옥 작곡

◈ 고정도법에 의한 계명창 부르기 활동의 예 3

사장조의 '당신은 누구십니까?' 곡을 부를 때 조와 관계없이 C를 도로 생각해서 다음과 같이 부른다.

③ 즉흥연주(improvisation)

Dalcroze의 즉흥연주는 음악의 모든 요소를 창의적으로 표현하도록 하는 능력을 향상시키는 방법이다. Dalcroze의 즉흥의 의미는 말 그대로 그 자리에서 어떠한 준비 없이 행하는 것이다. 즉흥연주는 표현, 목소리, 동작, 몸짓 등 다양한 범위에서 적용된다. 유아단계에서의 즉흥은 주로 사물과 동물에 대한 느낌과 감각을 표현하고 자유로운 리듬을 연주하는 방법이 좋다. 창의성 계발에 중요한 역할을 하는 즉흥연주는 동작과 관련된 요소인 리듬, 박자, 빠르기, 강약, 길이 그리고 소리와 관련된 요소인 음높이, 음계, 화음 등을 자발적이며 개성 있고 창의적으로 결합하여 음악을 표현하는 능력을 기르는 것을 목적으로 하고 있다(임미경 외, 2013). 즉흥연주는 신체표현, 의성표현, 언어표현, 선율표현과 같은 형태로 이루어지며, 움직임, 말, 이야기, 노래, 타악기, 현악기, 관악기, 피아노 등을 사용하는데 이것들이 각각 사용되기도 하고 동시에 사용되기도 한다. 달크로즈는 즉흥적으로 음악적 의도를 자유롭게 표현하기에 쉽고 적절한 악기로 피아노를 가장 많이 사용하였다.

### ◈ 즉흥연주의 예 1

교사가 피아노로 말이 달리는 모습을 즉흥적으로 연주하고 있고, 학생들은 그 음악에 따라 자유롭게 신체적인 표현을 하고 있을 때, 교사가 한 어린이를 오게 하고 자신의 오른쪽 높은 건반들로 날아가는 새의 움직임을 나타내게 하고, 또 다른 한 어린이를 오게 하여 왼쪽의 낮은 건반들로 사자의 움직임을 소리 내도록 권함으로써 교사의 즉흥음악과 자연스럽게 어우러지는 음악을 만들도록 하기

출처: 이홍수(1990). pp. 325-326.

### ◈ 즉흥연주의 예 2

**활동명** 음악 표현하기

**활동목표** 신체표현활동을 통해 음악적 요소 습득하기

**활동방법**

- 교사가 들려주는 북소리를 듣고 유아는 팔을 벌렸다 오므리기 동작을 하며 셈여림을 표현한다.

  "북소리를 듣고 소리가 커지면 팔을 점점 크게 벌리고, 소리가 작아지면 팔을 점점 오므리는 활동을 해봐요. 같이 해 볼까요?"

- 고정박에 맞추어 걷다가 스타카토 부분에서 점프한다.

  "박자에 맞추어 걷다가, 짧은 소리가 나면 점프를 해봐요. 함께 해볼까요?"
  "짧은 소리가 나는 음을 스타카토라고 해요. 스타카토로 소리를 짧게 끊어서 악기를 연주해 볼까요?"

Dalcroze에 따르면 즉흥 연주의 요소에는 자신이 가진 능력의 사용, 신체와 움직임의 탐구, 신체와 소리 사용을 통한 표현, 상상력과 창의력, 우리를 둘러싸고 있는 시간과 공간의 이해, 유연성과 민첩성, 정적이고 동적인 공동작업, 심도 있는 듣기(critical listening), 집중과 주의력 등이 있으며, 그는 이들을 결합하고 구체화할 수 있도록 학습하는 것을 강조하였다(임미경 외, 2013). 교사는 유아의 음악적 충동을 이끌어 냄으로써 음악의 내적인 충동으로부터 시작된 즉흥연주를 통해서 음악 창작의 계기를 마련해 주면서 아낌없는 격려와 최대한의 자유를 주어 다양한 즉흥적 표현이 이루어질 수 있도록 해야 한다.

> 소리는 우리가 마음속으로 소리를 번역하여 의미를 부여할 때, 즉 오디에이션을 통해서만 음악이 된다(노주희, 2006).

Gordon은 오디에이션을 '실제로 들리지 않는 음악을 마음속으로 듣고 이해하는 능력'(Gordon, 1993)이라고 정의하였다. 음악을 잘 이해하려면 음악적 경험이 풍부해야 한다. 즉 Gordon의 입장에서 이야기 하면 음악을 잘하기 위해서는 오디에이션하는 능력을 키워야 한다. 고든의 오디에이션에는 예비 오디에이션과 본 오디에션의 두 가지 위계가 있다.

먼저 예비 오디에이션은 음악적 옹알이 단계로 문화화, 모방, 동화의 유형으로 출생부터 만 6세의 영유아에게 나타난다. 먼저 문화화유형은 출생 후 주위의 소리를 흡수하고, 소리에 무작위로 반응하는 단계와 주위의 소리에 반응하여 동작이나 옹알이를 하는 등 의도적으로 반응하는 단계를 포함한다. 모방유형은 만 2세~만 5세에 나타나며, 이 시기 영유아는 자신의 움직임이나 소리가 주위에서 들리는 음악소리와 다름을 인지하기 시작하면서 주위의 소리와 점차 비슷하게 모방하게 된다. 동화유형은 예비 오디에이션의 가장 상위 단계로 만 3세~만 6세 유아에게 나타나며, 노래와 호흡, 움직임 등을 조화롭게 표현하기 위해 끊임없이 탐구하고 시도하고자 한다.

음악의 옹알이 단계인 예비 오디에이션 단계를 거치면 본 오디에이션 단계에 접어든다. Gordon은 본 오디에이션의 유형을 8가지로 나누어 제시하였는데 각 유형의 내용은 음악 듣기, 음악 읽기, 음악을 들으면서 기보하기, 외우는 음악 기억하기, 외워서 음악을 기보하기, 음악을 창작하고 즉흥 연주하기, 악보를 읽으면서 창작이나 즉흥연주하기, 창작이나 즉흥연주한 음악을 악보로 기보하기이다. 각 유형은 이미 알고 있는 음악에서부터 새로운 음악의 내용을 듣고 읽고 기보하는 오디에이션 유형으로 나타난다.

위와 같은 오디에이션의 유형들은 반드시 순서대로 나타나는 것은 아니다. 각자의 음악적 경험에 따라 건너뛰거나 여러 개의 유형을 동시에 거치게 되는 경우도 있다(최미영, 2014). 오디에이션을 할 수 있는 능력은 타고나는 것이라 가르칠 수 있는 대상이 아니라고 Gordon은 보고 있으나, 오디에이션을 어떻게 할 수 있는지에 대해서는 교육이 가능하다고 보았다(Gordon, 2007: 홍승연, 2013에서 재인용).

◈ 오디에이션 활동의 예

* 마음속으로 '작은 별' 노래를 상상해 봅시다.

**작은 별**

모차르트 곡

☞ 이때 선율만 상상할 수도 있지만 박자와 조성, 코드 등을 생각할 수도 있다. 이와 같이 개인의 음악적 능력에 따라 낮은 수준의 오디에이션을 할 수도 있고 더 높은 수준의 오디에이션을 할 수도 있다.

1. 교사와 유아는 '작은 별' 노래를 함께 불러봅니다.
2. 노랫말 중 '별'이 나오는 가사에서는 마음속으로 노래를 불러봅니다.
3. 점점 마음속으로 부르는 노랫말을 늘려가면서 노래를 불러봅니다.

① 음악학습위계

고든은 학습자가 음악을 학습하는 방법에 대한 설명으로 음악학습위계를 제시하였다. 음악지식을 체계적으로 제시할 수 있는 음악학습위계를 체계화하였는데, 음악학습과정에는 단계가 있음을 알 수 있다. 음악학습위계는 학습자의 행동 변화에 대하여 세분화된 학습이론으로 크게 기술학습위계와 내용학습위계의 두 가지로 나누어 살펴볼 수 있다(최은식, 1991).

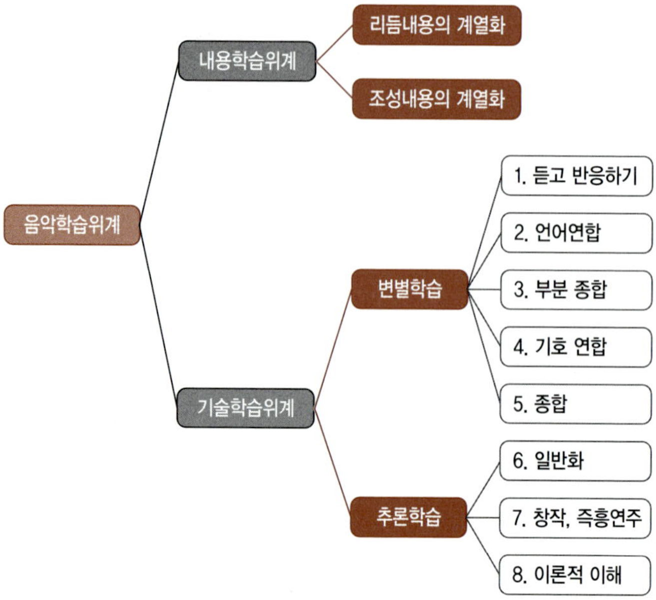


**[그림 3-4]** Gordon의 음악학습위계

출처: 최은식(1991). p. 28.

기술학습위계는 학습자가 학습한 내용을 받아들이는 과정으로, 변별학습단계에서 추론학습단계로 나아가는 과정을 말한다(최은식, 1991). 이러한 기술학습위계 이론 구조에 따르면 습득한 음악적 지식은 학습자의 경험을 통하여 구조화되기 때문에 오래 기억할 수 있을 뿐만 아니라 다른 음악 내용도 쉽게 배울 수 있게 되어 학습자는 음악에 대한 자신감을 가지게 된다. 내용학습위계는 조성과 리듬을 주요 내용으로 다루고 있으며, 조성과 리듬 관련 내용을 난이도 별로 조직하여 제시함으로써 가르치는 사람이 학습자의 음악적 수준에 적합한 내용을 선택할 수 있게 한다. 이러한 음악학습위계를 바탕으로 고든은 안내하기, 동작, 놀이, 가사 없는 육성으로 노래하기, 다양한 음악교육 내용 등 다양한 음악학습방법의 원리를 제시하였다(윤은미, 2006).

# 2 유아 음악교육을 위한 환경구성

유아교육기관에서 음악활동을 위한 공간은 '음률 영역'으로, 교사는 이 영역에 음악과 신체표현을 함께할 수 있도록 악기와 활동 자료를 함께 준비한다. 음률 영역은 쌓기 영역이나 역할 영역 근처에 배치하여 신체표현을 위한 공간을 확보하고, 창의적인 움직임 및 극놀이와 연계될 수 있도록 기회를 제공하는 것이 바람직하다. 또한 음악감상과 같은 듣기 활동을 위해 조용하고 소리에 집중할 수 있는 장소를 마련함과 동시에 녹음기와 헤드폰, 스피커 등의 시설이 갖추어져야 한다. 음률 영역에 구비되어야 할 악기와 활동 자료 및 교구를 구체적으로 살펴보면 다음과 같다.

## 1) 유아의 음악적 문해능력을 위한 환경구성

유아들의 음악적 문해능력 향상을 위해 다양한 형태의 악보를 제공해 준다. 유아들에게 제공하는 악보의 형태는 유아들의 인지적 수준에 맞추어 음악적 요소를 다양한 형태로 표현한 노래그림악보, 감상악보, 리듬카드 등이 있다. 유아들은 그림악보를 보면서 노래를 부르고, 감상악보를 보면서 음악을 듣고, 또 주 멜로디를 인식하고, 다양한 형태의 음악적 조직구성을 시각적으로 분석할 수 있게 된다. 유아의 음악적 문해능력을 도와주는 구체적인 예는 다음과 같다.

### (1) 유아를 위한 동요 그림악보

① 음의 길이와 높이를 막대로 나타낸 동요 그림악보의 예

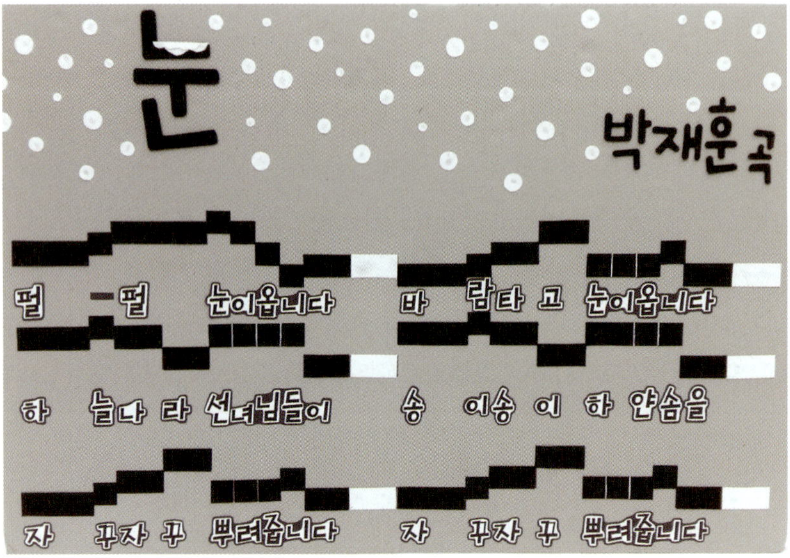


[그림 3-5] 막대 그림악보: 눈(박재훈 곡)

**눈**

이태선 작사
박재훈 작곡

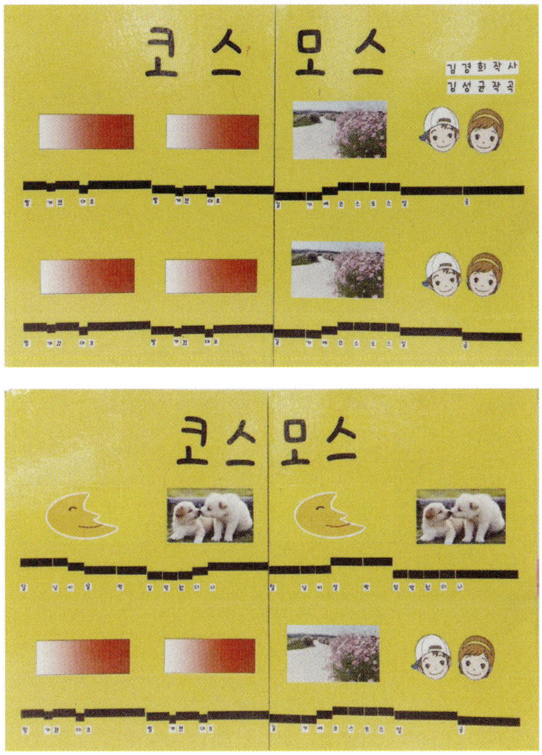


[그림 3-6] 막대 그림악보: 코스모스(김경희 작사, 김성균 작곡)

**코스모스**

김경희 작사
김성균 작곡

② 음의 길이와 높이를 캐릭터로 나타낸 동요 그림악보의 예

[그림 3-7] 캐릭터 그림악보: 도토리(유성윤 작사, 황철익 작곡)

[그림 3-8] 캐릭터 그림악보: 잠자리(안재신 작사,작곡)

**잠자리**

안재신 작사, 작곡

③ 음의 높이를 색깔로 나타낸 동요 그림악보의 예

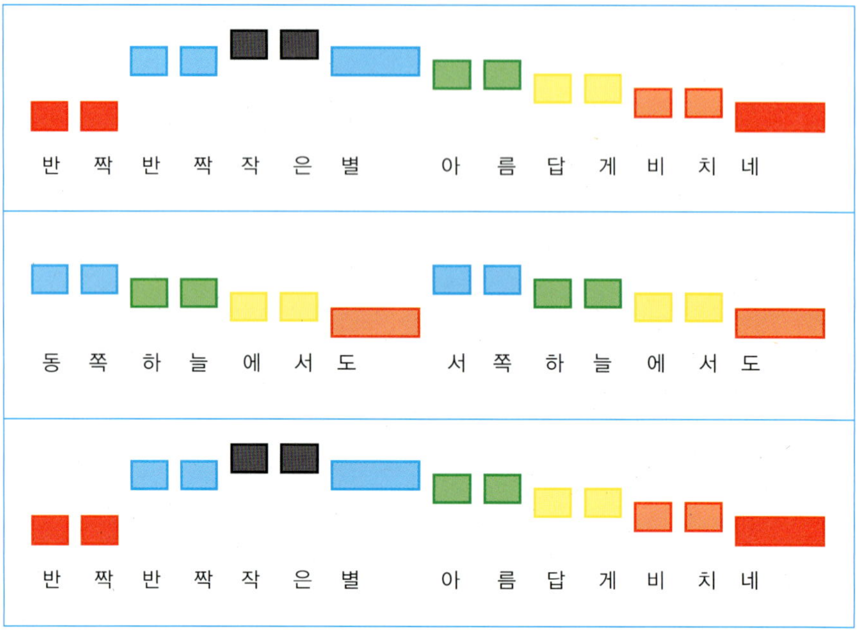


[그림 3-9] 색깔 막대 그림악보: 작은별(모차르트 곡)

④ 음의 길이와 높이를 막대와 캐릭터로 나타낸 동요 그림악보의 예

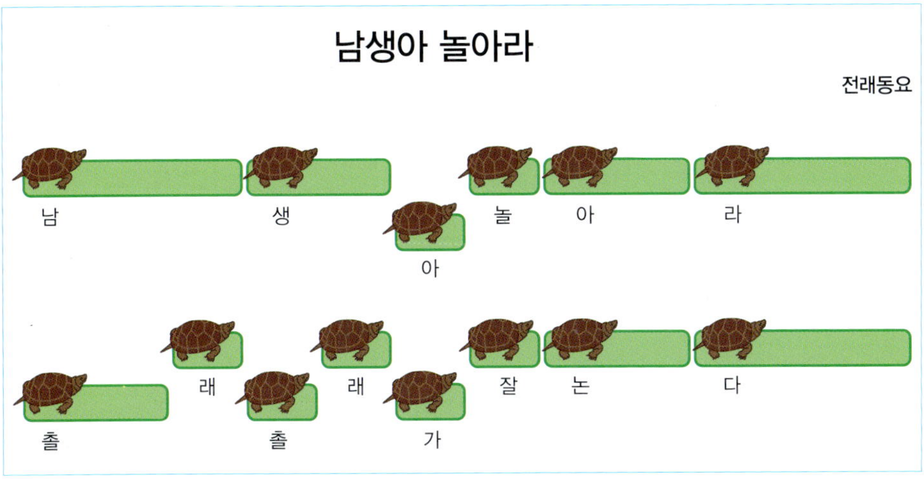


[그림 3-10] 막대 캐릭터 악보: 남생아 놀아라(전래동요)

⑤ 음의 길이와 높이를 색과 캐릭터로 나타낸 동요 그림악보의 예

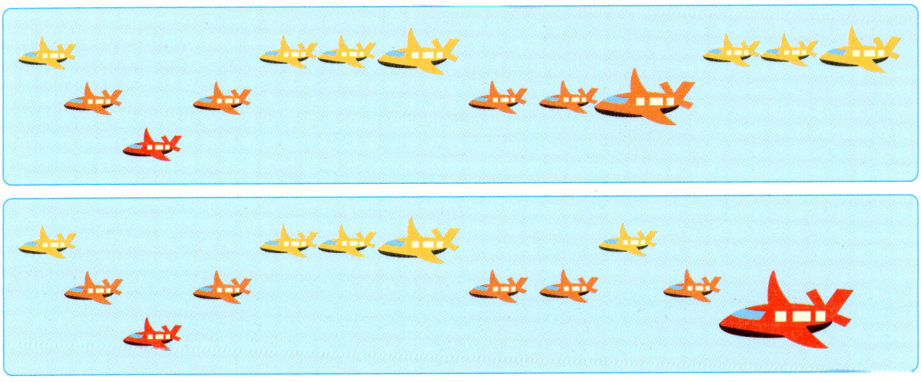

[그림 3-11] 색깔 캐릭터 그림악보: 비행기(윤석중 작사, 미국 민요)

**비행기**

윤석중 작사
미국 민요

### (2) 유아를 위한 감상용 그림악보

① 음의 길이와 높이를 캐릭터로 나타낸 감상 그림악보의 예 1

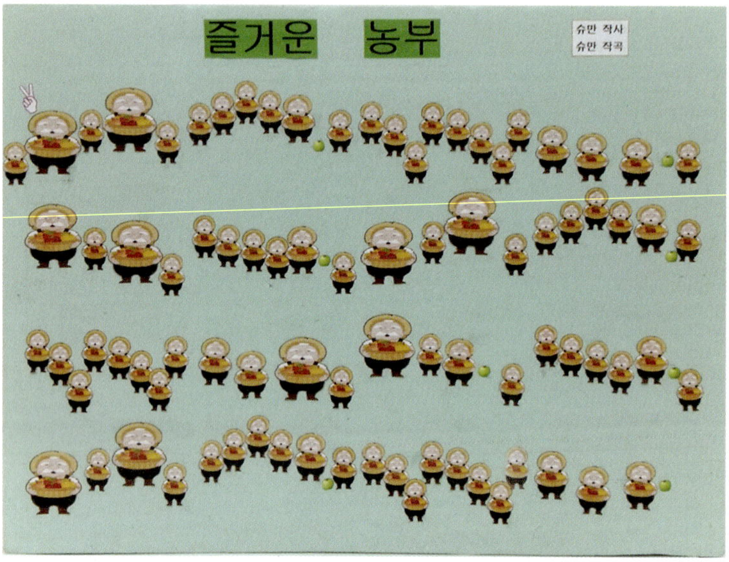


[그림 3-12] 캐릭터 감상 그림악보: 즐거운 농부(슈만 곡)

## 즐거운 농부

슈만 곡

② 음의 길이와 높이를 캐릭터로 나타낸 감상 그림악보의 예 2

[그림 3-13] 캐릭터 감상 그림악보: 놀람교향곡(하이든 곡)

### (3) 유아를 위한 리듬카드

① 음의 길이와 높이를 악기로 나타낸 리듬카드의 예

② 음표를 캐릭터와 기둥으로 나타낸 리듬카드의 예 1

③ 음표를 캐릭터와 기둥으로 나타낸 리듬카드의 예 2

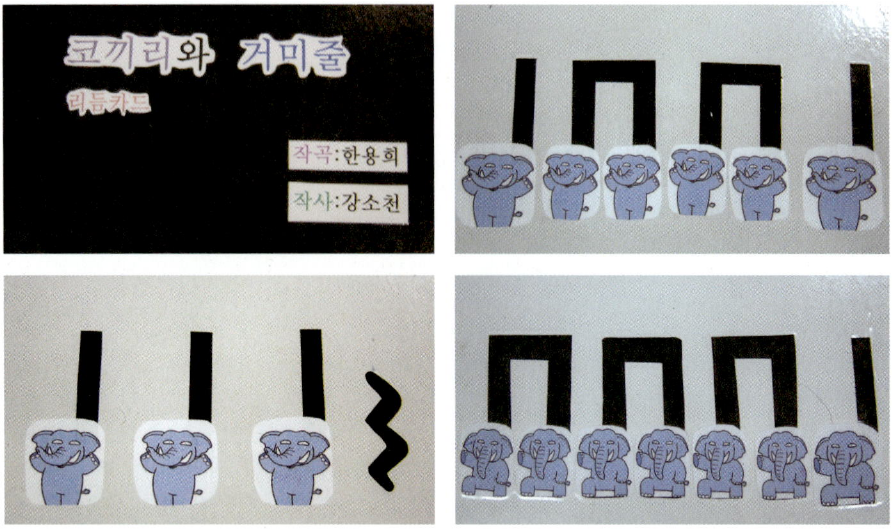


④ 음표를 기둥으로 나타낸 리듬카드의 예 3

## 2) 유아교육기관에서 음률 영역 구성

유아교육기관의 음률 영역에는 유아들이 다양한 음악관련 활동을 충분히 즐겁게 할 수 있도록 양질의 악기를 구비해 준다. 유아기에 쉽게 접할 수 있는 악기로는 리듬탐색을 할 수 있는 다양한 타악기를 다양한 음색을 고려하여 가죽울림 악기류, 금속울림 악기류, 나무울림 악기류를 비치한다. 또한 멜로디를 탐색하고 창작할 수 있도록 금속 혹은 나무로 된 실로폰, 음역이 다양한 실로폰, 한 음씩 소리 낼 수 있는 바(bar)나 종 종류(핸드벨, 챠임 등)도 준비해 준다. 이외에 다양한 소리탐색을 위해 음향 효과가 뛰어난 악기(파도소리 북, 레인스틱, 트레인 휘슬, 슬라이드 휘슬, 버드 휘슬 등)도 준비해 준다. 이러한 악기는 주제에 따라 첨가되거나 빠질 수 있다.

악기 이외에 악기 사진, 악기를 연주하는 모습, 오케스트라의 연주 사진, 음악가들의 사진, 음악회 포스터, 악기의 변천과정을 설명하는 자료, 음악가와 관련된 책, 동요책, 악기를 소개하는 책 등을 음률영역에 비치하여 유아들의 음악적 흥미를 자연스럽게 유도하고, 음악적 활동을 쉽게 할 수 있도록 도와주어야 한다. 또한 음악을 쉽게 들을 수 있도록 다양한 장르의 음악 CD와 CD 플레이어는 기본적으로 준비설치하고, 음악을 듣고 표현할 수 있도록 리본막대, 스카프, 공 등의 표현적 자료로 비치하도록 한다. 이상을 고려하여 구성한 음률 영역의 예는 다음과 같다.

## 3 유아 음악교육에서의 교사의 역할

이상에서 음악교육 시 교수–학습 방법의 기본 원리를 살펴보았다. 각 음악활동 유형의 구체적인 지도방법을 살펴보기 전에 이러한 원리를 바탕으로 하여 모든 음악활동에서 고려해야 하는 교사의 역할을 제시하면 다음과 같다.

- 음악활동을 할 때에는 무엇보다 교사의 음악에 대한 태도가 중요하다. 교사가 얼마나 음악을 사랑하고 있고, 얼마나 음악을 가치 있게 여기는지 유아가 느끼도록 모델링이 되는 것이 중요하다. 교사는 항상 음악활동에 관한 자료를 활용하고 지식을 추구하며, 교사 자신의 음악적 선호를 발달시켜서 유아에게 직접적인 음악의 인적 환경이 되도록 해야 할 것이다. 음악적 경험에 대한 교사의 긍정적 태도와 접근방법이 유아의 음악적 성공에 결정적 요소임(Haines & Gerber, 1996)을 생각하고 음악에 대한 교사의 열정을 유아가 느끼도록 해야 할 것이다.
- 음악활동을 할 때 유아의 표현에 대한 적극적인 교사의 반응이 중요하다. 유아가

음악적 경험에 대해 느낀 점을 언어적, 비언어적으로 표현할 때 교사는 적시에 언어적으로 기술해 줌으로써 유아가 자신의 표현적 행동을 교사가 자랑스럽게 생각하고 있고 격려한다는 메시지가 전달되도록 해야 한다.

- 음악활동의 내용이 골고루 다양하게 계획되어 유아에게 제공되도록 한다. 음악활동의 유형과 음악 개념은 연간 교육계획에서 모두 골고루 다루어지도록 한다. 특히 유아교육 현장에서는 새 노래 부르기와 손유희에 치우치는 경향이 있다. 유아기에 제공되는 음악경험의 종류가 유아의 음악적 선호에 결정적 영향을 미친다는 사실을 유념하고, 연간 계획에서 골고루, 지속적으로 다루어지도록 한다.
- 선정되는 음악 장르와 악기는 다양성을 유지하도록 노력한다. 유아기는 모든 종류의 음악에 대해 좋고 싫음을 나타내지 않는 개방적 시기이므로 클래식, 재즈, 팝송, 트로트, 동요, 민요, 각종 악기의 연주곡, 협연곡 등 다양한 장르의 음악을 유아가 경험하도록 계획한다. 또한 선정한 음악의 시점도 유념하여 시대적으로 다양한 음악을 경험할 수 있도록 한다.
- 교사는 매일의 일과 속에서 음악 활동이 계획되도록 한다. 특히 특정한 시간(낮잠 시간, 간식 시간 등)이나 특정 기간(방과 후 음악 시간, 특별 활동 시간 등)에만 음악활동을 계획하는 것이 아니라 매일의 일과 속에서 계획되어야 한다. 구체적으로 음악활동은 유아가 자유롭게 선택하여 활동할 수 있도록 자유선택활동 시간에 흥미영역에서 할 수 있도록 계획하는 것이 바람직하다.
- 음악활동은 일회적인 단편활동으로 시행하기보다는 다음 활동과 연속성을 가지고 확장 또는 변형하여 실시하도록 한다. 특히 앞에서 언급한 학습주기를 고려하여 유아의 사전 음악 경험에 기초하여 다음날 음악활동을 할 때에 더 복잡한 형태로 활동을 확장하고 변형하는 노력이 필요하다. 또한 음악적 경험은 즐거운 활동이므로 유아의 흥미가 지속되는 한 반복하는 것도 필요하다.
- 교사는 유아의 음악적 경험이 다른 활동과 연결될 수 있도록 노력한다. 예를 들면 가정에서의 음악회 경험을 유아교육기관에서 이야기 나누기 시간에 구두로 발표할 수 있는 기회를 제공하여 유아교육기관의 음악적 경험과 가정을 연계할 수 있다. 유아의 악기연주 경험은 유아의 가족이나 형제에게 혹은 노인정 어르신들께 들려주는 기회를 통해 개인적 경험이 사회적 경험이 될 수 있는 기회로 연결시킬 수 있다. 또 음악을 듣고 느낀 점을 미술적 감각으로 표현하도록 장려함으로써 유

아의 음악적 표현력이 예술적 표현 및 창작활동으로 연계되도록 교사가 노력하는 것이 유아에게는 보다 창의적 활동에 노출하게 되어 풍부한 예술가로써 성장하도록 도울 수 있다.

- 교사는 유아들의 청각적 음악경험을 시각적 음악경험으로 변환될 수 있도록 노력한다. 들리는 음악 소리를 기호화하는 경험을 통해 유아의 음악적 문해능력이 향상될 수 있다. 예를 들면 들리는 멜로디를 특정 기호로 표기해 본다든지, 음의 길이와 높이를 선으로 표현해 보는 활동을 통해, 들리는 음의 길이를 막대의 길이로 볼 수 있도록 표현하거나 시간적으로 재어 보는 활동을 통해 일회적으로 듣는 청각 경험을 보이는 시각 경험 혹은 논리 수학적 사고 경험으로 변형시켜 봄으로써 유아로 하여금 보다 고등적인 사고활동을 할 수 있도록 기회를 제공할 수 있다.

CHAPTER

# 04

# 유아 음악교육의 평가

1. 유아의 음악성 평가

2. 유아교사의 음악 교수능력 평가

CHAPTER 04

# 유아 음악교육의 평가

유아 음악교육은 유아의 음악적 발달에 기초하여 체계적으로 음악교육계획을 수립하고 실행한 후 평가를 통하여 그 결과를 다시 계획에 반영하여야 한다. 음악교육의 실행은 음악이라는 특성, 즉 창조력을 기초로 한 예술성, 표현성 등 주관적이고 측정하기 어려운 속성을 내포하고 있어서 객관성을 요하는 측정 및 평가에 많은 어려움이 따른다. 본 서에서는 이러한 어려움 속에서 음악교육의 평가측면을 유아와 교사 두 가지 측면에서 살펴보고자 한다. 음악교육의 과정에서 교사는 유아의 음악성 발달이 어느 정도 이루어졌는지 뿐만 아니라 교사 자신의 수업능력에 대한 점검도 함께하여 수업능력 및 기술, 그리고 음악활동의 효과를 향상시키는 것이 바람직하다.

# 1 유아의 음악성 평가

유아의 음악적 능력 혹은 성취, 발달적 진보에 대한 평가는 여러 가지 다양한 영역에서 깊이 있게 이루어져야 한다. 유아의 음악적 능력에 대한 평가는 실제 자연스러운 생활의 맥락에서 유아들을 관찰하면서 이루어질 수 있고, 유아가 현재 음악에 대해 무엇을 얼마나 알고 있는지 특별히 고안된 과제를 제공하여 평가할 수 있다(Meyer, 1992)

## 1) 유아의 음악적 능력에 대한 관찰 평가

유아의 음악적 태도나 음악적 성향은 유아교육기관에서 유아들의 행동을 여러 번에 걸쳐 관찰하면서 자료를 수집하여 평가하는 방법이다. 관찰을 통해 유아의 음악적 태도나 음악적 성향에 대한 평가는 기록하는 방식에 따라 일화기록과 평정척도를 이용하여 기록화할 수 있다. 일화기록(anecdotal notes)은 유아의 활동에 대해 즉각적인 이해를 하게 되고 누적된 정보를 준다는 것에 그 가치가 있다. 특히 일화기록의 한 방법인 표적-유아관찰(target-child observations)은 10분 정도의 좀 더 긴 시간 동안 한 명의 유아에게 초점을 두고 관찰하면서 유아의 모든 행동을 기록하는 방법으로(Chailé & Britain, 2003) 음악적 행동이 잘 드러나지 않은 유아를 이해하거나, 음악적 행동에 매우 흥미가 있는 유아, 유아의 음악적 행동에 대한 배후 관계를 평가하는 데 유용하다. 특히 음악활동은 색깔이나 모양, 형태가 없는 일회성의 소리로 이루어지기 때문에 관찰기록 용지에 단순히 유아의 반응을 기록하는 것을 넘어서 비디오나 오디오 테이프로 아동의 음악적 반응을 녹화 녹음하고, 유아가 찬트한 것을 악보로 사보하고, 유아가 즐겨 부르는 노래의 부분을 노랫말 및 리듬과 함께 기록하는 것이 좋다. 교사가 일화기록으로 사용할 수 있는 음악개념과 기술 및 태도 부분 등을 포함한 관찰 용지의 한 예를 제시하면 다음과 같다.

〈표 4-1〉 개별 유아를 위한 음악영역 관찰기록지

| 항목 | | 관찰 시기 | | | |
|---|---|---|---|---|---|
| | | 1학기 | | 2학기 | |
| 음악 개념 | 리듬 | 날짜 | | 날짜 | |
| | 음색 | | | | |
| | 표현적 질 | | | | |
| | 양식/장르 | | | | |
| 음악적 기술 | 소리탐색/듣기 | | | | |
| | 노래하기 | | | | |
| | 악기탐색/다루기 | | | | |
| | 감상하기 | | | | |
| 음악적 태도/선호 | | | | | |
| 좋아하는 노래 곡목 | | | | | |

출처: 김명순 · 조경자(2003). p. 121

이러한 관찰기록은 한두 가지 음악 개념이나 기술에 제한하기보다는 유아의 음악적 활동을 일 년 내내 체계적으로 실시하여 유아의 음악적 발달을 평가하는 것뿐 아니라 교사가 소집단 혹은 개별적 음악활동을 계획하고 이끄는 기초자료로 사용하는 데 활용하도록 한다.

평정척도를 이용한 행동목록 체크리스트 방법은 정해진 범주에 따라 유아의 음악적 발달 상황을 행동목록별로 체크하여 평가하는 것으로 교사가 주기적으로 유아의 음악적 진보를 평가하는데 유용하다. 유아의 음악적 태도 및 성향을 평가하기 위한 행동목록의 예를 들면 다음과 같다.

〈표 4-2〉 유아의 음악활동 참여도 평가

| 유아 이름 | 1차<br>○월 ○일 | 2차<br>○월 ○일 | 3차<br>○월 ○일 | 비고 |
|---|---|---|---|---|
| 1. 노래 부르기를 즐겨하는가? | | | | |
| 2. 노래를 따라 부를 수 있는가? | | | | |
| 3. 혼자 노래를 부를 수 있는가? | | | | |
| 4. 음정이 고른가? | | | | |
| 5. 박자를 맞출 수 있는가? | | | | |
| 6. 노래를 만들려고 하는가? | | | | |
| 7. 신호에 맞추어 동작을 시작하고 멈출 수 있는가? | | | | |
| 8. 지시에 따라 몸을 움직일 수 있는가? | | | | |
| 9. 음의 장단, 고저, 빠르기, 강약을 구별할 수 있는가? | | | | |
| 10. 음악을 듣고 그 느낌을 창의적으로 표현할 수 있는가? | | | | |
| 11. 사물과 현상에 대한 자신의 생각이나 경험, 느낌을 신체를 통하여 창의적으로 표현을 할 수 있는가? | | | | |
| 12. 리듬에 맞추어 줄 따라 걸을 수 있는가? | | | | |
| 13. 다양한 종류의 악기에 관심을 보이는가? | | | | |
| 14. 다양한 종류의 악기의 소리를 탐색하는가? | | | | |
| 15. 악기의 소리를 변별할 수 있는가? | | | | |
| 16. 글자에 관심을 갖고 보는가? | | | | |
| 17. 악기의 이름을 아는가? | | | | |
| 18. 악기를 사용해 리듬을 만들어 내는가? | | | | |
| 19. 악기를 사용하여 음의 장단, 고저, 빠르기, 강약을 표현할 수 있는가? | | | | |
| 20. 음악 감상에 관심을 보이는가? | | | | |
| ※종합평가 | | | | |

출처: 안재신(2004). p. 188.

〈표 4-3〉 유아의 음악적 성향 검사도구

| 평가항목 | | 1<br>전혀 그렇지 않다 | 2<br>별로 그렇지 않다 | 3<br>보통이다 | 4<br>조금 그렇다 | 5<br>매우 그렇다 |
|---|---|---|---|---|---|---|
| 1 | 음악활동에 대해 흥미를 보이고 즐거워하는가? | | | | | |
| 2 | 새로운 음악 교수자료와 방법에 대해 관심을 보이는가? | | | | | |
| 3 | 음악활동의 내용과 방법 등에 대해 질문을 많이 하는가? | | | | | |
| 4 | 노래 부르기와 신체표현 외에 다른 방법(즉흥 신체표현, 악기연주, 음악 감상, 그림그리기 등)을 사용하여 음악 표현하기를 좋아하는가? | | | | | |
| 5 | 음악활동 시 주어진 과제에 흥미를 가지고 일단 시도해 보려는 자세를 지니고 있는가? | | | | | |
| 6 | 음악활동 시 머뭇거림이 없이 친구들 앞에서 여러 가지 표현방식으로 잘 표현하는가? | | | | | |
| 7 | 음악활동의 전개과정에서 자신의 느낌을 자신감 있게 말하는가? | | | | | |
| 8 | 노래 부르기, 신체표현하기, 악기다루기, 음악 창작하기 등을 유창하게 잘하는가? | | | | | |
| 9 | 음악의 요소들을 잘 변별하여 말하고 이를 여러 가지 방식으로 잘 표현하는가? | | | | | |
| 10 | 음악활동 시에 교사와 또래로부터 칭찬받을 때가 많은가? | | | | | |
| 11 | 또래의 음악표현을 감상하고 비교적 정확하게 해석하여 말하는가? | | | | | |
| 12 | 음악활동 시 교사의 설명 및 활동수행의 목표를 잘 이해하고 유능하게 반응하는가? | | | | | |
| 13 | 음악에 대해 행복감을 표현하는가? | | | | | |
| 14 | 음악과 관련된 모든 활동이 유아 자신을 즐겁게 한다고 이야기하는가? | | | | | |
| 15 | 음악활동에서 자신이 느낀 즐거움을 또래에게 설명하고 함께 공유하기를 좋아하는가? | | | | | |
| 16 | 음악활동에서 자신의 아이디어를 자주 말하고 수용되기를 바라는가? | | | | | |

## 1) 교사의 노래 부르기 지도능력 평가

우리나라의 유아 음악활동이 대부분 노래 부르기 활동이 주를 이루고 있는 현실(권종애, 2002; 김광자 · 강문희, 2005; 김송란, 1999; 김영주, 1981; 맹윤희, 2011; 이영애, 2009)을 감안할 때 유아교사는 자신의 노래 부르기 활동을 점검하고 개선할 필요가 있다. 교사의 노래 부르기 지도를 점검하고 개선하기 위해서 활용할 수 있는 평가표는 다음과 같다. 노래 부르기 지도 평가표는 교육인적자원부(2001)에서 나온 자료를 토대로 저자가 수정 · 보완하였다.

〈표 4-4〉 교사의 노래 부르기 지도 평가표

| 노래 부르기 지도 평가표 | | | |
|---|---|---|---|
| 범주 | 내용 | 그렇다 | 아니다 |
| 노래 선정 | 생활 주제와 연계되는가? | | |
| | 유아들의 경험과 연계되는가? | | |
| | 노래의 음역이 유아에게 적절한가? | | |
| | 노래의 길이가 유아에게 적절한가? | | |
| | 노래의 가사와 리듬이 반복적인가? | | |
| 대형 | 유아들이 앉은 대형이 노래 부르기에 적절한가?<br>(㉮ 반은 바닥, 반은 의자) | | |
| | 유아들은 자신이 원하는 자리에 자율적으로 앉는가? | | |
| | 유아들의 주의집중을 위해 주변의 교구나 물건이 정리되어 있는가? | | |
| 매체 | 손인형, 융판 자료 등 도입을 위해 적절한 자료를 사용하는가? | | |
| | 음악적 요소를 탐색하는 자료(㉮ 그림악보, 악기 등)를 사용하는가? | | |
| 노래 지도 과정 | 도입(노랫말과 관련된 이야기)이 있는가? | | |
| | 교사가 정확한 음으로 노래를 불러 주는가? | | |
| | 반주 없이 멜로디만 불러 주는가? | | |
| | '라라라' 등으로 멜로디만 다 함께 부르는가? | | |
| | 노래를 분절이 아닌 전체로 처음부터 끝까지 부르는가? | | |
| | 음악적 요소 혹은 개념을 탐색하는 과정이 있는가? | | |

| | | | |
|---|---|---|---|
| 마무리 | 노래시간에 대한 평가(정서적 측면)를 하는가? | | |
| | 활동 목표에 대한 달성여부를 평가하는가? | | |
| | 노래시간이 끝났음을 알리고 다음 활동을 소개하는가? | | |

출처: 교육인적자원부(2001)에서 나온 자료를 토대로 수정 · 보완하였음.

노래 부르기 지도 평가표에 제시된 각 항목들을 중심으로 유아 교사는 노래 부르기 활동을 하기 전, 후에 자신의 음악수업-노래 부르기 활동을 점검하고 개선점을 찾아 더 나은 수업의 질을 모색해야 한다. 특히 유아교육현장에서는 최소한 주 1회 이상 새 노래 부르기 활동이 진행되는 상황이므로 주기적인 점검을 하길 권한다.

## 2) 교사의 음악 교수능력 평가

교사는 자신의 음악적 수업능력에 대한 점검을 할 필요가 있다. 교사는 음악 관련 수업에 대한 전문적 내용을 어느정도 알고 있는지, 음악 수업에 대해 자신감이 있는지, 지속적으로 음악 수업의 질과 수준을 향상시키기 위해 노력하는지에 대해 점검하면서 자신의 음악 교수 능력을 발전시켜 나가야 한다. 교사의 음악 교수능력에 대한 점검은 음악수업에 대한 자신감을 측정하는 음악 교수 효능감 척도로, 음악 수업에 대한 전문적 지식의 소유 유무에 대한 측정은 음악 교수내용 지식 척도로 진단할 수 있으며 그 항목은 다음과 같다.

〈표 4-5〉 유치원 교사의 음악 교수 효능감

| 문항 | 질문 | 매우 그렇지 않다 | 아니다 | 보통이다 | 그렇다 | 매우 그렇다 |
|---|---|---|---|---|---|---|
| 1 | 유아가 특정 음악활동에 대해 보다 적극적으로 참여할 수 있는 것은 교사의 특별한 준비와 노력 때문이다. | | | | | |
| 2 | 나는 항상 보다 바람직한 음악 교수 방법을 찾고 창안하고자 노력한다. | | | | | |

| | | | | | | |
|---|---|---|---|---|---|---|
| 3 | 내 나름대로 열심히 노력을 해도 다른 영역에 비해 음악교육을 위한 아이디어와 교수능력이 부족함을 느낀다. | | | | | |
| 4 | 만약 우리 반 유아들의 음악적 탐구심과 이해능력이 향상되었다면 그 주된 이유는 나의 음악 교수법이 효과적이었기 때문이다. | | | | | |
| 5 | 나는 어떤 음악적 개념을 적합하게 가르치는 교수방법을 잘 알고 있다. | | | | | |
| 6 | 음악영역에 대한 유아의 흥미가 낮은 이유는 무엇보다 교사가 음악 교육을 적절하게 하고 있지 못하기 때문이다. | | | | | |
| 7 | 내 나름대로 유아의 발달 특성과 수준에 맞는 교육을 잘하고 있다. | | | | | |
| 8 | 음악활동에 흥미를 느끼지 못하던 유아가 점차 관심을 갖게 되는 것은 교사가 보다 많은 관심과 노력을 기울였기 때문이다. | | | | | |
| 9 | 나는 유아가 음악교육을 위해 필요한 음악적 지식과 개념에 대해 충분히 알고 있다(악보 읽기 및 음의 높낮이, Tempo, 음색, 빠르기, 조성 등). | | | | | |
| 10 | 교사가 음악교육에 보다 관심을 갖고 노력을 해도 유아의 음악에 대한 흥미와 음악적 성취를 향상시키기는 어렵다. | | | | | |
| 11 | 유아의 음악에 대한 긍정적 태도와 지식의 습득 정도는 교사에 의해 좌우된다. | | | | | |
| 12 | 나는 유아가 음악의 과정이나 지식에 관해 질문 할 때 어려움을 느낀다. | | | | | |
| 13 | 나는 유아의 다양한 음악적 질문에 대해 잘 반응하고 대답해 줄 수 있다. | | | | | |
| 14 | 나 자신이 음악교수 능력이 충분한지에 대해 자신이 없다. | | | | | |
| 15 | 음악활동에 자발적인 흥미가 없는 유아를 교사의 특별한 지도로 즐겁게 참여할 수 있도록 하기는 어렵다. | | | | | |
| 16 | 나름대로 구체적이고 적절한 방법으로 어떤 음악적 개념에 대해 설명해도 유아들이 잘 이해하지 못할 경우 당황스러울 때가 있다. | | | | | |

| | | | | | |
|---|---|---|---|---|---|
| 17 | 나는 음악활동을 전개하는 과정에서 유아들이 여러 가지 질문을 할 경우 적극적으로 반응하고 상호작용한다. | | | | |
| 18 | 나의 교실에서 음악교육을 보다 활발히 진행하며 유아들의 탐구심을 북돋아 주기 위해 어떻게 해야 할지 모르겠다. | | | | |
| 19 | 나에게 음악교육 시범수업이 맡겨진다면 무척 부담스럽다. | | | | |
| 20 | 교사가 아무리 훌륭한 음악교육 지료와 방법을 활용한 음악활동을 제공하더라도 모두 유아들이 잘 이해하고 즐기도록 하기는 어렵다. | | | | |
| 21 | 새로운 음악교수방법에 대해 알고자 하는 생각이 많으며 이를 통해 실제 교육현장을 바꿀 수 있다고 생각한다. | | | | |
| 22 | 지금이라도 음악교육에 대한 지식과 방법을 체계적으로 배운다면 우리 반 유아들에게 효과적인 음악교육을 펼칠 수 있다고 생각한다. | | | | |
| 23 | 나는 타고난 음악적 능력이 부족함으로 교실에서 본질적인 음악교육의 발전을 기대 할 수는 없다. | | | | |
| 24 | 유아음악 교육은 나보다 타고난 자질이 있는 전문 교사가 가르쳐야 한다. | | | | |

출처: 방은영 · 박찬옥(2005). pp. 13-14.

**〈표 4-6〉** 유아 교사의 음악 교수내용 지식

| 번호 | 문 항 내 용 | 전혀 그렇지 않다 | 그렇지 않다 | 그렇다 | 매우 그렇다 |
|---|---|---|---|---|---|
| 1 | 나는 유아가 음악적 개념(음색, 셈여림, 빠르기, 리듬 등)을 탐색하도록 계획안을 작성할 수 있다. | ① | ② | ③ | ④ |
| 2 | 나는 유아가 자신의 생각과 느낌을 신체를 이용하여 표현할 수 있도록 계획안을 작성할 수 있다. | ① | ② | ③ | ④ |
| 3 | 나는 유아가 언어(말, 동시, 동요)와 매체(주변에서 볼 수 있는 사물)를 사용하여 역할극, 인형극, 노래극, 동극 등으로 자신을 표현할 수 있도록 계획안을 작성할 수 있다. | ① | ② | ③ | ④ |
| 4 | 나는 한가지로 시작하여 두 가지 이상의 예술영역 간의 통합으로 확장히여 표현활동(음악, 움직임과 춤, 극놀이 등) 계획안을 작성할 수 있다. | ① | ② | ③ | ④ |

는 소리에 대하여 이야기를 나눈다.

② 교사가 제시하는 그림카드를 보고 유아는 악기나 도구를 이용하여 다양한 비의 소리를 탐색해 본다.

"비가 한 방울씩 떨어질 때 어떤 소리가 날까?"
(소리의 예: 사물이나 악기를 손가락으로 짧게 규칙적으로 연주한다.)

"이슬비가 내릴 때 어떤 소리가 날까?"
(소리의 예: 사물이나 악기를 손바닥으로 작게 연주한다.)

"소나기가 내릴 때 어떤 소리가 날까?"
(소리의 예: 사물이나 악기를 손바닥으로 크게 불규칙적으로 연주하거나 손톱으로 긁어서 연주한다.)

"폭풍우가 칠 때 어떤 소리가 날까?"
(소리의 예: 사물이나 악기를 손바닥으로 아주 크고 빠르게 연주하며, 중간중간 천둥과 번개 소리를 금속악기나 사물로 연주한다.)

(3) 소리탐색하기에 개념 적용하기

① 교사는 비와 관련된 동시를 두 편 소개한다.

② 각각의 시에 어울리는 소리에 대하여 유아와 교사는 이야기를 나눈다.

③ 교사가 시를 낭독하면 유아는 각각의 시의 반복어구에 어울리는 소리를 연주한다.

| 철벅철벅 | 우르르쾅쾅 |
|---|---|
| 비야 비야 내려라<br>비 맞은 땅을 철벅철벅<br>물웅덩이를 철벅철벅<br>비가와도 끄떡없지<br>물이 튀어도 끄떡없지<br>나는야 멋진 장화 | 하늘이 번쩍하더니<br>우르르 쾅쾅 우르르 쾅쾅<br>아유 깜짝이야<br>하늘이 화났나?<br>우르르 쾅쾅 우르르 쾅쾅<br>구름이 싸우나?<br>이럴 땐 엄마 품으로 쏘옥 |

출처: 장선혜(2013). 소리이야기 2. 아람출판사.

(4) 마무리

① 오늘 활동에 대해 이야기를 나눈다.

"오늘 활동 중 어떤 것이 가장 재미있었니(힘들었니)?"

② 활동 목표를 평가한다. (교사가 보여 주는 비와 관련된 그림카드를 보고 유아들은 해당 소리를 연주해 본다.)

## 다른 활동에 개념 적용하기

(1) 바다에서 들리는 소리

① 교사와 유아는 그림카드를 보고 바다에 간 경험에 대하여 이야기를 나눈 후 바다에서 들을 수 있는 소리에 대하여 이야기를 나눈다.

② 교사와 유아는 악기나 도구를 이용하여 다양한 파도 소리를 탐색해 본다.

〈유아놀이지원〉

유아가 마주하는 일상생활에서 다양한 소리에 관심을 가지고 탐색할 수 있도록 한다. 유아가 소리에 호기심을 가지고 탐색할 때 음악의 요소를 구체적으로 찾아볼 수 있도록 안내한다.

② 교사는 위의 다양한 발자국 소리를 유아들이 악기나 사물을 이용하여 표현해 볼 수 있도록 한다.

(3) 소리탐색에 개념 적용하기

① 다양한 발자국 소리를 포함하는 상황을 하나씩 제시하거나 다양한 발자국 소리가 나는 상황을 이야기로 들려주면서 유아가 소리를 만들어 볼 수 있도록 한다.

**발자국 소리가 나는 상황의 예**

오늘은 숲 속에서 토끼의 바이올린 연주회가 열리는 날이에요.
많은 동물들이 연주회를 구경하러 오고 있어요.
멀리서 다람쥐 발자국 소리가 들리네요.(작게 연주)
지금 막 도착한 코끼리는 기뻐서 쿵쾅쿵쾅!!!(크게 연주)
앗!!! 사자도 멀리서 오고 있나 봐요. 조금있으면 도착할 것 같은데요?(점점크게 연주)
모든 동물이 모이자 토끼는 바이올린 연주를 시작했어요.
즐거운 연주회가 끝나고 동물들은 숲속 자기 집으로 돌아갔답니다.(점점작게 연주)

(4) 마무리

① 오늘 활동에 대해 이야기를 나눈다.

"오늘 활동 중 어떤 것이 가장 재미있었니(힘들었니)?"

② 활동 목표를 평가한다. (유아들은 교사의 북소리를 듣고 해당하는 발자국 그림카드를 선택한다.)

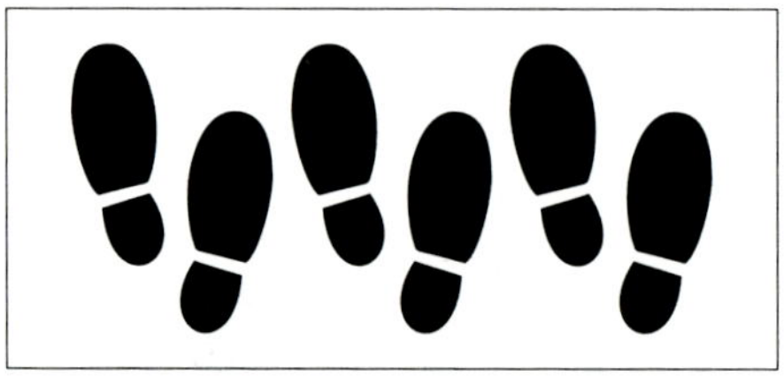

### 다른 활동에 개념 적용하기

(1) 바람소리 탐색하기

① 교사와 유아는 바람소리에 대하여 이야기 나눈다.

② 교사와 유아는 여러 가지 크기와 길이의 호수를 돌려보며 어떤 바람소리인지 이야기 나눈다.

③ 유아는 센바람과 여린 바람을 표현해본다.

〈유아놀이지원〉

교사는 유아가 다양한 탐색의 대상을 마주할 수 있도록 환경을 제공해 주고, 큰소리와 작은소리를 충분히 탐색할 수 있도록 물리적 환경(다양한 악기, 공간 등)을 구성하여 유아의 놀이를 지원한다.

## 3) 빠르기: 바람 소리

### 음악 요소 및 개념 : 빠르기 – 빠르게, 느리게

### 활동목표 : 1. 빠르게와 느리게를 이해한다.
2. 지휘에 따라 빠르게, 느리게 연주할 수 있다.
3. 빠르기에 따라 신체로 표현할 수 있다.

### 활동자료 : 그림카드, 북, 스트링드럼

### 사전 개념활동

(1) 빠르기에 대한 개념 알기

① 교사와 유아는 다양한 자연의 소리를 탐색해 본다.

② 자연의 소리 중 빠른 소리에 대하여 이야기 나눈다.

(예) 빠른 바람 소리, 거센 파도 소리, 소나기 소리, 참새 소리 등)

③ 자연의 소리 중 느린 소리에 대하여 이야기 나눈다.

(예) 잔잔한 물소리, 이슬비 소리, 산들바람 소리, 소 울음소리 등)

(2) 빠르기에 대한 개념 익히기

① 교사가 북을 연주하면 유아는 북소리에 맞추어 걷는다.

② 교사가 북을 점점 빠르게 연주하면, 유아는 점점 빨리 걷는다.

(예 2분음표 ⇒ 4분음표 ⇒ 8분음표…)

③ 교사가 북을 점점 느리게 연주하면, 유아는 점점 늦게 걷는다.

(예 8분음표 ⇒ 4분음표 ⇒ 2분음표…)

## 소리탐색하기 활동

(1) 동기 유발

① 교사와 유아는 자연의 소리 중 바람과 관련된 이야기를 나눈다.

② 바람과 관련된 그림카드를 보고 바람이 불 때 나뭇잎이 어떻게 움직이는 지 이야기해 본다.

나뭇잎이 조금 흔들린다 | 나뭇잎이 조금 빠르게 흔들린다 | 나뭇잎이 아주 빠르게 흔들린다

③ 교사가 그림카드를 제시하면 유아는 신체를 이용하여 나무의 흔들리는 모습을 표현해 본다.

(2) 소리탐색하기

① 교사는 유아에게 바람소리 음원을 들려준다.

② 음원의 소리와 비슷한 바람의 소리를 표현할 수 있는 악기를 탐색한다.

(예 북을 손톱으로 긁기, 스트링 드럼, 호스를 돌리기 등)

③ 자신이 선택한 악기를 서로 연주하며 함께 이야기 나눈다.

④ 교사가 제시하는 그림카드를 보고 빠르고 느리게 연주해 본다.

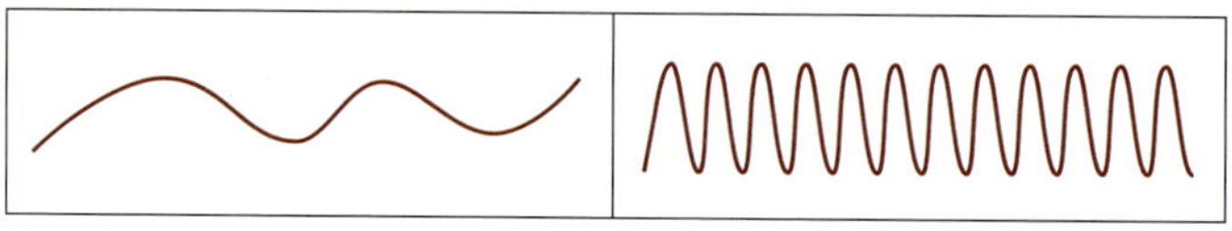

(3) 소리탐색에 개념 적용하기

① 교사는 유아에게 동시를 소개한다.

바 람

이옥주

살랑살랑 봄바람에
나도 따라 살랑살랑

씽~ 씽~ 가을바람에
나뭇잎들도 씽~ 씽~

쌩쌩쌩~ 봄 맞으러 바쁜
겨울바람 쌩쌩쌩~

② 동시에 제시된 봄바람과 가을바람, 겨울바람을 악기로 표현한다.

살랑살랑 봄바람에 (느리게 연주)
나도 따라 살랑살랑 (느리게 연주)

씽~ 씽~ 가을바람에 (조금 빠르게 연주)
나뭇잎들도 씽~ 씽~ (조금 빠르게 연주)

쌩쌩쌩~ 봄맞으러 바쁜 (아주 빠르게 연주)
겨울바람 쌩쌩쌩~ (아주 빠르게 연주)

(4) 마무리

① 오늘 활동에 대해 이야기를 나눈다.

"오늘 활동 중 어떤 것이 가장 재미있었니(힘들었니)?"

② 활동 목표를 평가한다. (교사가 들려주는 소리를 듣고 유아는 빈 카드에 그림을 그려 본다.)

| | |
|---|---|
| | |

### 다른 활동에 개념 적용하기

(1) 소리탐색하기

① 교사가 들려주는 동시를 듣고 어울리는 악기 소리를 탐색한다.

빗방울의 더하기

박소명

| | | | | |
|---|---|---|---|---|
| 톡톡톡 | 톡톡톡 | 톡톡톡 | 톡톡톡 | 톡톡톡 |
| 잎새에 더해 | 꽃잎에 더해 | 냇물에 더해 | 더하면서 | 더하면서 |
| 초록빛 키우고 | 꽃잎웃음 키우고 | 물소리 키운다 | 남은 키우고 | 제 모습은 뺀다. |

② 교사가 시를 낭송할 때 유아는 동시에 어울리는 악기를 정하여 연주한다.

〈유아놀이지원〉

빠르고, 느리게의 음악요소를 탐색할 때 교사는 유아와 함께 스토릴텔링을 활용하여 놀이를 지원한다. 이때, 도구나 악기를 사용하거나 몸을 사용하여 표현하면 유아가 탐색의 과정에 집중할 수 있다.

## 4) 리듬: 우리 교실에서 나는 소리

**음악 요소 및 개념** : 리듬–음의 길이

**활동목표** : 1. 다양한 사물의 소리를 탐색할 수 있다.
2. 악기 소리를 듣고 긴 소리와 짧은 소리를 구별할 수 있다.
3. 교실의 다양한 사물을 두드려 보고, 긴 소리와 짧은 소리를 내는 사물을 분류할 수 있다.

**활동자료** : 트라이앵글, 캐스터네츠, 징, 리듬막대, 두드릴 수 있는 막대, 나무블록, 스테인리스 컵

## 사전 개념 활동

(1) 음의 길이 개념 알기

① 교사는 트라이앵글과 캐스터네츠의 소리를 유아에게 들려준다.

② 이때 교사는 트라이앵글을 강하게 한 번 치고 소리가 안 들릴 때까지 유아가 들을 수 있도록 지도한다.

③ 교사와 유아는 트라이앵글과 캐스터네츠 소리의 다른 점에 대하여 이야기 나눈다.

'트라이앵글과 캐스터네츠의 소리는 어떻게 다르니?'
'어떤 악기가 긴 소리를 연주하는 것 같니?'

(2) 음의 길이 익히기

① 교사는 트라이앵글과 캐스터네츠를 준비하여 유아와 함께 원형으로 앉는다.

② 교사가 트라이앵글을 세게 한 번 치면, 유아는 소리를 끝까지 듣는다. 이때 유아들은 교사가 친 트라이앵글의 소리가 들리면 그대로 앉아있고, 들리지 않으면 조용히 누워본다. 모든 유아가 자리에 누우면 교사가 다시 한 번 트라이앵글을 치고, 유아는 트라이앵글 소리가 들리지 않을 때 조용히 다시 앉는다.

③ 위의 ②활동을 캐스터네츠를 이용하여 함께해 본다.

④ 교사가 연주하던 트라이앵글과 캐스터네츠를 유아들이 돌아가면서 연주해 보고 위의 활동을 반복해 본다.

⑤ 교사가 트라이앵글 소리를 들려주면 유아는 소리가 끝날 때까지 손으로 선을 긋는다.

⑥ 교사가 캐스터네츠 소리를 들려주면 유아는 들리는 소리를 손으로 표현해 본다.

## 소리탐색 활동

(1) 동기 유발

① 교사는 트라이앵글, 캐스터네츠, 징, 리듬막대를 연주하고, 유아들에게 들리는 소리를 손으로 표현해 보게 한다.

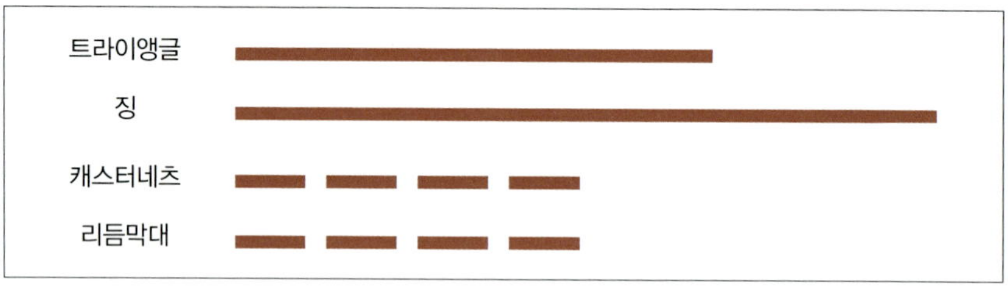


② 교사와 유아는 비슷한 소리를 내는 악기에 대하여 이야기를 나눈다.

'징은 어떤 악기 소리와 비슷하니?'
'리듬막대는 어떤 악기 소리와 비슷하니?'

(2) 소리탐색하기

① 교사는 교실에서 나무블록과 스테인리스 컵을 준비한다.

② 두드리는 막대를 이용하여 교사가 나무블록과 스테인리스 컵을 두드리면 유아는 어떤 악기 소리와 비슷한지 이야기를 나눈다.

'나무블록은 어떤 악기 소리와 비슷하니?'
'이 컵은 어떤 악기 소리와 비슷하니?'

③ 교사는 유아에게 두드리는 막대를 하나씩 나누어 주고, 유아는 막대를 들고 교실에서 나는 소리를 탐색해 본다.

(3) 소리탐색에 개념 적용하기

① 교사와 유아는 교실에서 탐색한 소리에 대하여 이야기 나눈다.

② 교사는 유아들에게 소리의 길이를 나타낸 막대악보를 유아들에게 나누어 준다.

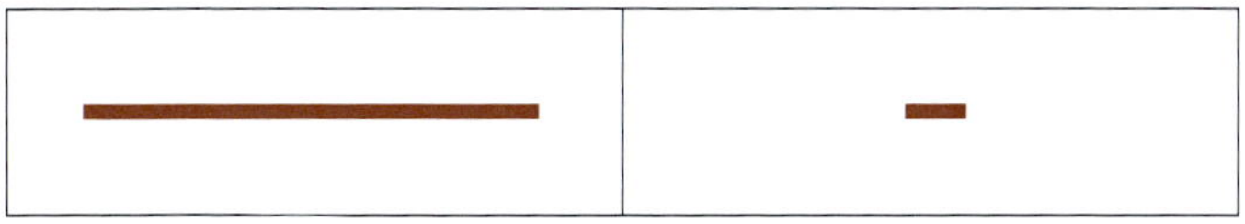

③ 유아들은 긴 소리가 나는 사물에는 긴 소리 막대악보를, 짧은 소리가 나는 사물에는 짧은 소리 막대악보를 붙여준다.

④ 교사와 유아는 긴 소리가 나는 사물의 공통점에 대하여 이야기를 나눈다.

⑤ 교사와 유아는 짧은 소리가 나는 사물의 공통점에 대하여 이야기를 나눈다.

(4) 마무리

① 오늘 활동에 대해 이야기를 나눈다.

"오늘 활동 중 어떤 것이 가장 재미있었니(힘들었니)?"

② 활동 목표를 평가한다. (교사와 유아는 노래를 부르며 걸어 다니다가 교사가 긴 소리 막대악보를 제시하면 유아들은 긴 소리가 나는 사물을 두드리고, 짧은 막대악보를 제시하며 짧은 소리가 나는 사물을 두드린다.)

### 다른 활동에 개념 적용하기

(1) 신체의 소리탐색

① 교사는 유아들에게 긴 소리 막대악보와 짧은 소리 막대악보를 제시한다.

② 교사와 유아는 목소리를 이용하여 긴 소리와 짧은 소리를 내어 본다.

③ 유아들은 신체에서 나는 긴 소리와 짧은 소리에 대하여 이야기를 나누어 보고, 직접 소리를 내어 본다.

〈유아놀이지원〉

늘 보아오던 놀이터의 놀이기구나 교실의 다양한 사물이 소리탐색의 대상이 될 수 있다. 유아들이 비슷한 소리에 관심을 가지고 찾아볼 수 있도록 한다.

## 5) 가락: 비행기 길

### 음악요소 및 개념 : 가락–음의 고저

**활동목표** : 1. 음의 높고 낮음을 알 수 있다.
2. 음의 높고 낮음을 인지하며 소리를 낼 수 있다.

**활동자료** : 높고 낮음을 나타내는 그림카드, 기호카드, 긴 밧줄, 장난감 비행기, 스티커

**사전 개념 활동**

(1) 음의 고저에 대한 개념 알기

① 교사가 들려주는 높은 소리와 낮은 소리를 듣고 유아들과 이야기를 나눈다.

② 교사는 그림카드를 보여주고 높은 소리와 낮은 소리를 들려주고 유아는 해당 그림카드를 선택한다.

(2) 음의 고저에 대한 개념 익히기

① 유아는 의자를 가지고 와서 원형으로 놓는다.

② 음악에 맞추어 의자주변을 돌다가 음악이 멈췄을 때 교사가 들려주는 높은 소리 또는 낮은 소리를 듣고 의자에 올라가거나 의자에 앉는다. 이때 교사는 소리의 높낮이가 구분되도록 연주한다.

**소리탐색하기 활동**

(1) 동기 유발

① 교사와 유아는 비행기 그림을 보며 비행기에 대하여 이야기를 나눈다.

"비행기를 타 본적이 있니?"

② 교사와 유아는 비행기가 다니는 하늘의 길에 대하여 이야기를 나눈다.

(2) 소리탐색하기

① 교사는 긴 밧줄을 준비하여 양끝을 묶어 원형으로 바닥에 놓는다.

② 유아는 밧줄을 잡고 원형으로 선다.

③ 이 때 유아는 밧줄의 높이를 각각 달리하여 잡고 선다.

④ 한 유아는 비행기를 들고 다른 유아들이 잡고 있는 밧줄 위로 움직여 본다. 이때 유아들은 비행기가 움직이는 위치에 따라 목소리를 내어 본다. 높이 올라가면 고음을, 낮게 내려가면 저음을 내는 활동을 해본다.

⑤ 다른 유아와 바꾸어가며 활동을 해본다.

(3) 소리탐색에 개념 적용하기

① 교사는 그림카드를 제시하여 유아들과 기호에 어울리는 소리를 탐색하여 함께 목소리로 내어 본다.

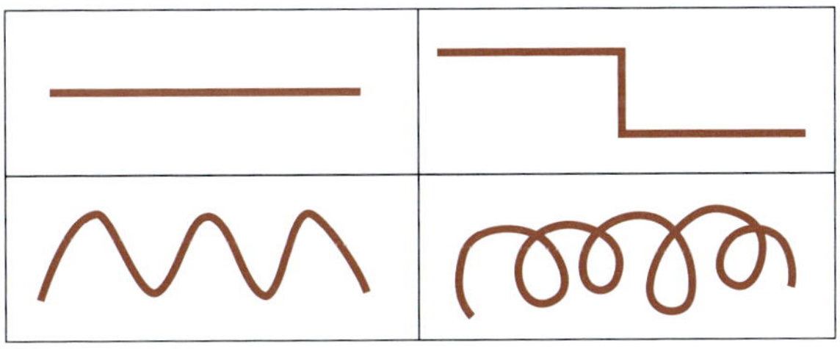

② 교사는 유아에게 빈 그림카드를 나누어 주고, 교사의 목소리를 기호로 표기할 수 있도록 한다.

(4) 마무리

① 오늘 활동에 대해 이야기를 나눈다.

"오늘 활동 중 어떤 것이 가장 재미있었니(힘들었니)?"

② 활동 목표를 평가한다.(계단 그림이 있는 그림카드를 2장씩 유아들에게 나누어 주고 교사가 들려주는 건반 소리를 듣고 유아들은 음의 위치에 스티커를 붙인다.)

### 다른 활동에 개념 적용하기

(1) 실로폰 소리탐색

① 교사는 유아와 함께 기호카드를 보며, 실로폰으로 연주해 본다.

**〈유아놀이지원〉**

교사는 유아의 호기심을 유발하고 음악요소에 관심을 가질 수 있도록 계단을 올라가거나 내려올 때 올라가는 노래, 내려오는 노래를 함께 부르며 움직일 수 있도록 안내한다.

## 6) 조직: 나의 몸

**음악 요소 및 개념** : 조직–다성

**활동목표** : 1. 신체의 다양한 소리를 경험한다.
2. 다성의 음악 개념을 경험한다.
3. 다성의 개념을 이해하고 신체로 표현할 수 있다.

**활동자료** : 그림카드, 큰 그림카드, 북

### 사전 개념 활동

(1) 다성에 대한 개념 알기

① 교사와 유아는 그림카드를 보고 규칙에 대하여 이야기 나눈다.

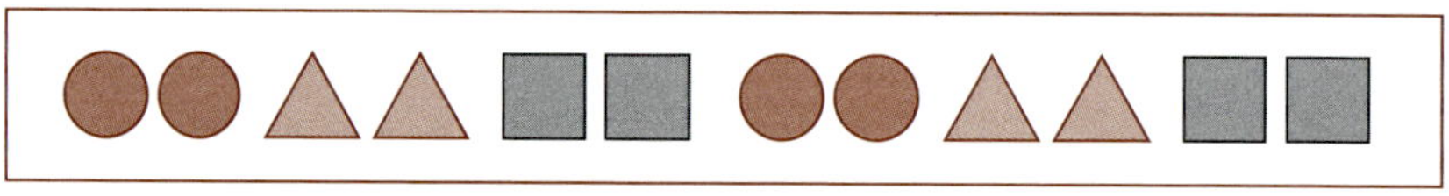

"이 그림 카드에 어떤 규칙이 있을까?"

② 규칙을 발견한 유아는 다음의 빈 칸에 들어갈 그림카드를 맞춰본다.

**활동의 예 1**

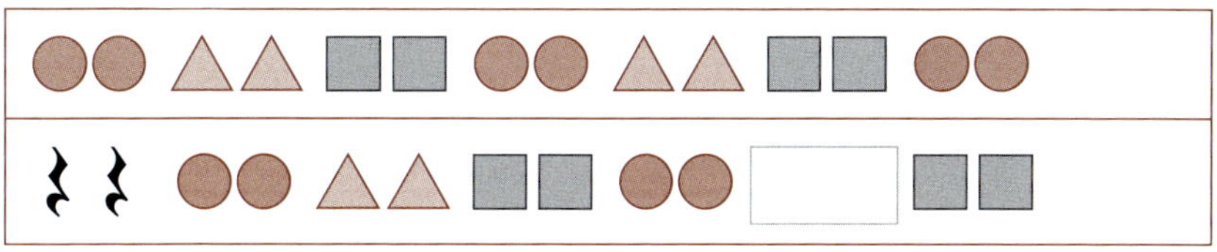

**정답**

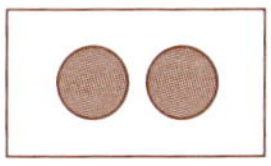

**활동의 예 2**

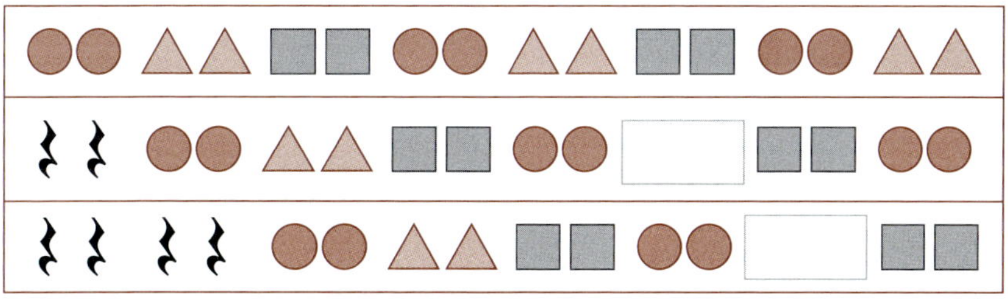

**정답**

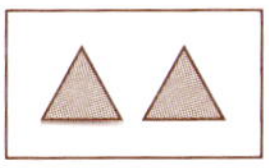

## 소리탐색하기 활동

(1) 동기 유발

① 교사와 유아는 우리 몸에서 나는 다양한 소리의 음원을 들어 본다.

② 음원을 듣고 난 후 신체의 부위를 맞춰 본다.

(2) 소리탐색하기

① 유아와 교사는 손으로 낼 수 있는 다양한 소리를 탐색해 본다.

(예 손뼉 치기, 손바닥 문지르기, 손가락 튕기기 등)

② 유아와 교사는 발로 낼 수 있는 다양한 소리를 탐색해 본다.

(예 발 구르기, 발 박수 치기, 바닥 문지르기 등)

③ 유아와 교사는 입으로 낼 수 있는 다양한 소리를 탐색해 본다.
(예 다양한 목소리 흉내 내기, 휘파람 불기, 혀 튕기기 등)

(3) 소리탐색에 개념 적용하기

① 교사와 유아는 탐색한 다양한 소리 중 손, 발, 입으로 낼 수 있는 소리를 하나씩을 정한다.

② 교사는 해당 신체부위의 그림을 바닥에 붙인다.

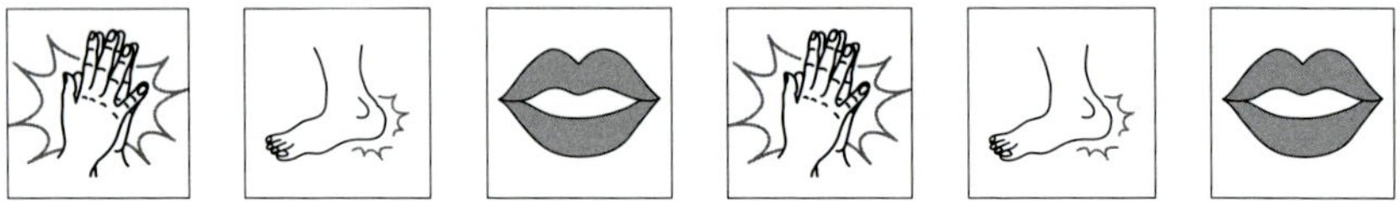

③ 유아는 그림판 위에 서서 그림에 나타난 신체부위의 소리를 낸다.

④ 교사는 유아들이 다음 칸으로 옮길 수 있도록 북으로 신호를 주고, 유아들은 한명씩 차례대로 뒤따라가며 활동을 진행한다.

(4) 마무리

① 오늘 활동에 대해 이야기를 나눈다.
"오늘 활동 중 어떤 것이 가장 재미있었니(힘들었니)?"

② 활동목표를 평가한다. (유아들은 일렬로 앞 친구의 뒷머리를 보고 앉는다. 교사가 맨 마지막에 앉은 유아의 등에 리듬을 쳐주면 유아들은 앞 친구의 등에 그대로 전달한다.)

### 다른 활동에 개념 적용하기

(1) 소리탐색하기

① 유아는 다양한 리듬악기 소리를 탐색한다.

② 한 유아씩 자신의 소리를 만들어 연주하면, 다른 유아들이 따라 연주하는 활동을 진행한다.

> 〈유아놀이지원〉
> 앞사람의 등에 리듬 전달하기, 소리 전달하기 등의 놀이를 통해 유아가 호기심을 가지고 촉각, 청각 등 다양한 감각을 활용하여 자연스럽게 음악 요소의 탐색이 이루어 질 수 있도록 안내한다.

## 7) 형식: 탈것

### 음악 요소 및 개념 : 형식–반복

### 활동목표 : 1. 다양한 교통기관의 소리를 탐색할 수 있다.
2. 소리를 듣고 반복되는 리듬을 알 수 있다.
3. 소리를 듣고 형식(론도형식)을 알 수 있다.

### 활동자료 : 교통기관 그림카드, 리듬막대, 탬버린, 마라카스, 트라이앵글

### 사전 개념 활동

(1) 형식(반복)에 대한 개념 알기

① 교사가 보여 주는 그림카드를 보고 어떤 규칙이 있는지 이야기 나눈다.

"이 카드에 어떤 규칙이 숨어 있을까?"

② 유아는 규칙에 따라 반복되는 것끼리 묶어 본다.

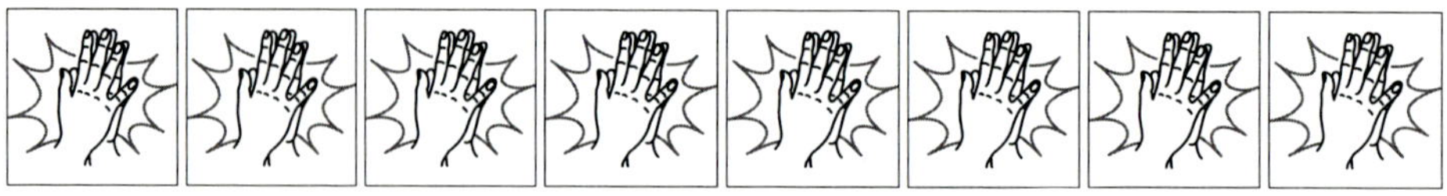

1 2 3 4 5 6 7 8

㉠ 손뼉치기(A)〉그룹 1(B)〉손뼉치기(A)〉그룹 2(C)〉손뼉치기(A)〉그룹 3(D)〉손뼉치기(A)〉그룹 1(B)〉손뼉치기(A)〉그룹 2(C)〉손뼉치기(A)〉그룹 3(D)〉 …

(4) 마무리

① 오늘 활동에 대해 이야기를 나눈다.

"오늘 활동 중 어떤 것이 가장 재미있었니(힘들었니)?"

② 활동 목표를 평가한다.

– 교사는 유아에게 그림악보 활동지를 나누어 준다.

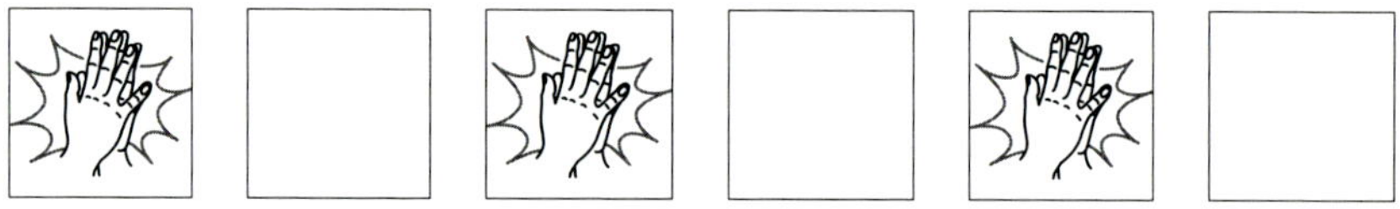

– 유아는 위의 활동을 기억하며 B, C, D 부분의 비어있는 칸에 소리 내었던 탈것의 그림을 그려본다.

– 자신이 그린 그림악보를 보고 다시 소리를 내어 본다.

### 다른 활동에 개념 적용하기

(1) 악기 소리탐색

① 교사는 유아를 4개의 그룹으로 나누고 각각의 그룹에 리듬막대, 탬버린, 마라카스, 트라이앵글을 나누어 준다.

② 교사가 제시하는 악기 그림카드를 보고 유아는 각 악기를 연주한다. 이때 교사는 유아들이 악기 순서에 맞도록 연주할 수 있도록 지휘한다.

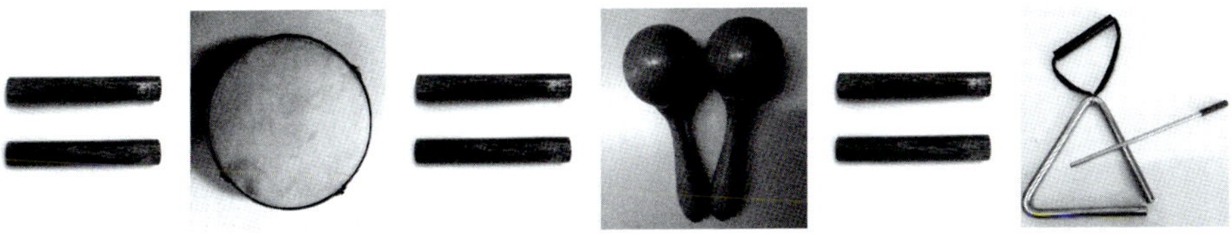

㉮ 리듬막대(A)〉탬버린(B)〉리듬막대(A)〉마라카스(C)〉리듬막대(A)〉트라이앵글(D)〉리듬막대(A)〉탬버린(B)〉리듬막대(A)〉마라카스(C)〉리듬막대(A)〉트라이앵글(D)〉 …

〈유아놀이지원〉

'그대로 멈춰라'노래를 부르며 중간에 멈추는 4박동안 하나의 동작을 반복적으로 표현하기 놀이를 하며 작은악절마다 반복되는 형식을 경험한다.

적용 하기

Q1. 다양한 소리를 탐색하면서 유아들과 어떤 활동을 하면 좋을까요?

Q2. 소리를 이용하여 유아들과 함께 소리동화를 만들어 보세요.

CHAPTER

06

# 음악요소에 기초한 노래 부르기

1. 노래 부르기와 유아교육

2. 노래 부르기 발달

3. 음악요소에 기초한 노래 부르기 실제

## 1) 노래 부르기의 중요성

인간은 태어나면서부터 노래를 배운다. 영유아는 목소리를 내는 훈련으로 시작해서 다양한 억양의 발성을 시도하고 음과 음의 흐름을 기억하고 이것을 자신의 목소리와 연결시키는 것을 배운다(안재신, 2004). 목소리는 사람마다 각기 다르며 독특한 개성을 가지고 있으며, 저마다의 생각과 느낌을 나타내기 위해 소리를 내어 보고 조절하고 독특한 표현을 시도한다. 우리의 목소리는 최초의 악기이며 노래 부르기의 기초는 최초의 발성과 연관되므로 이러한 다양한 시도들은 유아가 자신의 목소리를 조절하며 노래를 부르는 데 영향을 미친다.

일반적으로 영유아 교육기관에서 노래 부르기 활동은 가장 활발히 이루어지고 있다(서경희, 2003). 즉 노래 부르기 활동은 유아교육기관의 다양한 음악활동 중 가장 일반적이고 보편적으로 접하게 되는 활동인 동시에 유아의 자발적 행동으로 나타나는 음악 영역이다. 대부분의 영유아들은 노래 부르기를 좋아하며 어느 날 갑자기 자발적 노래(spontaneous songs)를 시작하기도 하기 때문에, 의도적으로 교사가 계획하지 않아도 음악은 영유아를 위한 모든 프로그램의 일부분이 된다(Pica, et al, 2010). 노래 부르기는 목소리를 사용하여 음악을 표현하는 가장 보편적인 기술이기에 영유아는 자신의 목소리 음색, 크기, 빠르기 등을 변화시키며 노래 부르기를 통해 자유로운 표현을 시도한다. 이러한 영유아의 음악적 경험은 그들의 음악 개념과 심미감을 자연스럽게 발달시키게 되며(곽영숙, 2010), 자기 표출석 활동을 함으로써 영유아의 창의적인 활동에 기초가 된다. 그러나 우리가 노래를 부르는 것은 자발적인 행위임에도 불구하고 음악적으로 훌륭한 좋은 소리를 내어 부르기 위해 영유아는 학습을 하게 된다. 다시 말해 노래를 잘 부르기 위해 영유아는 많은 시행착오를 겪는다. 처음에는 노래의 박자와 리듬, 가사에 충실하게 부르고자 노력하던 영유아는 자신이 원하는 소리를 만들기 위해 다양한 방법으로 노래를 부르기 시작한다. 목소리를 바꾸어 노래를 부르기도 하고 큰 소리, 작은 소리로 노래 부르기, 가사 바꾸어 부르기, 빠르기를 달리하여 부르기, 친구의 노래 따라 하기 등 유아는 노래 부르기를 놀이로 즐기는 동시에 학습의 도구, 성취의 도구로 여긴다.

즐거운 마음으로 노래를 부르는 영유아는 행복감을 느끼고, 합창을 통해 다른 사람과 협동하고 조화를 이루는 법을 경험한다. 노래를 부르면서 영유아는 빠르기, 셈여림, 쉼표 등의 음악적 언어를 이해하게 되며 다양한 방법으로 노래를 부르면서 음악의 구성

요소를 경험하게 된다. 또한 노랫말을 통해 다양한 어휘를 경험하고 이해하게 되며, 노래 부르기가 능숙한 유아들은 노랫말을 바꾸어 보거나 새로운 노랫말을 만드는 활동을 통해 확산적 사고력을 키운다. 노래에 맞추어 손유희를 하거나 그 밖의 신체를 이용한 다양한 활동은 노래 부르기를 오랫동안 지속하는 데 영향을 미치며, 듣기능력을 증진시키고, 가사에 더 많은 의미를 부여하여 노래를 부를 수 있게 된다(Bayless & Ramsey, 1991). 또한 노래 부르기는 자신과 다른 사람의 정서적 감정을 수용할 수 있는 자극의 일종이며, 의사소통의 중요한 수단이 된다. 이와 같이 노래 부르기는 음악적 능력(고영자 · 김민정, 2012; 박형신 · 조은정, 2013) 이외에도 신체(배희진, 2009), 정서(김지연, 2005), 언어(김경희 · 엄정애, 2007; 최미숙 · 안지영, 2014), 사회성(박소영, 2012), 창의성(김애옥 · 홍지명, 2014) 발달과 연관되어 있다.

## 2) 노래 부르기의 내용

영유아에게 적합한 노래의 내용은 영유아의 생활과 밀접한 관계가 있어야 한다. 즉, 영유아가 이해할 수 있고 실감할 수 있는 내용으로 그들이 경험한 일상 속의 내용과 연관이 있어야 한다. 노랫말은 문학적 가치가 있어야 하며, 아름답고 단순하며 음률적인 반복이 많고 만족감을 주는 것이어야 한다. 노래의 색깔은 노랫말의 내용에 따라 달라지고 노래의 내용에도 영향을 미치므로 영유아에게 적합한 노래는 곡 자체도 중요하지만 노랫말에 많은 비중을 두고 다루어져야 한다(김혜경, 1996).

대부분의 영유아교육기관은 생활주제를 중심으로 일과를 운영하고 있다. 따라서 음악활동 중 노래부르기 활동을 계획하고 실행할 때 각 생활주제에 맞게 노래 부를 곡목을 선정하고 새 노래를 함께 불러 보는 활동이 요구된다. 생활주제에 따른 동요를 살펴보면 다음과 같다.

〈표 6-1〉 누리과정 생활주제에 따른 동요

| 주제 | 동요 |
| --- | --- |
| 유치원과 친구 | • 유치원에 갑니다<br>• 안녕<br>• 결석<br>• 모두 제자리<br>• 사과 같은 내 얼굴<br>• 꼭꼭 약속해 |
| 나와 가족 | • 생일 축하합니다<br>• 당신은 누구십니까<br>• 엄마, 아빠 |
| 우리 동네 | • 병원놀이<br>• 가게놀이 |
| 동식물과 자연 | • 코끼리와 거미줄<br>• 참새<br>• 작은 동물원<br>• 새들의 결혼식 |
| 건강과 안전 | • 손을 씻어요<br>• 냠냠 |
| 생활 도구 | • 옛날부터 지금까지<br>• 아껴요 아껴 |

| 주제 | 동요 |
| --- | --- |
| 교통기관 | • 간다간다<br>• 자동차가 붕붕 |
| 우리나라 | • 동대문<br>• 아리랑<br>• 대문놀이<br>• 우리나라 꽃 |
| 세계 여러 나라 | • 나는 기쁘다<br>• 꼬마 인디언 |
| 환경과 생활 | • 산에 나무가 없으면<br>• 달님<br>• 작은 별 |
| 봄, 여름, 가을, 겨울 | • 씨앗<br>• 봄비<br>• 수박<br>• 여름 방학<br>• 여름 냇가<br>• 잠자리<br>• 밀과 보리가 자라네<br>• 도토리<br>• 산타클로스 오셨네<br>• 루돌프 사슴코<br>• 탄일종 |

노래 부르기 활동을 위한 곡을 선정할 때 생활주제 이외에도 유아의 전반적인 발달과 음악적 발달, 그리고 유아 개인의 노래 부르기 능력을 고려해야 한다. 영유아는 너무 높거나 낮은 음으로 구성되어 있는 노래나 빠른 노래 등은 부르는 데 어려움을 보인다(강환미, 2007). 따라서 일반적으로 3박자 계열보다는 2/4박과 4/4박의 곡이, 단조보다는 장조의 음악이 밝고 경쾌하므로 선호된다. 음역은 너무 넓지 않은 곡(도-솔이 가장 편한 음역이나 도-라 또는 높은 도까지는 가능)을 선택하여 유아의 성대에 무리가 가지 않고 즐겁게 부를 수 있도록 한다. 선율나 노랫말의 리듬은 반복적인 것이 영유아에게 쉽게 인식되고 불린다. 영유아가 좋아하는 노래는 이야기가 있는 노래, 자신과 관련된 노래, 일상 경험을 다룬 노래, 극화할 수 있는 노래, 반복되는 부분이 있는 노래 등이다.

영유아는 노래 부르기를 좋아하지만 음악적으로 성숙한 단계는 아니기 때문에 다양한 형식의 어려운 노래를 부르는 것은 어렵다. 영유아는 자신의 수준에 맞는 가사와 형식의 곡들을 반복적으로 접해 봄으로써 서서히 어려운 곡들을 익힐 준비를 하기도 하고 음악적 성취들을 이루어 내기도 한다. 노랫말이나 음의 흐름을 어렵게 느낄 때는 반복적인 듣기활동으로 노래에 친숙함을 느끼게 한 후 함께 부르면 즐겁게 따라 부를 수 있다. 유아가 부르는 동요 중 많지는 않으나 즐겁게 접할 수 있는 형식의 곡으로는 돌림노래(예 퐁당퐁당, 곰 세 마리, 자고 있니?)와 문답노래(예 당신은 누구십니까? 참 재미있었지), 반복하는 노래(예 열 꼬마 인디언, 코끼리와 거미줄, 똑같아요, 머리 어깨 무릎 발) 등이 있다. 또한 영유아에게 적합한 악곡의 길이는 8마디(한도막 형식)에서 12마디(작은 세도막 형식) 정도가 적당하다.

또한 영유아는 노래 부르기를 하면서 음정, 리듬, 박자, 셈여림, 빠르기, 선율, 음색, 화성 등의 음악의 구성요소를 자연스럽게 접하고 학습해야 할 필요가 있다. 빠르기에 따라 몸을 좌우로 흔들거나 박자에 맞추어 손뼉이나 발장단을 치거나 셈여림에 따라 리듬악기를 두드려 보거나 음색을 알기 위해 남자유아와 여자유아가 서로 나뉘어 노래를 불러보는 등 노래 부르기와 음악의 구성요소가 통합되어 활동이 이루어져야 한다.

영유아들의 기본적인 음악 개념의 형성을 돕기 위해 음악적 개념을 구체적으로 나타낸 음악적 상징이나 그림으로 보여 줌으로써 개념을 시각화하는 방법은 청각적 경험과 시각적 경험이 동시에 이루어지므로 영유아가 음악의 추상적 의미를 빠르고 쉽게 이해하는 데 도움이 된다(임미경 · 장기범 · 함희주, 2004; 정인애, 2002). 음악적 요소를 시각화하는데 효과적인 방법 중 하나가 그림악보이다(김애옥 · 홍지명, 2014; 심혜은, 2006).

그림악보를 활용한 노래 부르기 활동을 통해 영유아들은 보다 흥미 있게 음악에 오랫동안 집중할 수 있는 태도를 이끌 수 있다. 더불어 영유아의 창의적인 사고와 표현력을 증진시키며, 음악적 흥미와 함께 적극적인 참여를 유도할 수 있다(민경훈, 2003). 뿐만 아니라 영유아들이 즐겁게 음악활동에 참여하여 잠재된 음악적 창의성을 발휘할 수 있도록 도움을 준다(안은미, 2008). 즉 영유아의 노래 부르기 활동에서 그림악보를 활용하여 음의 높낮이 음의 길이 등을 시각적으로 표상해 보도록 하는 활동은 영유아의 음악적 능력을 발달시킬 수 있을 뿐 아니라 음악적 흥미와 참여를 증가시킨다.

유아를 위한 그림악보 제작방법은 다음과 같다.

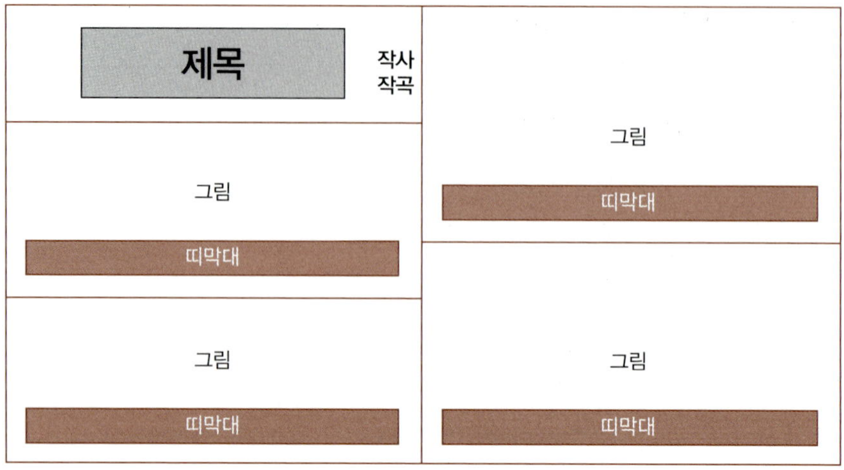


**[그림 6-1]** 그림악보의 전체 배경의 예

출처: 안재신 · 이옥주 · 정수진(2005). p. 25.

### (1) 그림악보 제작 방법

① 노래의 제목 및 작사, 작곡자 이름: 노래의 제목은 크게 악보의 중앙에 제시하고, 노래의 작사 및 작곡자의 이름을 함께 작성한다.

② 막대 그림악보 만들기: 1단에 4마디가 들어가게 작성하며, 기본박을 기준으로 리듬과 음높이를 주어진 악보를 보고 길이와 높이를 계산하여 정확하게 그린다. 이때 음표는 검정색 막대로 쉼표는 흰색 막대로 나타낸다.

③ 가사 적기: 가사는 막대 그림의 가장 왼쪽에 적으며, 하나의 음절로 여러 음을 부를 경우 각 음정마다 음가(–)를 표시한다.

④ 그림 그리기: 1~2마디의 가사 내용에 적절한 그림을 그린다. 이때 노래의 길이가 짧거나 노래 가사가 2절 이상일 경우에는 남은 여백에 전체 가사의 내용에 적절한 그림을 그리거나 해당 가사의 그림을 그리고 가사를 적어 제시할 수 있다.

### (2) 그림악보의 예

[그림 6-2] 막대 그림악보: 동대문(윤석중 작사, 윤극영 작곡)

출처: 안재신 · 이옥주 · 정수진(2005). p. 121.

## 3) 노래 부르기 지도 시 교사의 역할

영유아의 노래는 이야기가 있고 흐름이 있다. 노래의 흐름을 전체적으로 이해하기 위해서 노래를 처음부터 끝까지 끊지 않고 부르며 익히는 방법은 '전체 노래 방법'이다. 이에 반하여 한 마디나 두 마디씩 따라 불러 보는 방법은 '부분 노래 방법'이며, 선체를 다 불러보고 어려운 부분만 따로 떼어서 부분만 노래하는 방법은 '결합 노래 방법'이다.

보면 다음과 같다(김선의, 2009, 민경훈, 2003; 장정애, 2008; Gordon, 1996; McDonald, 1983; Moog, 1976; Sloboda, 1993; Small, 1999; Rutkowski, 1986).

### (1) 만 2세 미만

- 쿠잉(cooing), 옹알이(babbling) 등의 소리를 많이 내며 즐긴다(2~4개월).
- 어른이 부르는 노래의 선율, 강약, 윤곽 등을 안다(2개월).
- 불규칙한 리듬패턴으로 옹알이를 한다(4~6개월).
- 옹알이를 모음과 자음으로 발성화한다(6개월).
- 어른이 끄덕거리거나 말을 걸면 때때로 소리를 내며 자신이 낸 소리를 즐긴다(9~10개월).
- 음악적인 발성으로 볼 수 있는 옹알이 노래를 시작한다(9~12개월).
- 자신이 내는 소리와 음악에 관심을 가진다(9~12개월).
- 자발적인 노래 부르기를 시작한다(15개월).
- 음악적으로 소리를 내기 위해 다양한 시도를 한다(15개월 이상).
- 노래를 부를 때 점차 음정이 분명해진다(18개월).

### (2) 만 2세

- 놀이를 하면서 자발적으로 노래 부르기를 즐긴다.
- 소리와 음악에 대한 반응이 다양하게 나타나기 시작한다.
- 노래 전체 중에서 자신이 좋아하는 부분만을 반복해서 부른다.
- 챈트의 리듬과 반복을 좋아하며 소리와 형태를 자주 반복하게 된다.
- 4도나 5도간격의 음정(레부터 라 사이의 음역)을 사용하여 노래 부른다.
- 말놀이식의 즉흥적인 노래를 부른다.
- 여럿이 함께 노래를 부를 때 음정을 맞추어 부르려고 하기보다 자기 마음대로 부른다.
- 소리의 억양과 패턴을 모방한다.
- 높은 음보다는 낮은 음을 편하게 소리 낸다.

### (3) 만 3세

- 제한된 음역에서 노래를 비교적 정확하게 부른다.
- 단순한 악구의 노래를 정확하게 부른다.
- 소리의 차이를 인식하고 소리를 분류하거나 조직하기 시작한다.
- 자발적인 노래의 길이가 길어지며 정확한 음정과 반복되는 리듬, 가락, 패턴으로 노래를 만들어 낸다.
- 음의 고저와 빠르기를 변화시키며 노래 부르기를 할 수 있다.
- 이야기가 있는 노래를 더 좋아한다.
- 혼자서 노래 만들기를 좋아하며, 노래를 다른 방법으로 부르는 것에 흥미를 가진다.

### (4) 만 4세

- 다양한 목소리로 노래 부르는 것이 가능하다.
- 음의 고저 및 음의 장단, 음색의 차이에 관한 표현을 하려고 시도한다.
- 음악의 구성요소에 따라 노래를 변화시켜 부를 수 있다.
- 기억력을 통해 노래 전체를 부르고 리듬과 음의 고저를 더욱 정확히 사용한다.
- 노래를 부를 때 노랫말을 기억하는 일에 많은 비중을 두고 즐긴다.
- 간단한 선율을 만들 수 있고 노랫말을 바꾸어 부르기를 즐긴다.
- 노래를 부르면서 손뼉치기, 춤추기와 같은 동작을 동반하는 경향이 있다.
- 노래를 처음부터 끝까지 부를 수 있다.

### (5) 만 5~6세

- 음에 대한 감각이 안정화되어 확장된 음역 내에서 정확하게 노래 부른다.
- 자신이 좋아하는 노래를 갖게 된다.
- 음정에 대한 기억력의 발달로 음정을 비교적 정확하게 구사할 수 있게 된다.
- 동일한 노래를 다른 속도와 다른 음높이로 부른다.
- 혼자 부르기, 함께 부르기에 따라 노래의 강약과 속도에 주의해 가면서 노래를 부르기 시작한다.

- 다양한 목소리로 노래 부르는 것이 가능하다.
- 자발적인 노래를 부르는 빈도가 급격히 감소한다.
- 실수를 피하려는 노력에 따라 정확한 모방을 하려고 노력한다.

## 2) 노래 부르기 발달단계

영유아 시기의 노래 부르기 발달단계는 언어발달단계와 밀접한 관계를 가지고 있다. 학자들마다 연령별로 4~6단계로 나누어 제시하였는데, 그 내용은 다음과 같다.

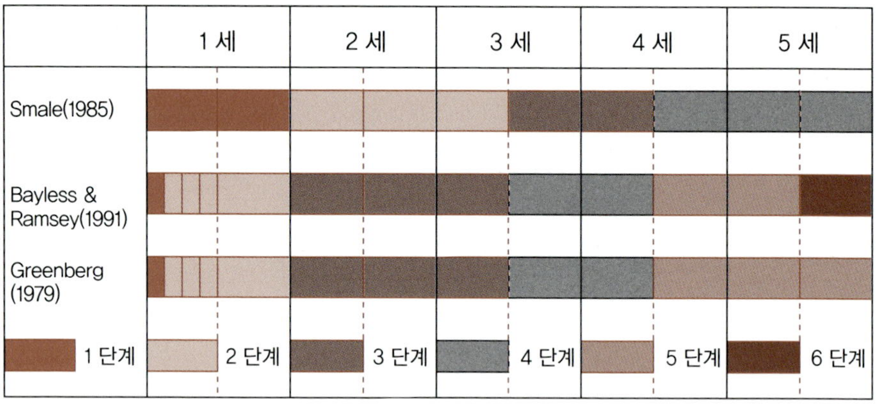


[그림 6-3] 노래 부르기 발달 단계

### (1) Smale(1985)

- 1단계(출생~18개월): 이시기 영유아들은 주변의 소리를 주의 깊게 듣고 모방하며 변화시킨다. 음악적 옹알이 단계로 1세 무렵부터 운율이 있는 언어패턴으로 나타난다.
- 2단계(18개월~3세): 대략적으로 노래를 부르는 시기이다.
- 3단계(3세~4세): 제한된 음역에서 조금 더 정확하게 따라 부를 수 있다. 함께 부르기는 부족함이 있다.
- 4단계(4세 이상): 좀더 확장된 음역에서 정확하게 노래를 부를 수 있다. 5~6세가 되

면 함께 노래를 부를 수 있으며, 복잡한 리듬의 곡도 부를 수 있다.

### (2) Bayless & Ramsey(1991)

- 1단계(출생~3개월): 울음으로 음악적 소리를 표현하는 시기이다.
- 2단계(4~18개월): 음악적 옹알이 시기로 다른 사람의 노래 중 한 음절 정도의 음정을 따라할 수 있다.
- 3단계(18개월~3세): 실제적으로 노래를 부르는 시기로 노래의 전곡을 끝까지 부르려고 시도한다.
- 4단계(3~4세): 단순하고 쉬운 음정은 정확하게 부르고, 자신만의 노래를 만든다.
- 5단계(4~5세): 노래 부르기의 정확성이 높아지는 시기로 자신의 소리를 통제할 수 있으며, 함께 노래하기를 즐긴다.
- 6단계(5세 이상): 음역의 확장 및 리듬이 정확해지는 시기로 노래의 빠르기와 셈여림과 같은 변화를 인식하고 맞추어 부를 수 있다.

### (3) Greenberg(1979)

- 1단계(출생~3개월): 초기 발성기로 대부분 울음소리로 나타난다.
- 2단계(3개월~18개월): 발성실험과 소리 모방 단계로 노래를 부를 수 있도록 준비하는 단계이다. 목의 근육과 턱, 입술, 혀의 사용이 용이하여 점차 한두 단어를 말하는 것이 가능해진다.
- 3단계(18개월~3세): 노래 부르기의 접근기로 챈트를 하는 시기이다. 이 시기의 영유아들은 리듬감이 발달하며 변화 있는 선율로 노래를 부르기 시작한다. 그러나 호흡이 잘 조절되지 않아 노래를 부를 때 종종 끊어지는 경우가 많다.
- 4단계(3~4세): 제한된 범위 안에서 정확하게 노래를 부르는 단계이다. 보통 레~라의 음역 안에서 편하게 노래 부를 수 있으며, 익숙한 노래를 즐겨 부른다.
- 5단계(4세 이상): 정확하게 노래 부르는 단계로 연습과 훈련을 통해 음역의 확장이 가능하다. 유아는 자신의 목소리를 사용하는 것이 능숙하여 노래를 음악적으로 표현할 수 있다.

# 3 음악요소에 기초한 노래 부르기 실제

## 1) 음색: 동물농장

**음악요소 및 개념** : 음색–음성의 유형–동물소리

**활동목표** : 1. 다양한 동물 소리에 관심을 갖는다.
2. 다양한 동물 소리를 듣고 구별할 수 있다.

**활동자료** : 동물 소리 음향자료(닭, 거위, 염소, 송아지 등), 동물농장 그림, 심벌즈, 호루라기, 귀로, 트라이앵글

**사전 개념 활동**

(1) 음색에 대한 개념 알기

① 교사와 유아는 주변에서 들을 수 있는 동물 소리에 대하여 이야기를 나눈다.

② 교사는 다양한 동물 소리의 음원을 들려준다.

③ 다양한 동물의 소리가 어떻게 다른지 이야기 나눈다.

④ 유아는 동물의 소리를 흉내 내어 본다.

"우리도 이 동물처럼 소리를 내어 볼까?"

**노래 부르기 활동**

(1) 동기 유발

① 교사는 동물과 관련된 동시를 들려준다.

| 다람쥐<br>박두순 | 오리<br>오순택 |
|---|---|
| 고맙습니다<br>고맙습니다<br>조그만<br>도토리도<br>두 손으로<br>받쳐들고 먹지요. | 오리 세 마리가<br>연못에 글 쓰러 간다.<br>오리는 글 쓰러 갈 때는<br>꼭 줄을 서 간다.<br>오리는<br>참 착한 학생이다. |

② 동물농장 그림을 보며 무엇이 있는지 이야기 나눈다.

"이곳은 어디일까?"
"어떤 동물들이 있니?"
"이 동물들은 어떤 소리를 낼까?"

(2) 노래 부르기

① '동물농장' 노래를 교사가 불러 주면 유아들이 제목을 이야기해 본다.

② 다양한 방법으로 교사와 유아, 유아들끼리 나누어 노래를 부른다.

(예 교사가 노래를 부르면 유아는 의성어 부분을 하기, 동물의 역할을 나누어서 노래 불러 보기 등)

③ 원형으로 서서 두 명씩 짝을 지어 노래부분과 의성어 부분을 짝지어 나와서 불러 보고 후렴구(노랫말: 우하야- 우--우우우--) 부분에서 모두 함께 돌면서 신나게 부른다. (후렴구 부분은 한 옥타브 낮춰서 부르면 좋다.)

### 다른 활동에 개념 적용하기

(1) '간다간다' 노래 부르기

① 교사는 유아와 함께 간다간다 노래를 부른다.

② 유아는 일정박에 따라 걸어가며 노래를 불러 본다.

③ 유아는 메트로놈의 다양한 빠르기로 걸어가며 노래를 불러 본다.

**간다 간다**

김성균 작사, 작곡

> **〈유아놀이지원〉**
>
> 교사는 유아가 걷기, 달리기 등 이동동작을 통해 다양한 빠르기와 리듬을 경험할 수 있도록 충분한 공간과 시간을 확보해준다.

## 4) 리듬: 씨앗

**음악요소 및 개념** : 리듬–박자(4박자)

**활동목표** : 1. 고정박의 개념을 안다.

2. 4박자에 맞춰 신체를 두드릴 수 있다.

3. 4박자에 맞춰 걸을 수 있다.

4. 4박자에 맞추어 노래를 부를 수 있다.

5. 쉼표의 개념을 안다.

**활동자료** : 박자카드, 북, 시계, 청진기, 싹이 자라는 영상

## 사전 개념 활동

(1) 고정박 개념 알기

① 교사와 유아는 시계소리와 청진기의 맥박 뛰는 소리를 들어 보고 일정하게 나는 소리에 대하여 이야기를 나눈다.

② 교사는 박자 카드를 보여 주고 다음과 같이 차례로 놓는다.

| 1 | 2 | 3 | 4 | 1 | 2 | 3 | 4 |
|---|---|---|---|---|---|---|---|

③ 교사의 하나, 둘, 셋, 넷 구호와 북소리에 맞추어 유아도 함께 손뼉을 친다.

| 1 | 2 | 3 | 4 | 1 | 2 | 3 | 4 |
|---|---|---|---|---|---|---|---|
| 하나<br>짝 | 둘<br>짝 | 셋<br>짝 | 넷<br>짝 | 하나<br>짝 | 둘<br>짝 | 셋<br>짝 | 넷<br>짝 |

④ 교사가 하나의 카드를 뒤집어 놓으면 유아는 한 박을 쉬고 계속해서 손뼉을 친다.

| 1 | 2 | 3 |  | 1 | 2 | 3 | 4 |
|---|---|---|---|---|---|---|---|
| 하나<br>짝 | 둘<br>짝 | 셋<br>짝 | 넷<br>쉿 | 하나<br>짝 | 둘<br>짝 | 셋<br>짝 | 넷<br>짝 |

⑤ 뒤집는 카드를 달리하며 여러 번 반복활동하여 고정박의 개념을 이해한다.

(2) 고정박 익히기

① 교사와 유아들은 무릎, 손뼉, 어깨, 머리 등 신체를 두드리면서 4박자의 고정박을 익힌다.

## 노래 부르기 활동

(1) 동기 유발

① 교사와 유아는 가사를 그림으로 나타낸 카드를 보고 이야기를 나눈다.

"이 그림은 어떤 그림인 것 같니?"
"이 그림의 규칙은 무엇인 것 같니?"

② 교사는 그림 속의 노랫말을 유아에게 설명한다.

"자고 있니, 자고 있니"
"친구야, 친구야"
"종소리가 울려, 종소리가 울려"
"딩동댕, 딩동댕"

(2) 노래 부르기

① 교사는 유아에게 이 그림의 선율을 들려준다.

② 교사와 유아는 반복되는 선율에 대하여 이야기 나눈다.

③ 교사와 유아는 함께 노래를 부른다.

④ 교사와 유아는 그림카드를 보며 반복되는 가사에 대하여 이야기 나눈다.

Are You Sleeping Brother John

(3) 노래 부르기에 개념 적용하기

① 교사는 손뼉 박자를 치며 노래를 먼저 부른다.

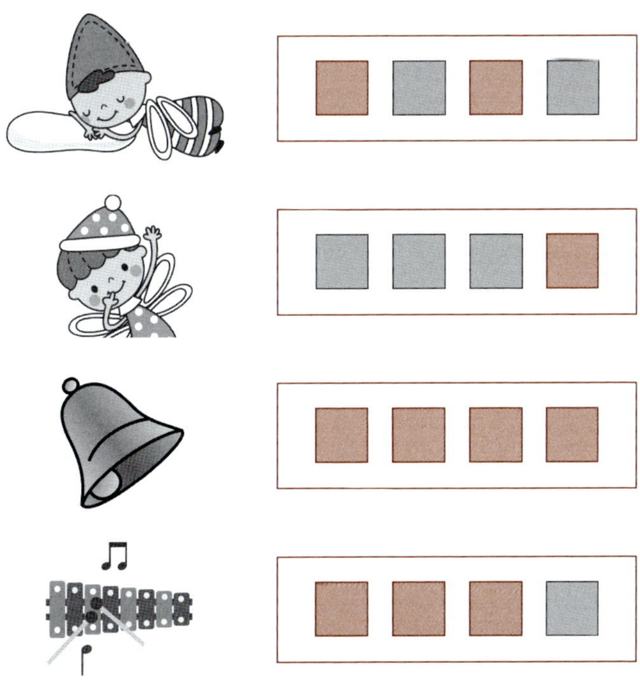

② 교사는 노랫말 그림카드 옆에 리듬카드를 붙여 유아들이 리듬을 보고 손뼉을 칠 수 있게 제시한다. 이때 전체노래를 한 리듬씩 익히는 것이 효과적이다.

③ 교사와 유아는 함께 리듬카드를 보며 리듬을 익힌다.

④ 교사와 유아는 손뼉으로 리듬을 치며 노래를 부른다.

(4) 마무리

① 오늘 활동에 대해 이야기를 나눈다.

"오늘 활동 중 어떤 것이 가장 재미있었니(힘들었니)?"

② 활동목표를 평가한다. (교사가 나누어준 활동지의 가사그림 옆에 교사가 들려주는 리듬의 리듬카드를 붙여 본다. 리듬카드를 보고 유아들은 노래를 부르며 리듬치기를 해본다.)

## 다른 활동에 개념 적용하기

(1) 텔레비전 노래 부르기

① 교사는 유아와 함께 '텔레비전' 노래를 부른다.

② 유아는 노래에서 반복되는 부분을 찾아본다.

**텔레비전**

정근 작사, 작곡

〈유아놀이지원〉

유아는 사전경험과 발달정도가 다 다르므로 흥미와 표현능력의 차이가 있으므로 교사는 유아의 개인차를 고려하여 신체를 활용하여 음악적 개념을 경험할 수 있도록 안내한다.

적용 하기

Q1. '참새야' 노래를 불러 보세요. 음악의 여러 요소 중 어떤 요소가 강하게 드러나 있나요? 또 이 노래를 부르면서 유아들과 어떤 활동을 하면 좋을까요?

Q2. '두껍아' 노래를 돌림노래로 불러 보세요. 유아들과 돌림노래를 부르기 위해 어떻게 활동을 하면 좋을까요?

## 1) 악기 연주하기의 중요성

악기 연주와 소리 탐색하기 활동은 이른 시기에 시작되어야 하며 자주 경험되어야 한다. 이러한 활동들은 영유아의 전반적인 음악교육에 중요하게 작용하며, 소리에 대한 인식(awareness of sound)을 제공함으로써 삶의 질을 풍요롭게 할 수 있다(Pica, et al., 2010).

출생 후 가장 먼저 발달하는 감각은 청각이며, 영아들은 음악적 자극에 빠르게 반응하기에 많은 교육자들은 영유아시기를 음악적 감각학습기라고 언급하였다. 음악적 감각학습기는 일생 중 소리에 대한 감각이 가장 민감한 시기로 음악을 빠르게 흡수하는 시기를 말한다. 이 시기에 악기관련 활동을 체계적으로 진행하면 음악교육에서 핵심을 이루는 절대음감과 리듬감의 70% 이상을 체득하게 된다(전인옥 · 이숙희, 2007). 또한 영유아는 악기를 연주하는 활동을 하면서 친구들과 함께 합주하는 기회를 가지게 된다. 이러한 합주 경험을 통해 영유아는 협동심과 단결심, 조화로움과 아름다움에 대한 느낌을 형성하게 된다. 이것은 소리와 음악경험이 유아의 음악적 능력의 성장과 더불어 내면의 사고와 사회적, 정서적인 경험과도 연관될 수 있음을 보여 준다.

하정희 외(2010)에 의하면 영유아의 악기 연주하기는 다음의 3가지 측면에서 중요하다. 첫째, 악기 연주는 다양한 소리 만들기를 기초로 한다. 영유아는 소리를 만들어 내는 본능이 있어, 주변의 소리를 끊임없이 탐색하고 만드는 것을 즐긴다. 반복된 소리탐색의 경험으로 영유아는 좋은 소리를 좋은 음악으로 만들게 된다. 둘째, 악기 연주는 시도하고 실험하고 창안해 내는 것이다. 영유아는 무엇이든 스스로 만들고자 하는 욕구를 가지고 있으며 만들어 낸 결과물은 경험의 결정체이다. 셋째, 악기 연주는 우리 모두에게 유능한 연주자가 될 기회를 준다. 영유아는 악기로 창의적인 자기표현을 할 수 있으며, 친구들과 함께 어울려 연주하는 활동을 통해 서로를 이해하고 협동심이 생긴다. 또한 악기를 연주하는 행위는 영유아의 대 · 소근육을 발달시킨다.

이와같이 영유아는 다양한 악기활동을 통해 음악을 보다 가깝고 편안한 것으로 인식하며, 스스로 창조하는 기쁨과 성취감을 맛보게 된다(Kenny, 1997). 악기는 몸이 만드는 소리의 연장이라고 할 수 있으며, 사람이 표현하기 불가능한 음역 또는 음색을 내기도 하므로 영유아의 흥미를 자극한다. 영유아는 시각적, 촉각적 경험을 통하여 악기를 연주하는 방법을 익히게 되고 이는 상상력을 펼쳐 나가는 데 많은 영향을 미친다(임지은, 2007; 임혜정, 2009). 뿐만 아니라 음악에 맞추어 악기를 연주하는 과정을 통해 음악에 집중하게 되므로 영유아의 음악적 능력과 음악적 표현력을 향상시킬 수 있다(김희복 · 박형신, 2014). 영유아를 위한 악기활동의 효과를 분석한 최근의 선행연구들을 살펴보면 영유아의 음악적 능력(김희복 · 박형신, 2014; 박은영, 2009; 윤은미, 2012)과 창의성 및 정서지능(서현 · 김현 · 박미자, 2013), 놀이성과 자발성, 주도성(고은영 · 김은정 · 신은수, 2013)을 증진시킨다고 보고한바 있어 악기 연주 활동의 중요성이 더욱 대두되고 있다.

## 2) 악기 연주하기의 내용

악기 연주하기는 악기 연주하기, 악기 만들기의 내용이 포함되며 각각에서 다루어야 할 구체적인 음악내용을 다음과 같이 살펴보기로 한다.

### (1) 악기 연주하기

우리의 주변에는 많은 종류의 악기가 있다. 악기는 몸으로 내는 소리보다 더 강한 소리를 낼 수도 있고 더 빠른 소리와 느린 소리, 더 긴 소리와 짧은 소리, 더 높은 소리와 낮은 소리를 낼 수도 있다. 즉 악기는 사람이 표현하기에 불가능한 음역과 음색의 소리를 가능하게 한다. 따라서 영유아에게 악기에 대한 경험은 새로운 소리, 멋진 소리, 확장된소리를 만들고 몸소 느끼도록 한다. 영유아가 사용하기 적합한 악기는 크게 선율악기와 무선율악기인 리듬 타악기로 나눌 수 있다. 선율악기는 실로폰, 멜로디언, 하모니카, 리코더, 피아노 등이 있으며, 리듬악기로는 큰북, 작은북, 우드블록, 심벌즈, 트라이앵글, 캐스터네츠, 탬버린, 징, 리듬막대, 마라카스 등이 있다(안재신, 2004). 영유아에게 적절한 타악기를 자세히 살펴보면 다음과 같다.

〈표 7-1〉 유아에게 적절한 악기

| 분류 | 군별 종류 | 세부 악기 |
|---|---|---|
| 선율 타악기 | 글로켄슈필(glockenspiel: 종금) | 소프라노, 알토 |
| | 실로폰(xylophone: 목금) | 소프라노, 알토, 베이스, 콘트라베이스바 |
| | 메탈로폰(metallophone: 철금) | 소프라노, 알토, 베이스 |
| | 기타 선율악기 | 핸드벨, 핸드차임, 칼림바, 밤벨 |
| 무선율 타악기 | 가죽울림 타악기 | 스네어드럼, 핸드드럼, 봉고, 콩가, 플로어탐, 젬베, 로터리 팀파니, 큰북 |
| | 나무울림 타악기 | 클레이브스, 우드블록, 튜블라 우드블록, 캐스터네츠, 귀로, 스푼, 슬리트 드럼, 개구리 메이커, 코끼리코, 마라카스, 윕, 라쳇, 비브라슬랩 |
| | 금속울림 타악기 | 트라이앵글, 심벌, 핑거심벌, 카우벨, 탬버린, 아고고 벨, 로터리 벨, 슬레이 벨, 카바사, 징글스틱, 징글탭, 메탈쉐이커, 행잉심벌, 윈드차임, 벨 플레이트 |
| | 특수 음색 타악기 | 오션드럼, 스프링 드럼, 붐웨커, 레인메이커 |
| 관현악기 | 관악기 | 로터스 플루트, 팬플루트, 트레인 휘슬, 카주 |
| | 현악기 | 우쿨렐레 |

① 선율 타악기

멜로디나 화음을 연주할 수 있는 선율타악기는 각자 자기 파트로 연주할 수 있어 영유아가 부담 없이 기악활동에 참여할 수 있다. 유아에게 적절한 선율 타악기와 연주법은 다음과 같다.

〈표 7-2〉 유아에게 적절한 선율 타악기

| 이름 | 악기사진 | 악기에 대한 설명 | 악기 연주 모습 |
|---|---|---|---|
| 글로켄슈필 | 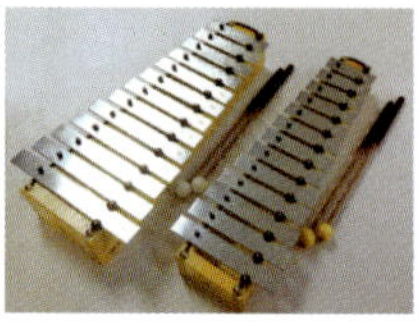 | • glockenspiel<br>• 소프라노와 알토의 음역으로 나누어지고 작은 금속 음판이 올려져있다. 높은 음색이며 장식적인 리듬이나 화려함을 더해 주는 파트 연주에 적합하다.<br>• 말렛: 소프라노 글로켄슈필은 나무나 금속으로 된 말렛을, 알토 글로켄슈필은 플라스틱이나 나무로 된 비교적 소프라노보다 덜 딱딱한 말렛을 사용한다. 악기의 건반이 작기 때문에 말렛의 머리도 작다(윤영배 · 정윤선, 2008). | 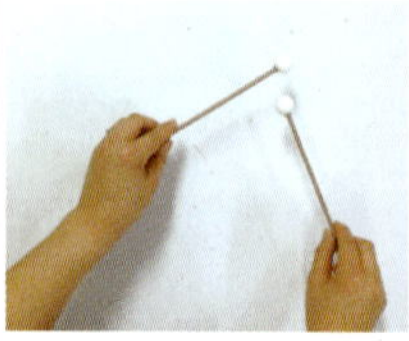 |

| | | | |
|---|---|---|---|
| 실로폰 |  | • xylophone<br>• 소프라노, 알토, 베이스 음악으로 나누어지고 나무 음판으로 제작된다. 목가적이며 편안한 음색이며 주선율 파트나 빠른 연주에 효과적이다.<br>• 말렛: 소프라노 실로폰은 맑고 경쾌한 소리를 내는 플라스틱이나 고무 재질의 말렛을, 알토 실로폰은 실이나 딱딱한 펠트로 된 말렛을, 베이스 실로폰은 실이 많이 감겨져 있어 부드러운 소리를 낼 수 있는 말렛을 사용한다(윤영배 외, 2008). |  |
| 메탈로폰 |  | • metallophone<br>• 소프라노, 알토, 베이스 음역으로 나뉘고 금속 음판으로 제작된다. 낮은 음색이며 느린 리듬이나 길게 지속되는 음가에 적합하다.<br>• 말렛: 소프라노와 알토 메탈로폰은 실이 감겨져 있는 말렛을 사용한다. 선율악기 중 가장 여음이 길고 부드러운 소리를 내는 악기이기 때문에 딱딱한 말렛을 사용할 경우 자연스러운 음색이 나지 않는다(윤영배 외, 2008). |  |
| 핸드벨 |  | • hand bell<br>• 종 모양으로 생겼으며, 손잡이를 흔들어서 연주한다. 핸드벨은 한 악기가 한 음을 내며, 한 사람이 2개의 벨을 가지고 연주한다. |  |
| 핸드차임 | 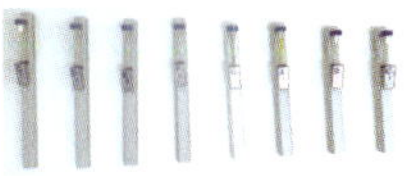 | • hand chime<br>• 핸드차임은 손으로 연주하는 차임을 말하며 톤차임이라고도 불린다. 차임의 독특한 아름다운 소리로 인해 독자적으로 차임 연주를 하게 되었다. 핸드벨과 마찬가지로 한 사람이 2개의 차임을 가지고 연주한다. | 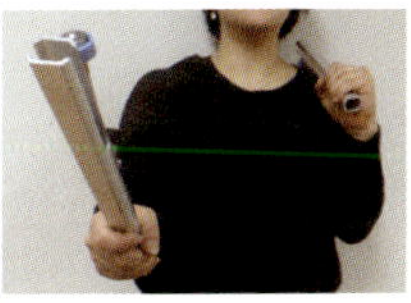 |
| 칼림바 |  | • kalimba<br>• 아프리카 악기로 공명 상자에 붙어 있는 길이가 다른 금속판을 튕겨 소리낸다.<br>• 양손으로 감싸듯 잡고 엄지손가락으로 튕겨서 연주한다. | 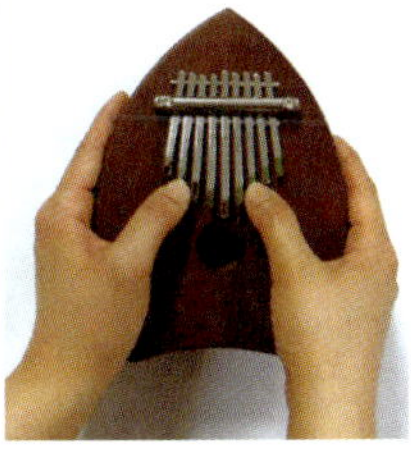 |
| 밤벨 |  | • bambell<br>• 대나무로 만든 인도네시아 악기로 낮은 솔~높은 미까지 13음으로 구성되어 있다.<br>• 대나무관의 긴 쪽 윗부분을 왼손으로 잡고, 짧은 쪽 아랫부분을 오른손으로 잡은 후 가슴 높이에 든다. 이때 오른손을 좌우로 흔들어 연주한다. |  |

② 무선율 타악기

무선율 타악기는 소리나는 원리나 재질, 소리의 효과 등에 따라 가죽울림 타악기, 나무울림 타악기, 금속울림 타악기, 특수 음색 타악기의 4가지로 분류한다. 유아에게 적절한 무선율 타악기와 연주법은 다음과 같다.

〈표 7-3〉 유아에게 적절한 무선율 타악기 중 가죽울림 타악기

| 이름 | 악기사진 | 악기에 대한 설명 | 악기 연주 모습 |
|---|---|---|---|
| 스네어드럼 |  | • snare drum<br>• 스네어 드럼은 드럼 세트의 중심이 되는 존재이며, 튜닝이나 톤에 따라 드럼의 개성이 강하게 나타난다. 셸(몸통)의 재질로는 나무, 금속 및 화학 제품(유리 섬유, 카본 등)이 사용된다.(삼호뮤직편집부, 2002) |  |
| 핸드드럼 |  | • hand drum<br>• 탬버린과 비슷하게 생겼으나 금속 징글이 달려있지 않다. 통에 동물 피막을 팽팽하게 씌어 소리를 울리는 악기이다.<br>• 왼손으로 통의 가장자리를 잡고, 오른손으로 북편의 바깥쪽을 튕기듯이 두드리며 연주한다. | 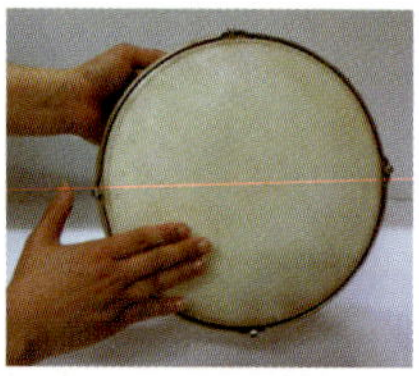 |
| 봉고 |  | • bongo<br>• 지름이 다른 두 개의 북으로 이루어져 있다.<br>• 다리 사이에 끼고 양손으로 치며 연주한다. 이때 치는 위치에 따라 다양한 효과를 낼 수 있다. |  |
| 콩가 |  | • conga<br>• 쿠바의 악기로 커다란 나무통에 가죽을 덮은 북 종류의 악기이다.<br>• 주로 2개가 세트이며, 손바닥이나 손가락으로 튕기거나 치며 연주한다. |  |
| 젬베 |  | • djembe<br>• 아프리카의 악기로 손바닥이나 손가락으로 튕기거나 치면서 연주한다.<br>• 아래의 울림통 부분이 바닥에 닿지 않도록 두 다리 사이에 끼워 연주한다. 헤드 부분을 손바닥과 손가락을 이용하여 다양한 음색으로 연주할 수 있다. |  |

| | | | |
|---|---|---|---|
| 로터리팀파니 |  | • rotary timpani<br>• 팀파니 가죽의 조임을 조절하여 음을 조율하며 연주할 수 있는 악기로, 오케스트라에서 중요한 위치를 차지한다.<br>• 실로폰 말렛을 잡듯이 채를 잡고 헤드의 가운데 부분을 친다. | 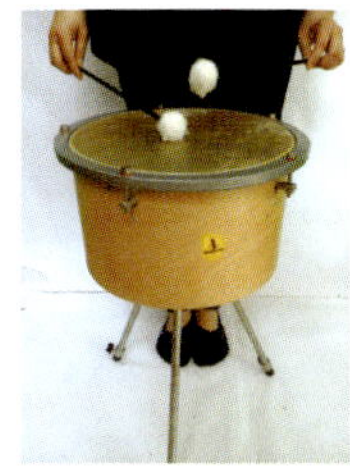 |
| 큰북 |  | • bass drum<br>• 한 손으로 북의 옆면을 잡고, 다른 한 손으로 북채를 잡아 북의 한쪽면을 치며 연주한다. |  |

〈표 7-4〉 유아에게 적절한 무선율 타악기 중 나무울림 타악기

| 이름 | 악기사진 | 악기에 대한 설명 | 악기 연주 모습 |
|---|---|---|---|
| 클레이브스 |  | • claves(리듬막대라고도 불림)<br>• 나무막대 1쌍으로 이루어진 악기이다.<br>• 한 손에 하나씩 들고 왼손으로 울림이 생길 수 있도록 둥글게 악기를 쥐고 오른손으로 쥔 악기로 가볍게 두드리며 연주한다. |  |
| 우드블록 |  | • wood block<br>• 둥근 모양 또는 네모난 모양의 나무 안쪽을 파내어 소리가 울리도록 고안한 악기이다.<br>• 구멍이 있는 쪽 위를 채로 치며 연주한다. | 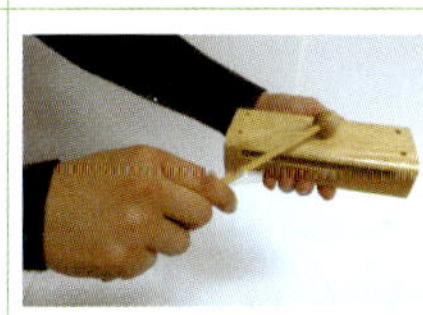 |
| 튜블라 우드블록 |  | • tubular wood block<br>• 둥근모양의 우드블록으로 2개의 피치를 낼 수 있다.<br>• 가운데 부분에 지지대가 있을 경우 왼손으로 잡거나, 지지대가 없을 경우 둥글게 잡는다. 오른손으로 채를 잡고 양쪽 나팔부분의 중앙을 치며 연주한다. |  |
| 캐스터네츠 | <br> | • castanets<br>• 안쪽이 움푹 팬 2개의 나무조각을 부딪쳐서 울리는 스페인이나 남이탈리아의 민속악기이다. 춤출 때는 2쌍을 양손에 끼고 반주하며, 관현악 연주에서는 자루가 달린 것을 한 손으로 흔들어 울린다.(삼호뮤직편집부, 2002) |  |

| | | | |
|---|---|---|---|
| 귀로 |  | • guiro<br>• 표주박을 말려서 속을 파낸 후 표면에 얇은 홈을 내서 사용하는 타악기로 쿠바 음악에서는 빠지지 않는 악기이며, 가느다란 나무 막대기로 문질러 연주한다.(삼호뮤직편집부, 2002) | 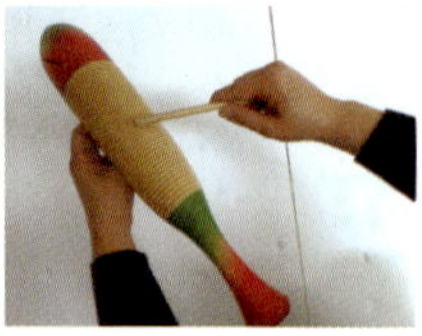 |
| 스푼 |  | • spoon<br>• 서로 등지고 있는 두 개의 스푼 중 하나의 스푼을 치면 두 개의 스푼이 부딪치며 소리를 낸다. |  |
| 우드 프로그 |  | • wood frog<br>• 손바닥 위에 개구리를 올려놓고, 개구리 입에 물고 있는 말렛을 꺼내어 등 부위를 쓸어내리듯 문지르며 소리를 낸다. | 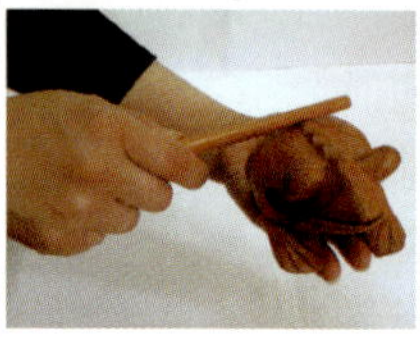 |
| 코끼리코 |  | • kokiriko<br>• 원목조각을 가죽으로 연결하여 굴곡과 휘어짐을 이용하여 나무 조각의 마찰로 소리 나는 악기이다.<br>• 악기의 양쪽 끝부분을 양손으로 잡고 나무 조각들이 마찰이 생기도록 서로 반대방향으로 움직여 소리낸다. |  |
| 마라카스 |  | • maracas<br>• 흔들어서 소리 내는 악기로 나무의 열매안에 씨앗이나 곡식, 돌 등을 넣어 만든다.<br>• 양손에 하나씩 들고 앞뒤로 흔들며 연주한다. | 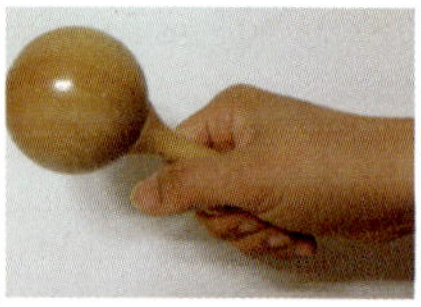 |
| 에그 쉐이커 |  | • egg shaker<br>• 달걀모양의 쉐이커로 양손으로 1/3지점을 둥글게 감싸듯 쥐고 손등을 앞으로 향하게 잡는다.<br>• 쉐이커 종류는 앞뒤로 흔들어 리듬이 정확하게 연주될 수 있도록 주의한다. | 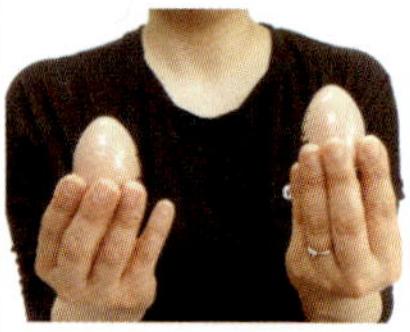 |
| 열매 쉐이커 |  | • net sell shaker<br>• 열대지방의 나무껍질이나 열매로 만들어진 악기로 다양한 효과음을 내는데 사용된다.<br>• 나무껍질 부분을 흔들거나 손으로 어루만지며 연주한다. |  |

| 라쳇 | 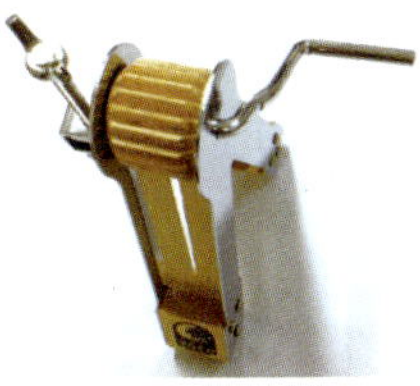 | • ratchet<br>• 악기의 손잡이를 돌리면 톱니바퀴가 돌면서 얇은 나무판을 스치며 소리가 난다. | 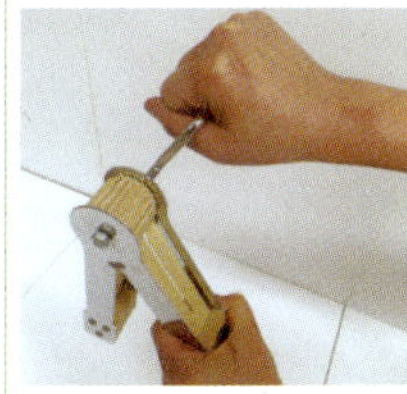 |
|---|---|---|---|
| 비브라슬랩 | 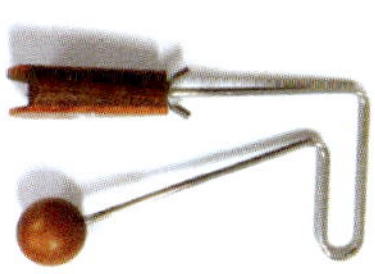 | • vibra-slap<br>• 탄력성이 있는 금속 막대의 한쪽 끝에 금속의 작은 고리를 내장한 나무 또는 금속제가 달려있고 또 다른 쪽은 진동이 쉽도록 공모양의 나무가 붙어 있다. 이 원이 붙어 있는 쪽을 손으로 쳐서 진동시켜 소리를 낸다.(삼호뮤직편집부, 2002) | 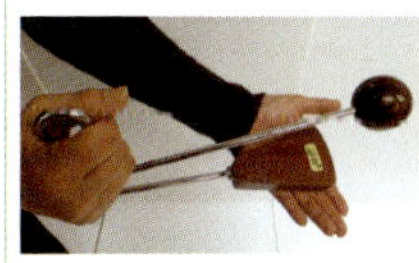 |
| 템플 블럭 | 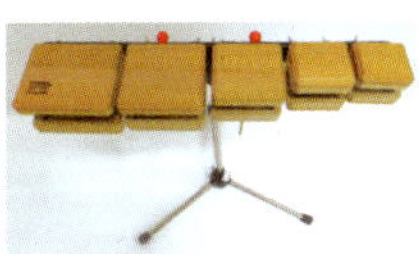 | • temple block<br>• 템플 블록은 아프리카에서 연주되어 제각기 다른 크기와 다른 음정으로 여러 가지 우드 블록을 모아서 치는 악기로, 라틴타악기에서 빼놓을 수 없는 중요한 악기이다.(한국사전연구사 편집부, 2000) |  |

〈표 7-5〉 유아에게 적절한 무선율 타악기 중 금속울림 타악기

| 이름 | 악기사진 | 악기에 대한 설명 | 악기 연주 모습 |
|---|---|---|---|
| 트라이앵글 | 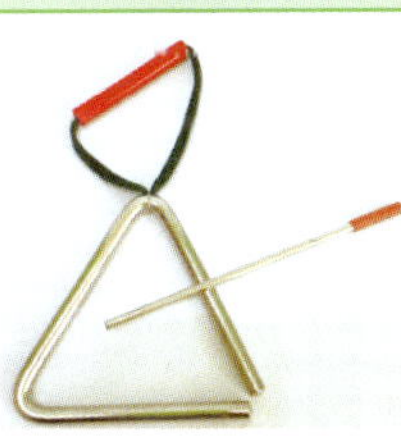 | • triangle<br>• 매우 높고 맑은 음을 내지만, 일정한 피치를 느낄 수 없는 것이 보통이다. 음의 세기에 따라 여러 가지 굵기의 채를 사용한다. 트레몰로인 경우에는 2변을 교대로 친다.(삼호뮤직편집부, 2002) | 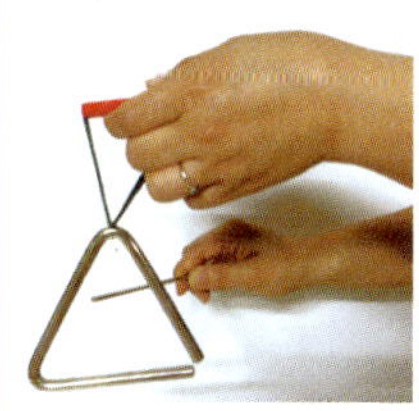 |
| 심벌 |  | • cymbal<br>• 얇은 접시 모양의 금속으로 만든 타악기로 심벌은 그 두께와 무게, 사이즈에 따라 음색이 다르다.(삼호뮤직편집부, 2002) |  |
| 행잉 심벌 |  | • hanging cymbal<br>• 심벌을 한손으로 잡고 다른 한손으로 말렛으로 심벌을 쳐서 소리 낸다. 말렛의 질감에 따라 다양한 울림의 효과를 낼 수 있다. | 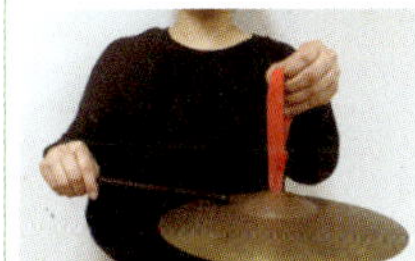 |

| 악기 | 사진 | 설명 | 연주 |
|---|---|---|---|
| 핑거 심벌 |  | • finger cymbal<br>• 청동을 주재료로 만든 직경 5cm 정도의 작은 심벌이다. 두 장이 한 조로 심벌의 줄을 엄지손가락과 가운뎃손가락으로 잡고 마주 친다.(삼호뮤직편집부, 2002) |  |
| 카우벨 |  | • cowbell<br>• 원래는 인도나 알프스지방에서 방목하는 소의 목에 단 종 모양의 방울을 가리키는 말이지만, 그와 비슷한 모양을 한 금속제 체명악기이다. 소나 양의 목에 다는 방울에는 추가 있으나 악기로서의 카우벨에는 추가 없고 채로 쳐서 소리를 낸다.(삼호뮤직편집부, 2002) |  |
| 탬버린 |  | • tambourine<br>• 목제의 테의 한쪽 면에만 쇠가죽을 대고, 그 테의 둘레에 금속제의 작고 얇은 심벌(징글즈)을 자유롭게 울리도록 달아 놓은 악기이다.<br>• 막면에 닿지 않도록 후프를 잡고 손가락의 관절이나 손가락 끝을 모아서 두드리기, 후프 치기, 악기를 가늘게 진동시켜서 징글즈를 연속적으로 울리는 주법 등이 있다.(삼호뮤직편집부, 2002) |  |
| 어고고 |  | • agogo<br>• 삼바에서 빼놓을 수 없는 타악기로 피치가 서로 다른 작은 카우벨 2~3개를 가느다란 쇠 손잡이로 연결시킨 것으로서 스틱을 사용해 교대로 두드리거나, 손잡이를 잡고 카우벨과 카우벨이 서로 직접 부딪히도록 해서 리듬을 만든다.(삼호뮤직편집부, 2002) | 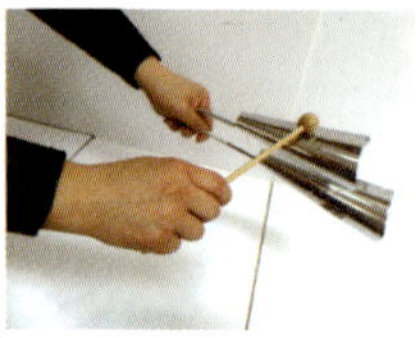 |
| 슬레이벨·징글탭 | 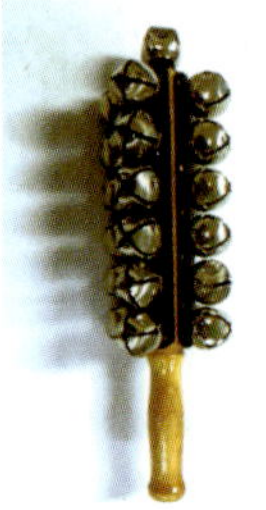<br> | • sleigh bell<br>• 썰매에 있는 전통적인 '슬레이벨'의 변형악기로 나무자루에 여러 개의 작은 방울이 달려 있는 악기로 맑고 경쾌한 소리를 낸다.<br>• 징글탭이라 불리기도 한다.<br>• 악기의 손잡이를 잡고 전체적으로 흔들며 연주하기도 하고, 한 손으로 손잡이를 잡고 다른 한 손으로 잡은 손을 내리쳐서 규칙적인 리듬의 음을 연주하기도 한다. |  <br> |

| | | | |
|---|---|---|---|
| 카바사 |  | • cabasa<br>• 남아메리카의 악기로 골을 깊이 판 표주박에 손잡이를 붙이고 그 둘레를 철사에 끼운 염주를 그물처럼 느슨하게 둘러씌워 마찰음이 나도록 하였다. 또한 눈이 좁은 그물망을 옆면에 두르고 짧은 막대기로 손잡이를 붙이고, 그 주위에 금속 구슬을 동그랗게 붙인 메탈 카바사라는 악기도 있다.(삼호뮤직편집부, 2002) | 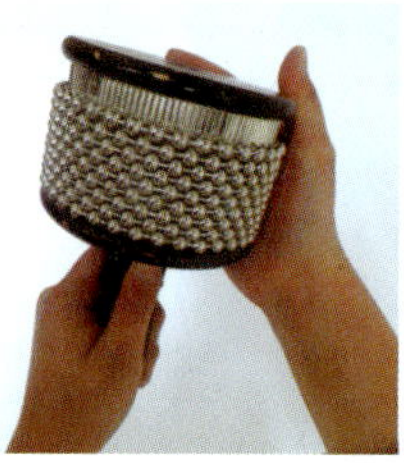 |
| 징글스틱 |  | • jingle stick<br>• 말린 코코넛 껍질로 만든 탬버린류이다.<br>• 세로로 들고 흔들거나 쳐서 연주한다. |  |
| 윈드차임 |  | • wind chimes<br>• 10여개 이상의 금속관을 틀에 매단 타악기로서, 반음계로 조율되어 있으며, 목제의 해머로 친다.(삼호뮤직편집부, 2002) |  |

〈표 7-6〉 유아에게 적절한 무선율 타악기 중 특수 음색 타악기

| 이름 | 악기사진 | 악기에 대한 설명 | 악기 연주 모습 |
|---|---|---|---|
| 오션드럼 |  | • ocean drum<br>• 오션드럼안에는 쇠구슬이 들어있어 파도소리, 비내리는 소리, 바람소리 등을 연주한다.<br>• 오션드럼을 45도 각도로 기울여 좌우 방향으로 천천히 돌리며 연주한다. |  |
| 스프링드럼 | 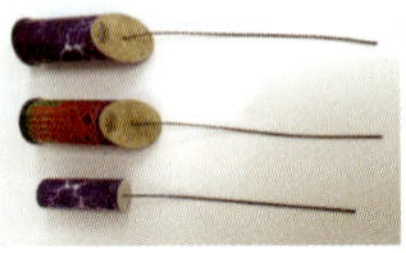 | • spring drums<br>• 한쪽이 막힌 원통에 스프링이 달려있으며, 천둥 소리가 나는 효과악기이다.<br>• 원통을 손으로 잡고 스프링을 흔들면서 연주한다. |  |
| 붐웨커 |  | • boomwhacker<br>• 다양한 길이와 색깔의 플라스틱으로 제작되어 바(bar)마다 음이름이 적혀있다. 도~높은 도까지의 음을 낼 수 있다.<br>• 붐웨커의 바(bar)를 몸이나 사물 또는 바닥 등에 두드리며 연주한다. | 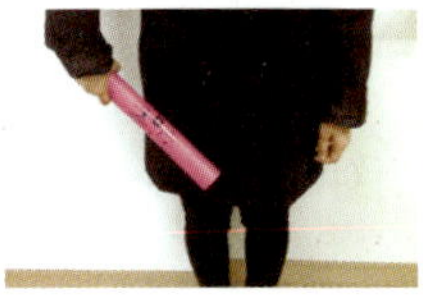<br> |
| 레인메이커 |  | • rainmaker<br>• 레인스틱이라고도 불리는 이 악기는 길고 속이 텅빈 선인장으로 만들며, 내용물을 제거한 후 관의 내부에 조약돌이나 씨앗을 넣는다. 관의 직각방향으로 가시나 핀을 고정한다.<br>• 레인메이커를 수평에서 비스듬이 내리면 씨앗이 아래로 떨어지며 소리를 낸다. 각도가 커질수록 강한소리가 난다. | 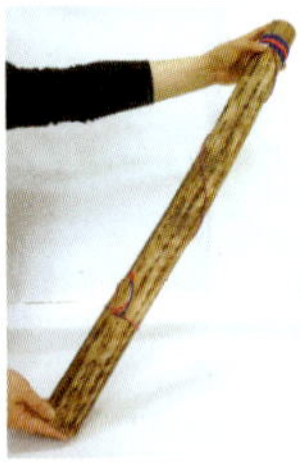 |

### ③ 관현악기

〈표 7-7〉 유아에게 적절한 관악기

| 이름 | 악기사진 | 악기에 대한 설명 | 악기 연주 모습 |
|---|---|---|---|
| 팬파이프 |  | • pan pipe<br>• 길이가 다른 파이프를 여러 개 묶은 악기를 모두 가리키는 말. 입구를 부는 것과 같은 요령으로 소리 낸다. '팬 플루트'라고도 한다.(삼호뮤직편집부, 2002) |  |
| 슬라이드 휘슬 |  | • slide whistle<br>• 피스톤 플루트라고도 불리우며, 피스톤을 아래 위로 조절하며 분다. 글리산도 효과음을 낼 때 연주한다.<br>• 왼손으로 휘슬의 몸체부분을 잡고 오른손으로 피스톤을 조절하는 아랫부분을 잡고 취구로 바람을 불며 연주한다. 손잡이를 잡아당기면 고음에서 저음으로, 손잡이를 밀어 넣으면 저음에서 고음의 소리가 난다. | 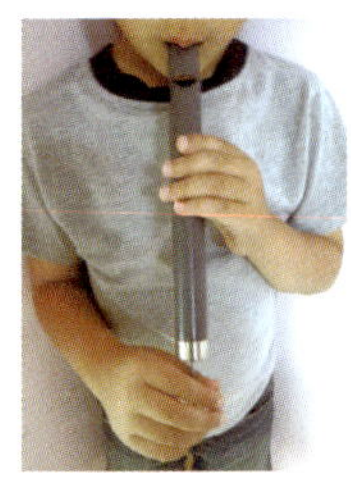 |
| 트레인 휘슬 |   | • train whistle<br>• 기차소리를 내는 부는 악기이다. 취구에 윗입술과 아랫입술을 동일하게 대고 분다.<br>• 기차 기적소리의 리듬을 다양하게 만들어 내는데 효과적이다. | 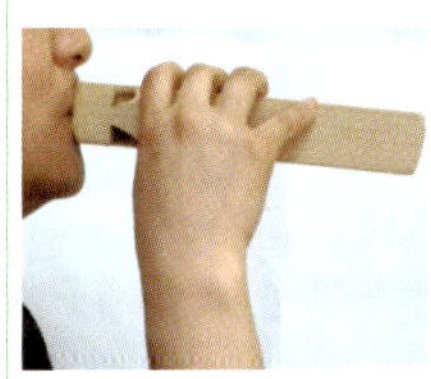 |
| 카주 | 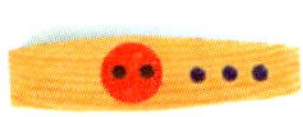 | • kazoo<br>• 카주는 입으로 취구를 감싸듯 물고 목소리를 내어 소리를 낸다. 이때 목구멍이 열리며 목소리를 내므로 영유아의 발성에 도움이 된다. | 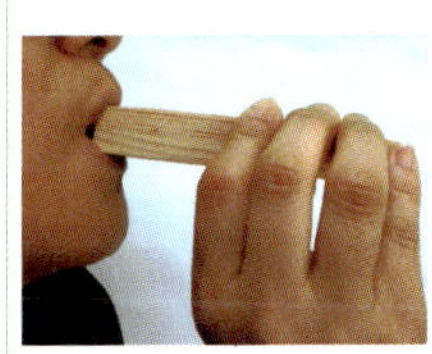 |
| 오카리나 | 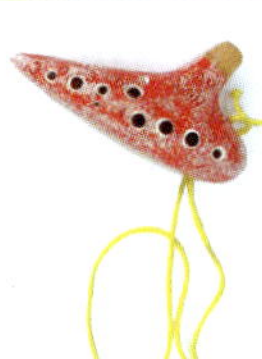 | • ocarina<br>• 점토나 도자기로 만든 간단한 취주악기이다. 작은 거위를 뜻하는 오카리나라는 말과 같이, 부리를 가진 작은 새의 모양으로, 8~10개의 소리구멍이 있고, 10도 가량의 음역을 가진다.(삼호뮤직편집부, 2002) | 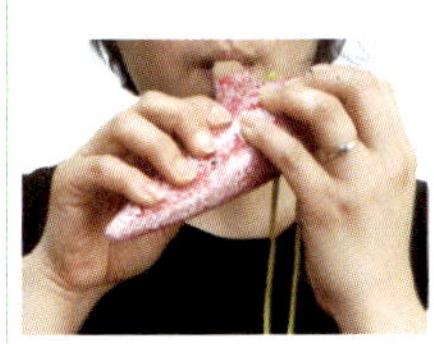 |

〈표 7-8〉 유아에게 적절한 현악기

| 이름 | 악기사진 | 악기에 대한 설명 | 악기 연주 모습 |
|---|---|---|---|
| 우쿨렐레 |  | • ukulele<br>• 하와이 원주민의 기타와 비슷한 4현악기로 G, C, E, A현으로 이루어져 있다.<br>• 왼손으로 코드를 잡고 오른손으로 울림구멍의 앞쪽을 튕기며 연주한다. |  |

## (2) 악기 만들기

악기는 자연물과 일상생활용품 그리고 각종 폐품을 이용하여 만들 수 있다. 재미있는 음악적 아이디어로 악기를 만들어 내는 과정에서 주변의 도움이 필요한 때가 있다. 예를 들면, 만들 재료를 구하거나 악기를 제작하는 과정에서 수학, 과학, 미술, 오리고 자르는 기술적인 도움이 필요한 경우가 있다. 이때 또래나 성인의 지원이 원활히 이루어지면 좋은 음직의 완성도 높은 악기가 제작될 것이다.

영유아가 악기 만들기에 사용하는 재료에 따라 악기소리는 다양해진다. 빨대피리를 만들 경우, 빨대의 끝 부분을 세모로 자르고 사포로 끝을 문질러 입으로 불면 세모로 잘려진 빨대 면이 마찰하면서 소리를 내게 된다. 이때 빨대의 굵기와 길이를 달리 제작하면 서로 다른 소리가 난다. 또한 마라카스는 깡통이나 플라스틱 통에 모래나 돌멩이, 곡식을 넣고 흔들면 소리가 나는 악기이다. 이 경우에도 다양한 크기와 재질의 통에 따라 혹은 내용물의 크기와 무게, 질감에 따라 서로 다른 소리가 난다. 영유아는 다양한 악기 제작과정을 통해 이러한 내용을 자연스럽게 습득하는 경험을 하게 된다.

유아들은 만들어져 있는 기성의 악기도 좋아하지만 자신의 노력한 결과물인 내가 만든 나만의 악기도 매우 좋아한다. 나의 악기를 만든 결과물뿐만 아니라 악기를 만드는 과정 또한 매우 소중하게 생각한다. 악기의 소리를 예상하면서 만들고 자신만의 악기 소리를 만들기 위해 악기를 여러 가지로 변형하기도 한다. 영유아는 악기를 자기 자신만의 방식으로 만들면서 그 악기의 음색, 크기 등에 귀를 기울이고 연주하고자 하며, 직접 자신이 만든 악기로 연주하는 것을 뿌듯하게 생각하여 활동을 즐긴다.

〈코끼리코〉

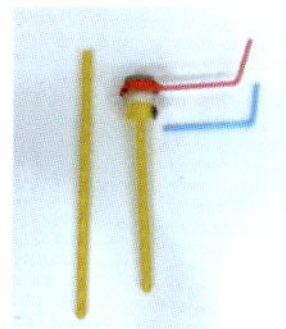
〈빨대피리〉

〈흔들이북〉

〈팬플루트〉

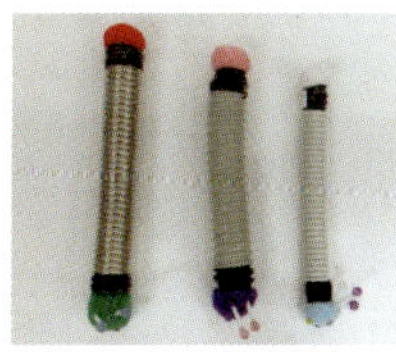
〈귀로〉

〈우쿨렐레〉

〈귀로〉

〈북〉

〈실로폰〉

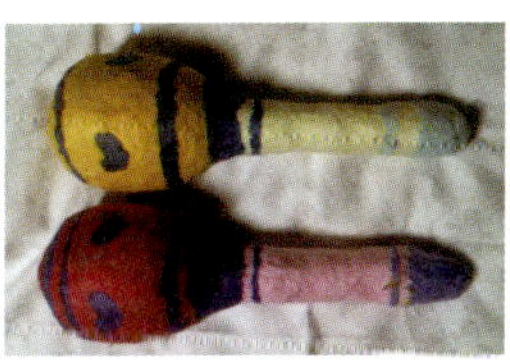
〈마라카스〉

〈레인스틱〉

〈징글스틱〉

〈카바사〉

[그림 7-1] 악기 만들기의 예

### 3) 악기 연주하기 지도 시 교사의 역할

- 악기지도를 즐겁게 하기 위해서는 교사가 먼저 악기 연주에 대한 두려움을 가지지 않고 즐기며 자유롭게 표현할 수 있어야 한다. 그러기 위해 교사는 여러 종류의 악기를 사용하기 전에 조사하고 탐구하는 자세를 가지며 악기의 올바른 주법을 익히도록 한다. 또한 악기 연주를 듣기만 하기보다 함께 참여하고 즐길 수 있는 교사가 유아에게도 함께 행하고 능동적으로 표현하는 데 영향을 미친다.
- 교사 자신은 음악가로서의 자신감을 가져야 한다. 노래를 잘 부르고 피아노를 능숙하게 연주할 수 있는 능력이 있어야 한다는 것이 아니라 음악을 사랑하고 이해하려는 마음과 함께 즐기고 표현할 수 있는 태도가 필요하다.
- 교사는 영유아의 발달에 맞는 적절한 음악 학습 환경을 제공해야 한다. 교사는 영유아에게 다양한 악기를 제공해 주고, 탐색할 시간을 충분히 주어야 하며, 영유아의 생각과 느낌을 자유롭게 표현할 수 있도록 허용적인 분위기를 조성해야 한다. 영유아의 자발적인 음악적 참여와 표현을 격려할 수 있는 활동을 계획하고, 음악적 행동을 자극할 수 있는 교수자료나 경험을 제공하며, 일회성이 아니라 지속적으로 활동이 이루어지도록 지도해야 한다.

**악기 연주하기 지도방법

〈도입단계〉

① 악기 연주에 사용할 악기를 소개한다.
② 악기 연주를 위한 노래 또는 음악을 부르거나 들어본다.

〈전개단계〉

① 악기 연주를 위한 그림악보를 제시한다.
② 그림악보를 보면서 신체를 이용하여 연주한다.
③ 악기를 나누어 갖는다.
④ 그림악보를 보면서 악기로 연주한다.
⑤ 그림악보를 부분적으로 수정하여 여러 번 연주한다.
⑥ 연주해 보지 않은 악기로 바꾸어 연주한다.

〈마무리단계〉

① 악기를 연주하고 난 후의 느낌을 이야기 나눈다.
② 악기 연주에 나타난 음악적 요소와 관련지어 평가한다.

**악기 연주하기를 지도할 때 유의점

① 악기놀이와 연주에 사용되는 악기는 유아의 발달에 맞는 양질의 것으로 다양하게 준비하도록 한다.
② 악기를 탐색할 시간을 충분히 준다.
③ 다양한 악기를 연주해 볼 수 있는 기회를 준다.
④ 유아의 생각과 느낌을 자유롭게 표현할 수 있는 허용적인 분위기를 조성한다.
⑤ 자신의 연주를 듣고 스스로 평가해 볼 기회를 준다.
⑥ 다른 음악의 영역-노래 부르기, 신체표현, 음악감상 등과의 균형을 고려하여 악기 연주하기를 계획한다.
⑦ 악기 연주하기는 일회성으로 계획하고 활동하는 것이 아니라 지속적으로 이루어져야 하며 다양한 참여의 기회가 제공되어야 한다.
⑧ 악기 연주하기를 위한 활동안은 진도와 반복, 복습을 고려하여야 하고 타 영역과의 연계 및 통합을 고려하여 계획한다.
⑨ 악기놀이와 연주활동 시간은 유아의 흥미와 집중을 고려하여 계획하고 진행한다.
⑩ 악기는 위생적으로 관리한다.

# 2 악기 연주하기 발달

일반적으로 연령은 유아의 음악적 능력에 중요한 영향을 미친다. 영유아기 동안 악기 연주하기와 관련된 음악능력이 연령별로 어떻게 다르게 나타나는지 살펴보면 다음과 같다(김선의 2009; 민경훈 2003; 장정애 2008; Cambell & Scott−Kassner, 2010; Gordon, 1996; McDonald, 1983; Moog, 1976; Rutkowski, 1986; Sloboda, 1993; Small, 1999).

## 1) 만 2세 미만

- 소리가 들리는 방향으로 눈을 움직이며 반응한다(2~3개월).
- 엄마를 알아보고 목소리의 특징을 알게 된다(3개월).
- 소리를 만드는 특별한 사물을 찾고자 하며 간단한 리듬악기뿐만 아니라 냄비 뚜껑, 그릇 등의 생활용품을 두드려 소리 내는 것을 좋아한다(1~2세).
- 음악적으로 소리를 내기 위해 리듬악기를 연주하지만 박자에 정확하게 맞지는 않는다(1~2세)
- 종과 같은 흔드는 악기를 흔들어 소리 낼 수 있다.

## 2) 만 2세

- 음악의 박자에 맞추어 손뼉을 치거나 악기를 연주하려고 한다.
- 리듬악기와 선율악기에 대한 흥미가 증가한다.
- 소리와 음악에 대한 집중력과 감상력이 증가한다.
- 소리와 음악에 대한 반응이 다양하게 나타나기 시작한다.

- 음색의 배합과 순서에 대한 인식이 발달하기 시작한다.

### 3) 만 3세

- 소리의 차이를 인식하고 소리를 분류하거나 조직하기 시작한다.
- 리듬악기를 사용하여 음악의 비트를 연주할 수 있다.
- 기본박자에 규칙적으로 반응할 수 있다.
- 느린 박보다는 빠른 박을 더 쉽게 인식하고 즐긴다.
- 타악기나 주변의 물건을 이용하여 리듬, 강약, 고저, 속도를 표현하는 것이 가능하다.

### 4) 만 4세

- 박자를 비교적 정확하게 표현해 낼 수 있다.
- 간단한 리듬합주를 들으면 합주에 사용된 악기의 소리를 알아낼 수 있다.
- 그룹에 참가하여 함께 음악을 즐기는 능력이 커진다.
- 귀로 듣는 능력이 발달한다.
- 노래의 반주로 혹은 자신이 만든 곡조를 연주하는 데 많은 리듬악기를 사용하여 연주할 수 있다.
- 즉흥연주에서 목소리나 악기로 악절의 느낌을 낼 수 있다.
- 악기나 노래의 이중주에 관심을 나타낸다.
- 기본 박 및 리듬에 대한 흥미가 강하고 간단한 리듬패턴은 모방이 가능하다.
- 음의 고저, 음의 길이, 음색의 차이에 대한 개념이 확장된다.

### 5) 만 5~6세

- 청각능력이 현저히 발달한다.

- 노랫말 없이 악기로만 연주해도 곡을 알아맞힐 수 있다.
- 대부분의 리듬악기를 연주할 수 있게 되며 리듬패턴을 만들기 시작한다.
- 그룹의 구성원으로서 음악활동을 즐긴다.
- 악절의 느낌에 따라 즉흥연주를 하는 능력이 신장된다.
- 빠르기와 변화가 계속되거나 끝나는 느낌, 긴 음과 짧은 음, 큰 소리와 작은 소리, 높고 낮은 음의 차이에 따라 적절한 반응을 할 수 있다.
- 가락악기를 칠 수 있는 능력이 현저하게 발달한다.
- 한손으로 키보드를 칠 수 있다.
- 음의 고저, 장단 등과 같은 음악의 구성요소를 시각적인 부호와 연결하기 시작한다.

# 3 음악요소에 기초한 악기 연주하기 실제

## 1) 음색: 리듬악기 노래

**음악요소 및 개념** : 음색-악기의 유형

**활동목표** : 1. 다양한 악기의 소리에 관심을 갖는다.
2. 다양한 악기의 소리를 듣고 구별할 수 있다.
3. 악기소리를 구분하여 연주할 수 있다.

**활동자료** : 여러 가지 악기 소리 음원, 여러 가지 악기 그림, 생상스의 〈동물의 사육제〉 중 '사자왕의 행진' 음원, 마라카스, 북, 탬버린, 트라이앵글, 캐스터네츠

## 사전 개념 활동

(1) 악기 소리 탐색하기

① 교사와 유아는 다양한 악기에 대하여 이야기를 나눈다.

"악기를 본적 있니?"
"좋아하는 악기는 어떤 악기니?"

② 교사는 여러 가시 악기 소리 음원을 들려주고 유아들과 이야기를 나눈다.

"이 소리는 어떤 악기 소리일까?"
"조금전에 들었던 악기 소리와는 어떻게 다를까?"

③ 교사가 들려주는 소리를 듣고 유아는 알맞은 악기 그림자료를 선택하여 이야기를 나눈다.

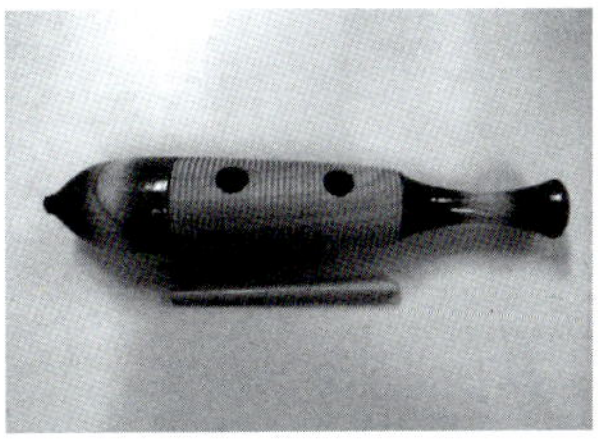

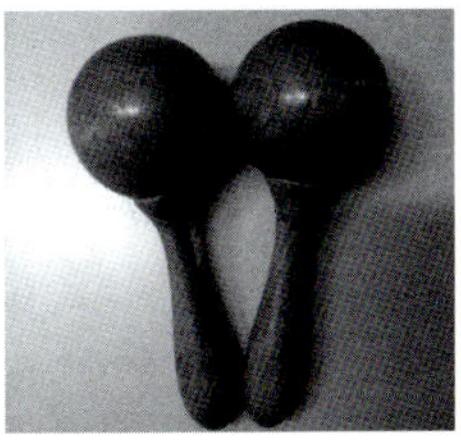

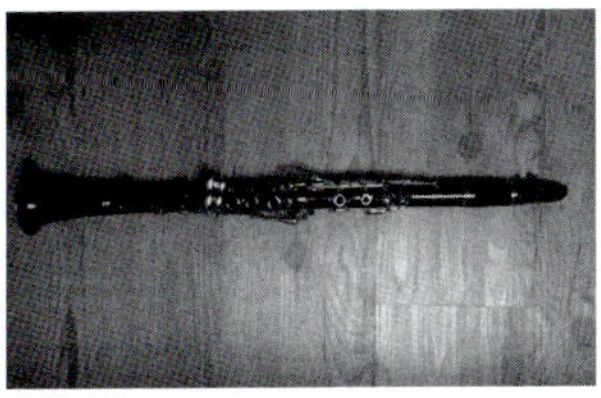

## 악기 연주하기 활동

(1) 동기 유발

① 교사와 유아는 리듬악기 노래를 불러 본다.

② 교사는 유아에게 북, 캐스터네츠, 탬버린, 트라이앵글을 나누어 주고 유아는 가사에 맞는 악기를 연주한다.

### 리듬악기 노래

이계석 작사, 작곡

(2) 악기 연주하기

① 교사와 유아는 노래를 부르며, 악기를 연주한다.

② 교사와 유아는 북과 작은 타악기를 음색에 따라 분류해 본다(예 북, 탬버린/캐스터네츠/트라이앵글).

③ 교사와 유아는 분류된 악기에 어울리는 리듬을 만들어 본다.

| 북/탬버린 | 𝄽 | ♩ | ♩ | 𝄽 |
|---|---|---|---|---|
| 캐스터네츠 | ♫ | ♩ | ♫ | ♩ |
| 트라이앵글 | ♩ | 𝄽 | 𝄽 | 𝄽 |

④ 각각의 악기의 리듬을 연주하며 노래를 불러본다.

(3) 악기 연주에 개념 적용하기

① 유아는 교사가 들려주는 악기소리(탬버린, 트라이앵글, 북, 캐스터네츠 등)를 듣고 악기를 알아맞힌다.

② 노래에 제시되어있는 악기소리와 비슷한 소리에 대하여 이야기 나눈다.

"트라이앵글의 소리와 비슷한 소리를 들어본적 있니?"

③ 노래에 제시되어 있는 악기 소리와 비슷한 악기 소리를 찾아 연주해 본다.

(4) 마무리

① 오늘 활동에 대해 이야기를 나눈다.

"오늘 활동 중 어떤 것이 가장 재미있었니(힘들었니)?"

② 목표를 평가한다. (교사가 안이 보이지 않는 소리상자 안에 들어 있는 악기를 연주하면 유아는 활동지에 제시된 악기 중 해당 악기를 찾아본다.)

### 다른 활동에 개념 적용하기

(1) 동물의 사육제 중 '사자왕의 행진'

① 교사는 생상의 동물의 사육제 중 '사자왕의 행진'을 들려준다.

② 교사와 유아는 음악을 듣고 사자의 포효소리를 나타낸 부분에 대하여 이야기 나눈다.

③ 유아는 사자포효소리를 나타내는 악기를 찾아 연주해 본다.

④ 사자왕의 행진을 들으며, 사자 포효소리가 나오는 부분에 마라카스를 흔들어 연주한다.

## 2) 셈여림: 달팽이집

**음악요소 및 개념** : 셈여림-크게 작게

**활동목표** : 1. 센 소리와 여린 소리를 듣고 구별할 수 있다.
2. 셈여림을 구별하여 악기를 연주할 수 있다.
3. 북소리를 듣고 셈여림에 따라 신체로 반응할 수 있다.
4. 2박 셈여림을 알고 악기를 연주할 수 있다.

**활동자료** : 셈여림 그림카드, 북, 작은 타악기, 달팽이 모양 그림카드, 2박자 셈여림카드, 슈베르트 '송어' 음원, 스카프

## 사전 개념 활동

(1) 셈여림에 대한 개념 알기

① 교사는 유아에게 2장의 그림카드를 제시하고 셈여림에 대하여 이야기 나눈다.

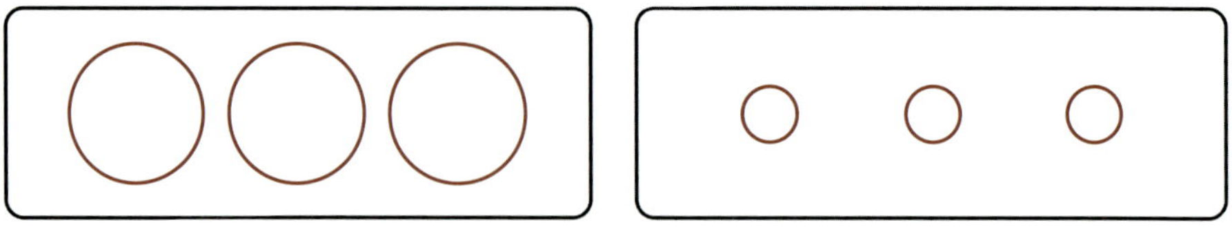

② 교사는 피아노나 북을 이용하여 음형의 일정 부분을 세게 치다가 여리게 치기를 반복하여 들려준다.

③ 교사가 작은 소리를 들려줄 때 유아는 작은 동그라미 그림을, 교사가 큰소리를 들려 줄때 유아는 큰 동그라미 그림을 선택할 수 있도록 한다.

(2) 셈여림에 대한 개념 익히기

① 교사는 북을 들고 중앙에 서고, 유아는 교사 주변에 원형으로 선다.

② 교사가 북을 세게 연주하면 유아들은 원을 크게 만들고, 교사가 북을 여리게 연주하면 유아들은 원을 작게 만든다.

예 북을 세게 연주할 때, 북을 여리게 연주할 때

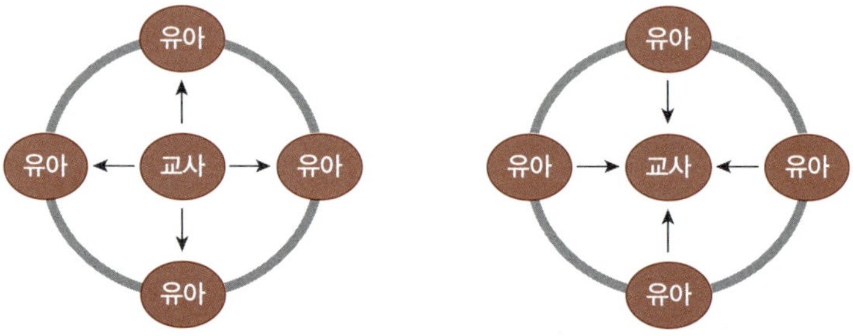


북을 세게 연주할 때　　북을 여리게 연주할 때

③ 위의 활동이 익숙해지면 한 유아가 나와 북을 연주하고, 다른 유아들은 원을 크게, 또는 작게 만드는 활동을 반복하여 해본다.

## 악기 연주하기 활동

(1) 동기 유발

① 달팽이 모양의 그림카드를 보고 이야기를 나눈다.

"어떤 소리를 표현한 그림일까"
"이 카드를 보고 어떤 소리를 낼 수 있을까?"

② 교사와 유아는 제시된 그림카드를 보고 악기를 연주해 본다.

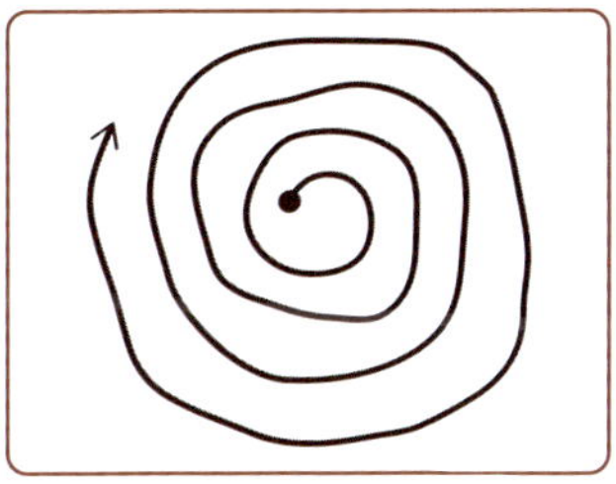

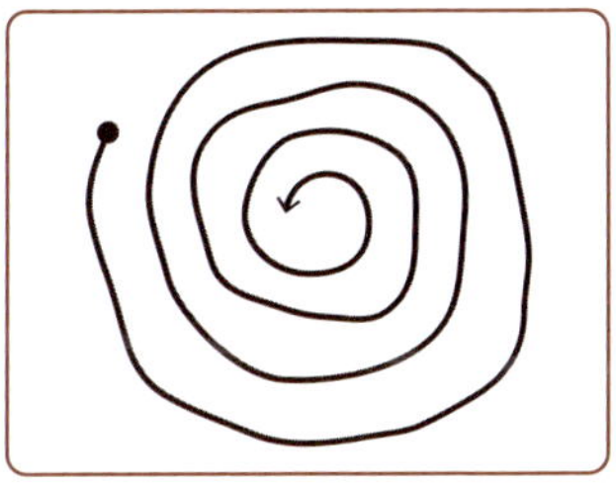

(2) 악기 연주하기

① 교사와 유아는 달팽이 집 노래를 불러본다.

**달팽이 집**

모차르트 곡

② 교사와 유아는 한 줄로 길게 서서 노래를 부를 때 원형으로 돌다가, 노랫말의 점점 작게와 점점 크게 부분에서 원형 안으로, 원형 밖으로 대형을 만들며 활동한다.

③ 교사와 유아는 앉아서 작은 타악기를 가지고 고정박을 연주하며 노래 부른다.

④ 교사와 유아는 점점 작게와 점점 크게 부분에서 악기를 작게 크게 연주한다. 이때 점점 크게 연주할 때 박자가 빨라지지 않게 주의하여 연주한다.

(3) 악기 연주에 개념 적용하기

① 2박자의 셈여림 카드를 보고 유아와 함께 악기를 연주해 본다.

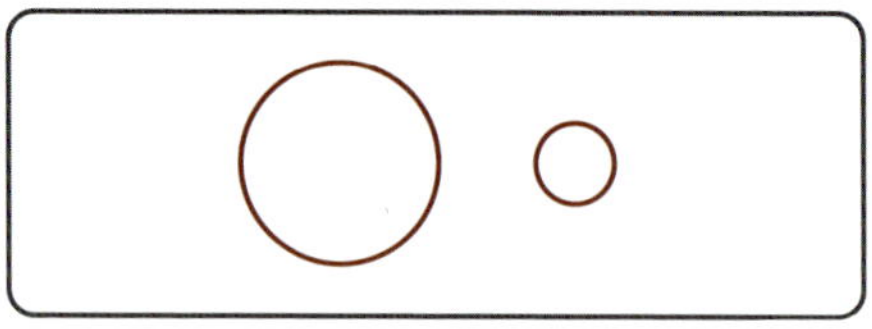

② 2박자 셈여림을 연주하며, 유아와 교사는 노래를 불러본다.

(4) 마무리

① 오늘 활동에 대해 이야기를 나눈다.

"오늘 활동 중 어떤 것이 가장 재미있었니(힘들었니)?"

② 목표를 평가한다.

- 교사가 스카프를 살짝 흔들면 유아는 악기를 여리게 연주하고, 스카프를 세게 흔들면 악기를 세게 연주하여 본다.
- 다른 유아가 앞에 나와 스카프 지휘를 하고 다른 유아들은 악기 연주하기를 반복하여 활동한다.

## 다른 활동에 개념 적용하기

(1) '놀람 교향곡' 감상하며 악기 연주하기

① 교사는 유아와 함께 하이든의 '놀람 교향곡'을 감상한다.

② 교사와 유아는 큰소리 부분을 찾아본다.

③ 교사와 유아는 '놀람 교향곡'을 감상하며 셈여림에 맞게 작은 타악기를 연주한다.

## 3) 빠르기: 곰 세 마리

**음악요소 및 개념** : 빠르기–빠르게, 느리게

**활동목표** : 1. 빠르게와 느리게의 개념을 안다.
2. 빠르고 느리게의 움직임을 보고 악기로 연주할 수 있다.
3. 빠르고 느린 음악을 듣고 신체로 표현할 수 있다.

**활동자료** : 여러 가지 리듬악기, 그림카드

**사전 개념 활동**

(1) 빠르기에 대한 개념 알기

① 교사와 유아는 걷는 모습과 뛰는 모습의 그림카드를 보고 이야기를 나눈다.

"누가 더 빠를까?"
"누가 더 느릴까?"

(2) 빠르기에 대한 개념 익히기

① 교사가 제자리에서 걸을 때 마다 발모양에 맞추어 유아는 손뼉을 친다.

② 교사는 천천히 걷다가 빠르게 달리는 등 속도를 달리하며 유아가 빠르기를 달리하며 손뼉을 칠 수 있도록 한다.

③ 위의 활동을 반복한 후 유아가 나와 발로 지휘하는 활동을 해본다.

## 악기 연주하기 활동

(1) 동기 유발

① 교사는 유아들에게 곰 세 마리 이야기를 들려준다. 이때 북을 연주하며 들려준다.

> 곰 세 마리
>
> 윤지영
>
> 숲속 마을에 곰 가족이 살고 있었습니다.
> 아빠곰은 아주 뚱뚱했습니다. (이분음표 …)
> 엄마곰은 아주 날씬했습니다. (♩ ♩ ♩ ♩)
> 아기곰은 작고 너무 귀여웠습니다. (♪♪♪♪♪♪♪♪)
> 어느날 아빠곰(이분음표 …)과 엄마곰(♩ ♩ ♩ ♩),
> 아기곰(♪♪♪♪♪♪♪♪)은 산책을 나갔습니다.
> 산길을 따라 걷다가 시냇가에저 잠시 낮잠을 자고 있네요.
> 어느덧 해가 뉘엿뉘엿 지고 곰 세 마리는 다시 집으로 돌아오기로 했어요.
> 아빠곰(이분음표 …)이 제일 앞에, 그다음은 아기곰(♪♪♪♪♪♪♪♪),
> 제일 뒤에는 엄마곰(♩ ♩ ♩ ♩)이 걷기로 했어요.
> 집이 가까워오자 모두 뛰기 시작했습니다(점점 빨리 연주).
> 오늘은 행복한 하루네요.

(2) 악기 연주하기

① 교사와 유아는 리듬막대를 이용하여 고정박에 맞추어 악기를 연주하며 노래를 부른다.

| 4 | 𝄽 |  |  |  |
|---|---|---|---|---|
| 4 |  | 𝄽 | 𝄽 | 𝄽 |

② 리듬막대를 이용하여 고정박 연주를 익힌 후 북으로 강박에 연주해 본다.

③ 위의 리듬을 익힌 후 유아는 두 그룹으로 나뉘어 한 그룹은 북을 다른 그룹은 리듬막대를 연주하며 노래를 불러본다.

(3) 악기 연주에 개념 적용하기

① 교사와 유아는 고정박에 맞추어 손뼉을 치며 노래를 불러본다.

② '아빠 곰은 뚱뚱해' 노랫말에서는 북을 연주(이분음표로)하고, '엄마 곰은 날씬해' 부분에서는 캐스터네츠(♩♩♩♩…)를, '아기 곰은 너무 귀여워' 부분에서는 마라카스(♪♪♪♪♪♪♪♪…)로 연주한다.

③ 교사와 유아는 아빠곰(이분음표로), 엄마곰(♩♩♩♩…), 아기곰(♪♪♪♪♪♪♪♪…)의 빠르기를 고정박으로 노래 부르며 악기 연주를 한다.

1. 아빠곰 빠르기

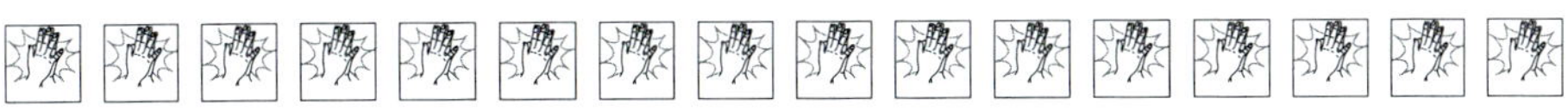

곰 세 마 리 가 한 집 에 있 어

2. 엄마곰 빠르기

곰 세마 리 가 한 집에 있 어 아빠 곰 엄마 곰 아 기 곰

3. 아기곰 빠르기

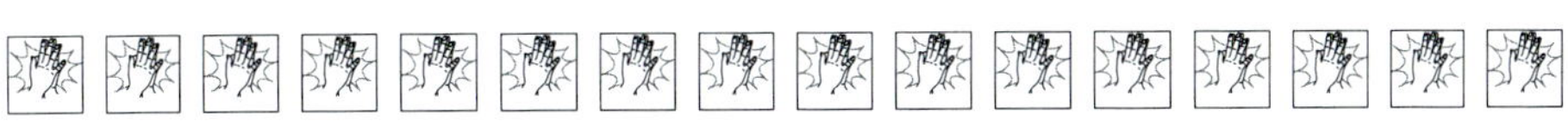

곰세마 리가 한집에 있어 아빠곰엄마곰 아기 곰 아빠 곰은 뚱뚱 해 엄마 곰은 날씬 해

(4) 마무리

① 오늘 활동에 대해 이야기를 나눈다.

"오늘 활동 중 어떤 것이 가장 재미있었니(힘들었니)?"

② 목표를 평가한다. (곰 세 마리 노래 중 아빠곰과 엄마곰, 아기곰의 리듬을 교사가 북으로 연주하면, 유아는 리듬에 맞추어 걸어 본다.)

### 다른 활동에 개념 적용하기

(1) 빠른 곡과 느린 곡 비교하기/ '왕벌의 비행'과 '자장가' 비교하기

① 교사는 유아에게 '왕벌의 비행'과 '자장가'를 들려준다.

② 유아는 빠른 곡과 느린 곡을 찾아본다.

③ 교사와 유아는 두 곡을 듣고 고정박에 따라 리듬악기를 연주해 본다.

## 4) 리듬: 열 꼬마 인디언

**음악요소 및 개념** : 리듬–리듬패턴

**활동목표** : 1. 4박자에 맞춰 걸을 수 있다.

2. 4박자에 맞추어 악기를 연주할 수 있다.

3. 4박자의 다양한 리듬패턴을 이해한다.

4. 4박자의 리듬패턴을 연주할 수 있다.

**활동자료** : 박자카드, 북, 리듬막대, 트라이앵글, 〈꼬마 인디언〉 동화책

### 사전 개념 활동

(1) 4박자 리듬 개념 알기

① 교사는 박자카드를 보여 주고 다음과 같이 차례로 놓는다.

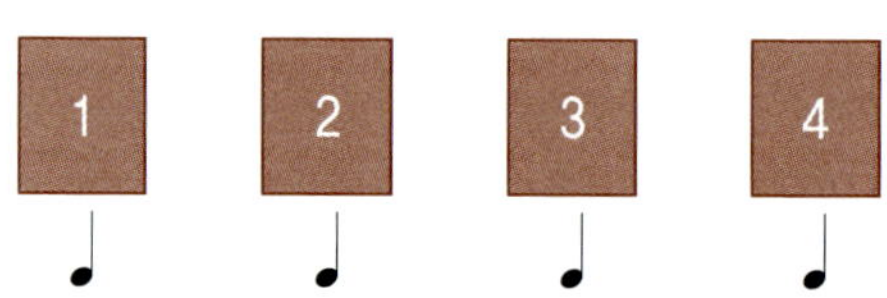


② 교사의 하나, 둘, 셋, 넷 구호와 북소리에 맞추어 유아도 함께 손뼉을 친다. 이때 4번 반복하여 활동한다.

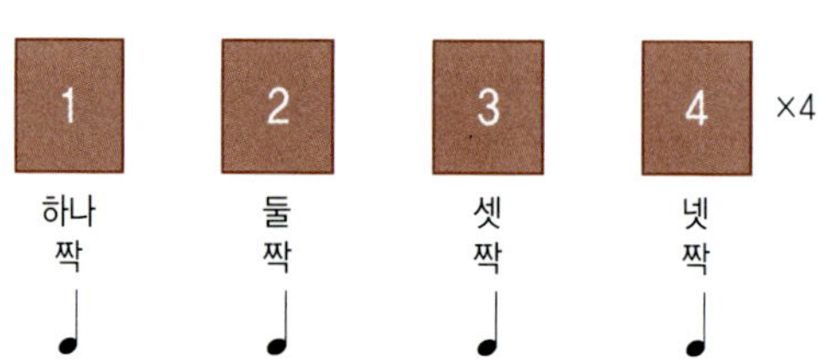

③ 교사가 하나의 카드를 뒤집어 놓으면 유아는 한 박을 쉬고 계속해서 손뼉을 친다.

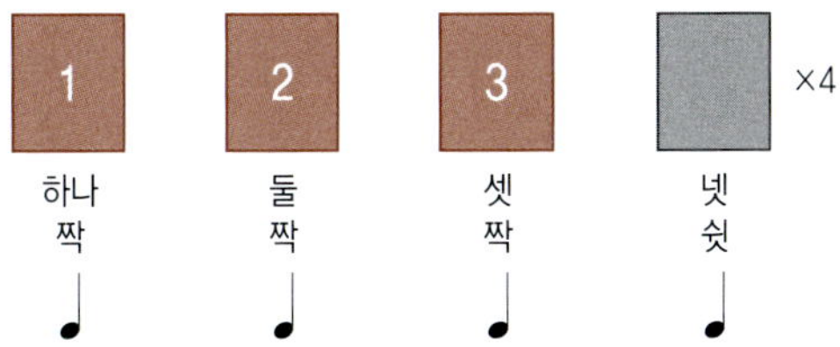


④ 뒤집는 카드를 달리하며 여러 번 반복 활동하여 고정박의 개념을 이해한다.

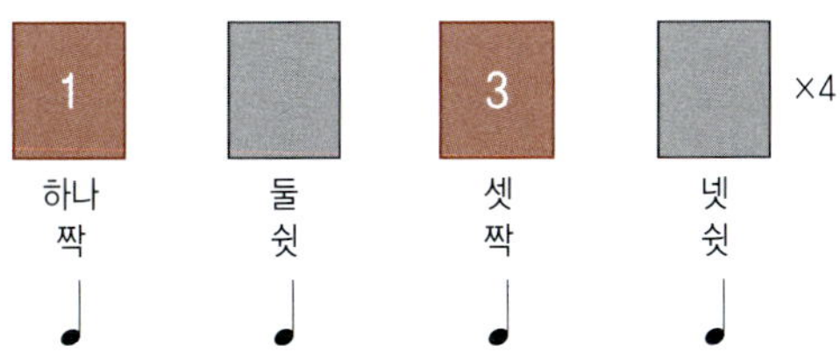


(2) 4박자 리듬패턴 익히기

① 교사와 유아들은 신체를 두드리며 고정박을 익힌다.

| 4/4 | ♩ | ♩ | ♩ | ♩ |
|---|---|---|---|---|
| 신체 | 무릎<br>손뼉<br>어깨<br>머리 | 무릎<br>손뼉<br>어깨<br>머리 | 무릎<br>손뼉<br>어깨<br>머리 | 무릎<br>손뼉<br>어깨<br>머리 |
| 말리듬 | 몸 | 을 | 톡 | 톡 |

② 유아들이 고정박에 맞춰 신체를 잘 두드리면 말 리듬에 맞추어 다양한 리듬 패턴을 익힌다.

| 4/4 | ♩ | ♩ | ♪ ♪ | ♩ |
|---|---|---|---|---|
| 신체 | 손뼉 | 손뼉 | 손뼉 손뼉 | 손뼉 |
| 말리듬 | 꼭 | 꼭 | 숨 어 | 라 |

| 4/4 | ♪ | ♪ | ♪ | ♪ | ♩ | ♩ |
|---|---|---|---|---|---|---|
| 신체 | 손뼉 | 손뼉 | 손뼉 | 손뼉 | 손뼉 | 손뼉 |
| 말리듬 | 모 | 두 | 모 | 두 | 나 | 와 |

③ 교사가 4박 고정박을 북으로 연주하면 유아는 북소리에 맞추어 걸어 다니다가 교사가 북소리를 멈추고 손뼉으로 위의 리듬을 치면 유아는 숨거나 교실 가운데 모이는 등 게임을 한다.

④ 유아들이 위의 리듬을 익히면 교사와 유아는 새로운 말 리듬을 만들어 본다.

### 노래 부르기 활동

(1) 동기 유발

① 〈꼬마 인디언〉 그림책을 보고 유아와 이야기를 나눈다.

"우리와 생김새나 사는 곳은 어떻게 다를까?"
"인사는 어떻게 나눌까?"

② 교사가 고정박에 따라 북을 연주하면 유아는 소리에 맞추어 걸어 본다.

③ 교사가 고정박에 따라 북을 연주하면 유아는 소리에 맞추어 걷다가 교사가 북연주를 멈추면 유아는 앞에 있는 유아와 인디언식으로 인사한다.

(2) 악기 연주하기

① 교사는 유아들에게 '열 꼬마 인디언' 노래를 불러 준다. 이때 교사는 신체를 두드리며 노래를 불러 준다.

② 유아는 교사와 함께 고정박에 손뼉을 치며 '열 꼬마 인디언' 노래를 부른다.

③ 유아는 교사와 함께 고정박에 리듬막대를 연주하며 '열 꼬마 인디언' 노래를 부른다.

④ 노래 중간에 '인디언' 노래말이 나올 때마다 교사와 유아는 노래말의 리듬에 맞추어 손뼉(♪ ♪ ♩)을 치며 노래 부른다.

⑤ 노래 중간에 '인디언' 노래말이 나올 때마다 교사와 유아는 노래말의 리듬에 맞추어 트라이앵글(♪ ♪ ♩)을 치며 노래 부른다.

**열 꼬마 인디언**

외국 곡

(3) 악기 연주하기에 개념 적용하기

① 교사는 유아를 두 그룹으로 나눈다.

② 한 그룹은 리듬막대로 고정박을 연주하고, 다른 한 그룹은 '인디언' 노래말에 맞추어 트라이앵글을 연주하며 노래 부른다.

③ 고정박을 연주하던 유아는 노랫말 중 '꼬마' 노랫말이 나올때 리듬에 맞추어(♪♪) 리듬막대를 연주하며 노래 부른다.

④ 한 그룹은 노랫말 중 '꼬마' 노랫말이 나올때 리듬에 맞추어 리늠막대(♪♪)를 연주하고, 다른 한 그룹은 '인디언' 노래말에 맞추어 트라이앵글(♪♪♩)을 연주하며 노래 부른다.

(4) 마무리

① 오늘 활동에 대해 이야기를 나눈다.

"오늘 활동 중 어떤 것이 가장 재미있었니(힘들었니)?"

② 목표를 평가한다.

– 교사가 '열 꼬마 인디언' 노래의 반주를 하면 유아는 고정박으로 걸어본다.

– 교사의 반주에 맞추어 유아들은 노래를 부르지 않고 고정박으로 걷다가, '인디언' 노랫발이 나올때 멈추어 시시 리듬(♪♪♩)에 맞추어 아기로 연주해 본다.

## 다른 활동에 개념 적용하기

(1) 새로운 리듬패턴 연주하기

① 교사는 유아들에게 사전 개념 활동에서 제시한 박자카드를 4장씩 나누어 준다.

| 1 | 2 | 3 | 4 |
|---|---|---|---|

② 유아는 박자카드를 도화지에 붙여 자신의 리듬패턴을 만들어 본다.

③ 유아들은 자기와 같은 리듬패턴을 찾아보고 같은 리듬패턴을 만든 유아끼리 모둠으로 모여 앉는다.

④ 유아는 자기 모둠의 리듬패턴으로 리듬막대를 연주하며 '코끼리와 거미줄' 노래를 불러 본다.

**코끼리와 거미줄**

강소천 작사
한용희 작곡

## 5) 가락: 캥거루

**음악요소 및 개념** : 가락–음의 고저와 선율의 방향

**활동목표** : 1. 음의 높고 낮음을 알 수 있다.
2. 음의 높고 낮음을 인지하며 악기를 연주할 수 있다.
3. 선율의 방향을 알고 손으로 움직일 수 있다.
4. 비행기 노래를 실로폰으로 연주할 수 있다.

**활동자료** : 높고 낮음을 나타내는 그림카드, 비행기 그림 악보, 건반악기, 실로 폰, 생상스의 〈동물의 사육제〉 중 '캥거루' 음원과 그림악보, 여러 가지 리듬악기

**사전 개념 활동**

(1) 높고 낮음의 개념 알기

① 높은 것과 낮은 것이 대조된 그림을 보면서 이야기를 나눈다.

"어느 건물이 더 높니?"
"하늘 높이 날아다니는 것은 무엇일까?"
"시소 타는 그림에서 높은 곳에 있는 것은 누구일까?"

② 유아들은 그림을 보면서 높은 것과 낮은 것을 신체로 표현한다.

(2) 높은 음역의 음악과 낮은 음역의 음악을 듣고 스카프로 표현하기

① 교사는 높은 음역의 음악과 낮은 음역의 음악을 번갈아 들려준다.

② 유아들은 음악을 들으며 자유롭게 스카프로 표현한다.

③ 음악의 느낌과 스카프로 어떻게 표현하면 좋을지 이야기를 나눈다.

"이 음악은 어떤 동물을 표현한 것 같니?"
"동물이 어떻게 움직이는 것 같니?"
"음악이 높은 음역에서 연주될 때는 스카프를 어떻게 표현하면 좋을까?"

④ 높고 낮은 음역에 맞춰서 스카프로 표현하도록 한다.

### ◈ 높은 음역 음악과 낮은 음역 음악의 예

***높은 음역 음악**
피터와 늑대 중 '새'의 주제(프로코피에프 곡), 호두까기 인형 중 '중국의 춤'(차이코프스키 곡), 빈의 음악 시계(코다이)

***낮은 음역 음악**
전람회의 그림 중 '소마차'(무소르그스키 곡), 어린이의 세계 중 '코끼리의 자장가'(드뷔시 곡), 동물의 사육제 중 '거북이'(생상스 곡)

## 악기 연주하기 활동

(1) 동기유발

① 교사는 유아들에게 캥거루에 대해서 수수께끼를 낸다.

"콩콩 뛰어다니는 동물이야."
"호주에서 많이 살고 있어."
"앞에 주머니가 있는 동물이야."
"주머니 속에 새끼를 넣고 다닌단다."

② 캥거루를 묘사한 음악이 있음을 알려준다.

(2) 악기 연주하기

① 동물의 사육제 중 '캥거루' 음악을 듣고 이야기를 나눈다.

"캥거루의 어떤 모습이 떠오르니?"
"캥거루는 왜 이렇게 뛰어다닐까?"
"우리도 캥거루가 되어 보자."

② 교사와 유아는 음이 변할 때마다 함께 캥거루가 뛰어다니는 행동을 신체를 이용하여 자연스럽게 표현해 본다. 이때 음악 높아질 때와 낮아질 때 몸의 높이를 달리하며 표현해 본다.

③ 유아들에게 여러 가지 리듬악기를 나누어 주고 신체로 표현한 부분을 자유롭게 연주한다.

(3) 악기 연주하기에 개념 적용하기

① 교사는 생상의 〈동물의 사육제〉 중 '캥거루' 음악의 그림악보를 제시한다.

출처: 이옥주 · 정수진 · 윤지영 만듬.

② 음의 높낮이에 따라 캥거루의 움직임을 손으로 짚어가며 음악을 감상한다.

③ 그림을 보면서 이야기를 나눈다.

"캥거루가 뛰어다니는 부분은 어디니?"
"캥거루가 아래에서 쉴 때는 언제일까?"
"캥거루가 높은 곳에 있는 부분은 어디일까?"

③ 유아들과 상의하면서 알맞은 악기를 선택한다.

"캥거루가 뛰어다니는 부분은 어떤 악기가 어울릴까?"
"캥거루가 아래에서 쉴 때는 악기가 어떤 어울릴까?"
"캥거루가 높은 곳에 있는 부분에서는 어떤 악기가 어울릴까?

④ 유아들이 정한 악기로 연주를 한다.

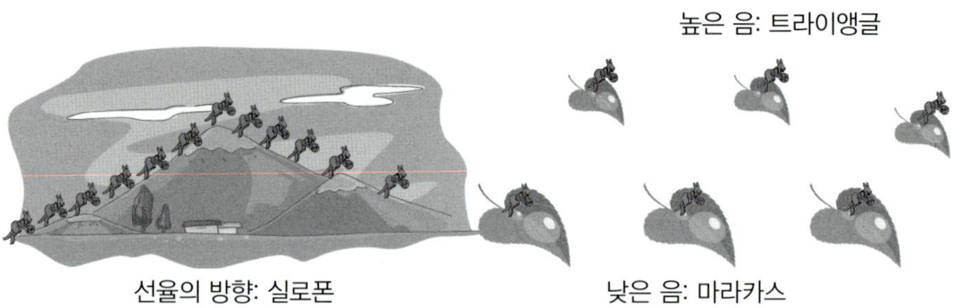


(4) 마무리

① 오늘 활동에 대해 이야기를 나눈다.

"오늘 활동 중 어떤 것이 가장 재미있었니(힘들었니)?"

② 목표를 평가한다. (사다리의 그림이 있는 그림카드를 2장씩 유아들에게 나누어 주고 교사가 들려주는 건반 소리를 듣고 유아들은 공의 위치를 그려 본다.)

### 다른 활동에 개념 적용하기

(1) '비행기' 핸드벨로 연주하기

① '비행기' 노래를 불러 본다.

**비행기**

윤석중 작사
미국 민요

② 계이름으로 불러본다. (예) 미레도레 미미미~)

③ 교사는 실로폰에 도는 빨간색, 레는 주황색, 미는 노란색 스티커를 붙인다.

③ 유아는 실로폰에 붙은 스티커를 보고 음을 익힌 후 멜로디를 연주해 본다.

④ 교사와 유아는 '비행기' 노래를 부르며 실로폰을 연주해 본다.

⑤ 선율의 흐름을 손으로 움직여 본다.

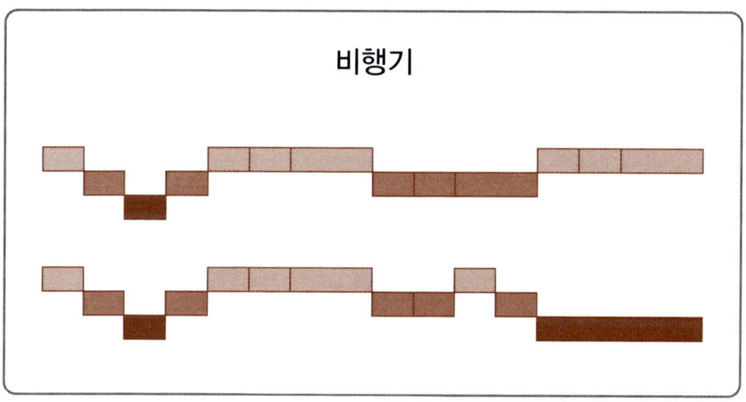


## 6) 조직: 시계

**음악요소 및 개념** : 조직–다성

**활동목표** : 1. 제재곡에 어울리는 반주를 연주할 수 있다.
2. 보르둔 반주를 통해 완전5도의 화성을 경험한다.
3. 오스티나토 연주를 통해 다성음악을 경험한다.

**활동자료** : 그림카드, 리듬악기, 실로폰

## 사전 개념 활동

(1) 캐논에 대한 개념 알기

① 유아는 교사가 하는 행동을 그대로 따라해 본다.

**활동의 예**

| | | | | | | |
|---|---|---|---|---|---|---|
| 교사 | 손뼉치기 | | 발구르기 | | 점프하기 | |
| 유아 | | 손뼉치기 | | 발구르기 | | 점프하기 |

② 위의 활동이 익숙해지면 유아 한 명씩 돌아가며 창의적인 신체표현을 하면 다른 유아들이 따라서 표현해 본다.

(2) 캐논에 대한 개념 익히기

① 교사는 유아들에게 리듬악기를 나누어 준다.

② 유아는 교사가 연주하는 리듬을 따라 연주한다.

**활동의 예**

| | | | | | | |
|---|---|---|---|---|---|---|
| 교사 | ♩♩♩♩ | | ♩♪♪♩♩ | | ♩♩♪♪♩ | |
| 유아 | | ♩♩♩♩ | | ♩♪♪♩♩ | | ♩♩♪♪♩ |

③ 위의 활동이 익숙해지면 유아 한 명씩 돌아가며 리듬을 즉흥적으로 연주하면 다른 유아들은 따라서 연주한다.

## 악기 연주하기 활동

(1) 동기 유발

① 교사와 유아는 다양한 시계와 관련된 그림카드를 보고 이야기를 나눈다.

② 시계에서 나는 다양한 소리를 표현해 본다.

③ 시계와 비슷한 소리가 나는 주변의 사물을 탐색해 본다.

(2) 악기 연주하기

① 교사는 유아에게 시계 노래를 들려준다.

**시계**

미상 작사
나운영 작곡

② 교사는 실로폰의 파와 도의 보둔반주를 연주하고 유아들은 노래를 부른다.

③ 교사와 유아는 노래의 리듬대로 손뼉을 치며 노래를 부른다.

④ 리듬막대로 노랫말의 리듬을 연주하며 노래를 부른다.

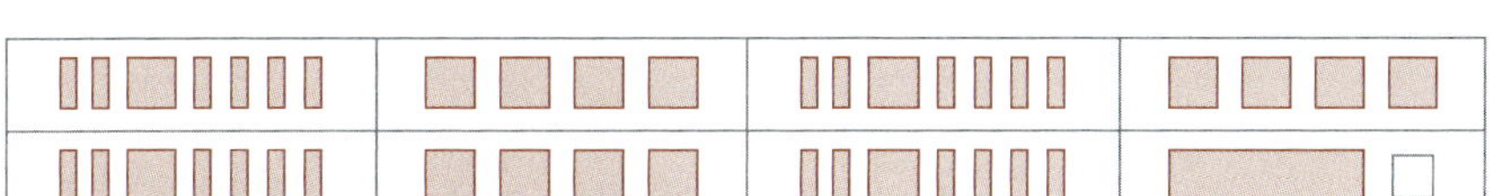

(3) 악기 연주에 개념 적용하기

① 교사는 유아를 두 그룹으로 나누어 손뼉치기를 해본다.

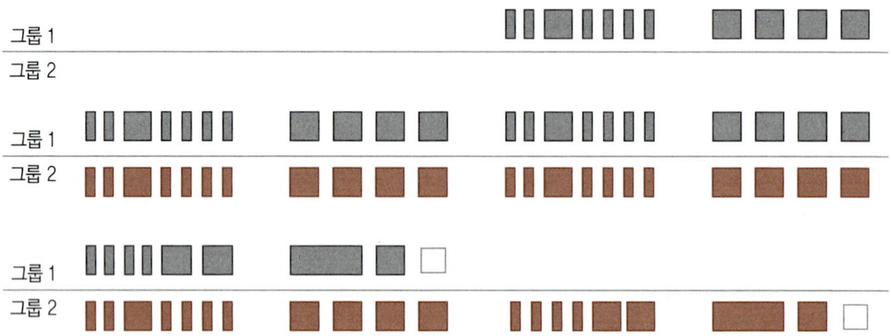


② 위의 활동이 익숙해지면 한 그룹은 리듬막대로, 다른 그룹은 북으로 연주해 본다.

③ 악기 연주 활동을 통해 리듬을 익히면 노래도 함께 불러 본다.

(4) 마무리

① 오늘 활동에 대해 이야기를 나눈다.

"오늘 활동 중 어떤 것이 가장 재미있었니(힘들었니)?"

② 목표를 평가한다.

– 유아가 한 명씩 돌아가며 인사 리듬을 즉흥적으로 연주하면 다른 유아들은 따라서 연주한다.

**활동의 예**

| | | |
|---|---|---|
| 유아1 | ♩ 안 ♩ 녕 ♪♪ 친 구 ♩ 들 | |
| 다른유아 | | ♩ 안 ♩ 녕 ♪♪ 친 구 ♩ 들 |

### 다른 활동에 개념 적용하기

(1) 악기 연주하기

① 베토벤의 '합창 교향곡'을 듣고 교사와 유아는 주제선율(환희의 송가)을 찾아 본다.

② 주제선율이 반복될 때마다 리듬을 악기로 연주한다.

**'환희의 송가' 주제 선율**

베토벤 곡

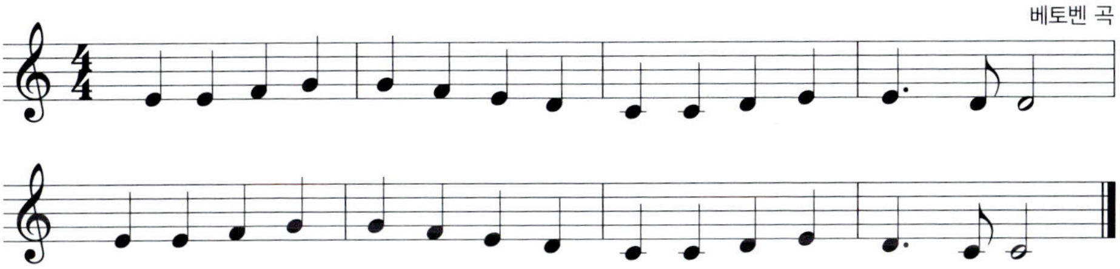

## 7) 형식: 생상의 〈동물의 사육제〉 중 '수족관'

### 음악요소 및 개념 : 형식–반복

**활동목표** : 1. 음악을 듣고 반복되는 리듬을 알 수 있다.
2. 음악을 듣고 형식(AB형식)을 알 수 있다.
3. 그림악보를 활용하여 악기 연주를 할 수 있다.
4. 음악에서 반복되는 부분과 대조되는 부분을 이해하며 악기 연주를 한다.

**활동자료** : 그림악보 '수족관', 트라이앵글, 마라카스

### 사전 개념 활동

(1) 형식(반복)에 대한 개념 알기

① 교사가 보여 주는 그림카드를 보고 어떤 규칙이 있는지 이야기 나눈다.

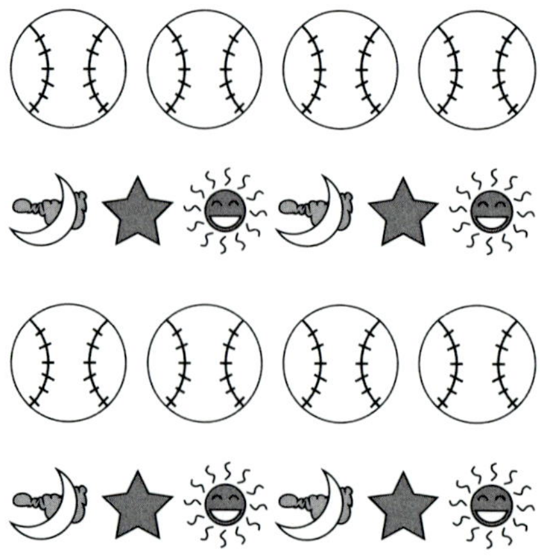

"이 카드에 어떤 규칙이 숨어 있을까?"

② 규칙에 따라 반복되는 것끼리 유아는 묶어 본다.

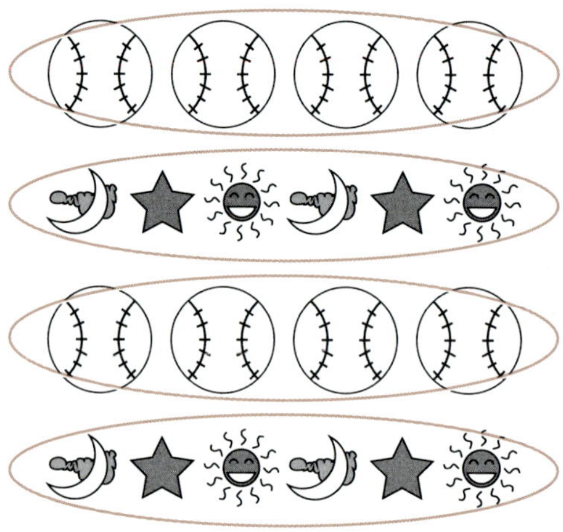

(2) 형식(반복)에 대한 개념 익히기

① 교사와 유아는 '하얀 나라' 노래를 불러 본다.

**하얀 나라**

김성균 작사, 작곡

② 노래 중 반복되는 부분에 대하여 교사와 유아는 이야기를 나눈다.

"노래가 반복되는 부분은 어느 부분인것 같니?"

## 악기 연주하기 활동

(1) 동기 유발

① 교사와 유아는 생상의 〈동물의 사육제〉 중 '수족관'을 감상한다.

② 유아와 교사는 '수족관'을 감상한 후 느낌을 이야기한다.

"이 음악은 어떤 느낌이니?"
"반복되는 부분은 어느 부분인 것 같니?"

(2) 악기 연주하기

① 유아는 생상의 〈동물의 사육제〉 중 '수족관'을 들으며 신체로 표현한다.

② 반복되는 부분과 대조되는 부분의 표현을 달리하며 활동해 본다.

③ 교사는 유아에게 트라이앵글을 제시한다. 이때 교사는 악기의 연주법 및 악기의 특성에 대하여 설명한다.

④ 교사는 유아에게 트라이앵글을 나누어 준다.

⑤ 교사와 유아는 '수족관' 음원에 맞추어 2박자마다 트라이앵글을 연주해 본다.

(3) 악기 연주에 개념 적용하기

① 교사는 유아에게 '수족관'의 그림악보를 제시한다.

적용
하기

Q1. '곰 세 마리' 노래를 선율 악기를 이용하여 연주할 때 유아들과 어떻게 활동을 하면 좋을까요? 악기를 연주하면서 노래를 불러 보세요.

Q2. '곰 세 마리' 노래를 무선율 타악기를 이용하여 연주할 때 유아들과 어떻게 활동을 하면 좋을까요? 각 악기의 오스티나토를 만들어보고 악기를 연주하면서 노래를 불러 보세요.

CHAPTER 08

# 음악요소에 기초한 음악 감상

1. 음악 감상과 유아교육

2. 음악 감상과 발달

3. 음악요소에 기초한 음악 감상 실제

## 마음 열기

좋아하는 곡이 있나요? 왜 그 곡을 좋아하나요?

잠자리에 들 때는 어떤 곡이 어울리나요?
또 밥을 먹을 때는 어떤 곡이 어울리나요?

CHAPTER 08

# 음악요소에 기초한 음악 감상

## 1 음악 감상과 유아교육

음악 감상이란 감상이 주가 되는 수업활동을 말한다. 음악 감상은 간접 음악 감상과 직접 음악 감상으로 나뉘는데, 유아들에게 실내 · 외 자유선택활동 시간, 휴식시간, 간식 시간 등에 배경음악으로 음악을 들려주는 것을 간접 음악 감상이라 하고, 음악을 듣고 다시 음악 관련 활동이나, 신체, 미술 등으로 표현하는 것을 직접 음악 감상이라 한다. 즉, 직접 음악 감상은 음악을 듣고 주제 선율을 노래로 부르거나 가사를 만들고, 악기로 연주하고, 즉흥연주하며, 음악을 듣고 신체나 스카프, 공 등으로 표현하며, 음악의 느낌을 그림으로 표현을 하는 활동이라 할 수 있다. 유아교육에서 음악 감상은 직접 음악 감상과 간접 음악 감상이 균형적으로 잘 이루어져야 하며, 유아가 능동적으로 음악을 듣고 탐색하는 과정이 포함되어야 한다.

## 1) 음악 감상의 중요성

음악은 듣는 것에서부터 시작된다. 음악을 들어야 음악에 대한 관심이 생기고 흥미가 시작되며, 듣기를 통해서 노래를 부르고, 악기를 연주하고, 몸으로 표현하며 음악을 창작할 수 있다. 따라서 음악 감상은 다른 음악활동을 하기 전에 선행되는 활동이며, 음악교육 전체의 기초이며 시작이라고 할 수 있다.

유아는 음악을 듣고 음악의 아름다움을 다시 음악적으로 표현한다. 음악을 듣고 선율을 흥얼거리며, 신나는 음악에 맞춰 몸을 흔들고, 슬픈 음악에는 고개를 숙이며 음악적인 반응을 보인다. 유아는 음악을 들으며 다시 음악적으로 표현하면서 음악적 지식을 알게 되며 음악적 능력도 기르게 된다. 유아는 음악을 듣고 음악적 요소를 탐색하며 자신이 음악으로 받은 느낌을 표현함으로써 음악을 통해 미적인 경험을 느끼며, 심미감을 느끼게 된다.

유아에게 있어 음악 감상활동은 음악을 듣는 것에서만 끝나는 것이 아니다. 음악 감상 후 음악의 느낌을 혼자 또는 또래와 함께 음악활동뿐만 아니라 언어, 신체, 그림 등으로 표현을 한다. 이를 통해 유아의 정서, 언어, 인지, 신체, 사회 등 다양한 영역과 함께 상상력과 창의성 발달을 돕는다.

이렇게 유아기 때의 음악 감상은 다른 음악활동 전에 선행되는 활동이며, 음악을 듣고 다시 음악적으로 표현하는 과정을 통해 음악의 아름다움을 느끼며, 음악의 느낌을 언어, 신체, 미술 등으로 나타내면서 정서, 언어, 인지, 신체, 사회 등 여러 영역의 발달을 돕는다고 할 수 있다.

## 2) 음악 감상의 내용

유아는 음악을 들으며 음악에 있는 여러 가지 음악요소와 개념을 느끼며 음악의 재미와 즐거움을 느껴야 한다. 음악만 틀어주고 '눈감고 들어봐라'라는 식의 감상법으로는 유아들은 음악의 즐거움을 느낄 수 없다. 유아들의 발달단계를 고려하며 흥미를 느끼며 집중을 할 수 있는 음악 감상 방법을 소개하면 아래와 같다.

### (1) 음악 감상 방법

#### ① 그림악보를 활용한 음악 감상활동

그림악보란 음악의 분위기와 가사 내용을 그림으로 나타내 주는 동시에 음의 장단과 고저와 같은 음악적 개념 등을 그림으로 인식할 수 있도록 해주는 것이다(민경훈, 1999). 그림악보에는 곡 전체의 윤곽이나 부분적인 구조가 그림을 통해 나타나 있기에 악보를 읽지 못하는 유아들도 그림악보를 통해 감상 곡의 흐름을 쉽게 파악할 수 있으며 음악적인 개념도 쉽게 이해할 수 있다. 또한 그림과 함께 음악을 듣는 것이므로 흥미를 유발시킬 수 있으며, 집중 시간이 짧은 유아들에게 좀 더 오랫동안 집중할 수 있게 해준다.

그림악보의 종류는 크게 4가지로 구분할 수 있다(임미경, 1998).

##### 가. 주제 그림악보(theme chart)

주제 그림악보는 감상 곡의 주제 선율을 그림으로 제시해 놓은 것이다. 제목이 상징하는 그림으로 주제 선율을 그려 넣으며, 제목이 있는 음악을 그림악보로 만들 때 사용하면 좋다.

##### 나. 막대악보(bar chart)

막대 악보란 감상 곡의 주제 부분 전체를 막대모양으로 그려 표현한 방법이다. 주제 선율이 그림으로 표현하기는 어렵지만 선율의 높낮이와 리듬이 명확하여 막대로 표현하기에 적당할 때 사용한다. 주제 그림악보에 비해 선율의 흐름과 곡의 구조를 좀 더 쉽게 이해할 수 있다.

##### 다. 감상 그림악보(listening map)

감상 그림악보는 감상 곡 전체를 들리는 데로 그려 놓는 방법이다. 음악의 특징을 살려서 음악이 커질 때에는 그림을 크게, 소리가 길게 나오면 그림도 긴 모양으로, 소리가 낮으면 낮은 위치에, 음색이 바뀌면 그림의 모양도 바뀐다. 이는 악보를 읽지 못하는 유아들도 그림악보를 보면서 음악의 음색 변화, 셈여림 변화, 선율의 흐름, 형식 등을 쉽게 이해할 수 있다.

##### 라. 번호도표(call chart)

번호 도표는 감상 곡 전체를 몇 부분으로 나누어 각각 번호를 주고 그것에 음악적 특징(리듬, 선율, 형식, 셈여림)을 그림이나 악보로 표시하거나 음악용어를 넣어 곡을 알기 쉽게 설명해 놓은 것을 말한다.

**〈표 8-1〉** 그림악보의 예

| 그림악보의 종류 | 그림악보 |
|---|---|
| 주제 그림악보<br>(theme chart) | <br>–그리그의 페르귄트 조곡 중 '산의 마왕의 전당에서'– |
| 막대악보<br>(bar chart) | 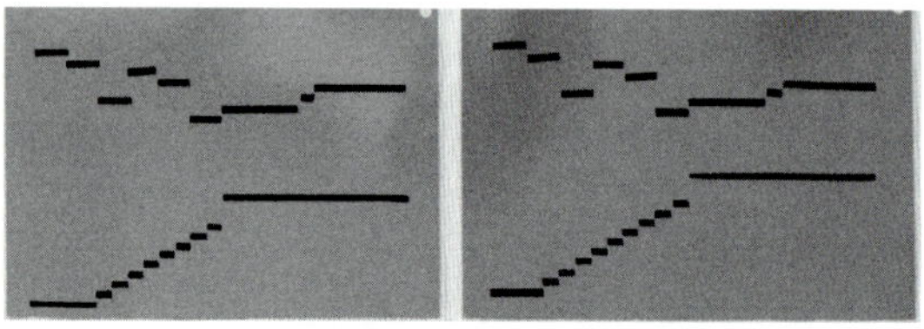<br>–생상스의 동물의 사육제 중에서 '백조'– |
| 감상그림악보<br>(listening map) | 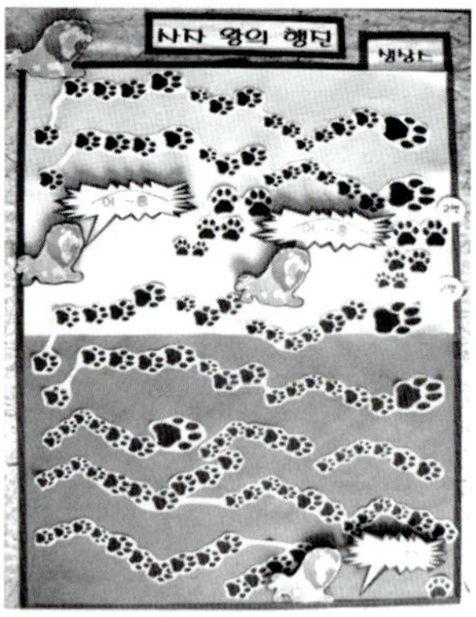<br>–생상스의 동물의 사육제 중에서 '사자 왕의 행진 '– |
| 번호도표<br>(call chart) | 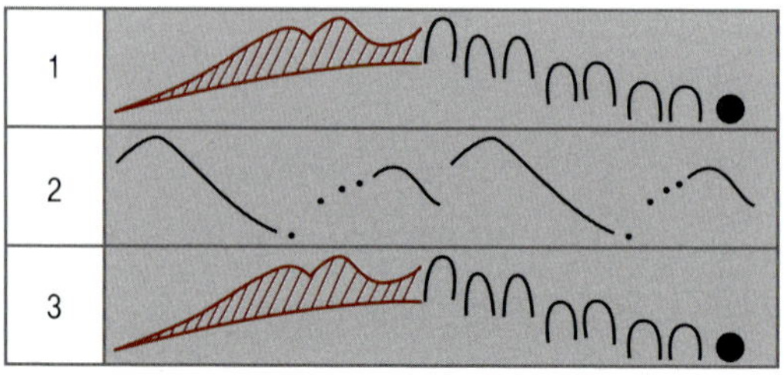<br>– 모차르트의 '작은 별 주제에 의한 변주곡' 중에서– |

출처: 안재신 · 김해숙 · 안경숙 · 김소향 · 이옥주 · 정수진(2002). 구성주의 이론에 기초한 유아음악교육. p. 430.

② 신체동작을 활용한 음악 감상활동

음악을 들으면 대부분의 유아는 박에 맞춰 몸을 흔들거나 빠른 음악이 나오면 빨리 움직이고 느린 음악이 나오면 기어간다. 유아는 음악을 듣고 음악의 흐름을 신체로 표현하는 능력을 지니고 있다. 교사는 신체적으로 음악적인 리듬감을 타고난 유아들에게 음악을 느끼며 몸을 움직이거나 음악의 느낌을 신체로 적극적으로 표현할 수 있도록 도와주어야 하며 이를 음악 감상에 활용할 수 있다. 음악 감상을 하면서 음악에 맞춰 걷기, 뛰기, 점핑, 호핑, 스키핑, 말뛰기 등의 이동 동작과 손뼉치기, 뻗기, 흔들거리기, 지휘하기 등의 비이동 동작을 할 수 있다. 또한 스카프, 정구공, 풍선, 낙하산 등의 소도구를 이용하여 음악을 느껴 보는 활동도 할 수 있다. 교사는 신체 및 소도구를 활용하여 음악 감상을 하면서 셈여림, 빠르기, 리듬, 선율의 흐름 등 음악적인 개념을 표현하도록 유아를 도와주어야 한다.

③ 동화를 활용한 음악 감상활동

동화를 활용한 음악 감상활동은 이야기와 함께 음악을 감상하는 방법이다. 음악 감상활동에 동화의 활용은 유아의 흥미와 호기심을 유발하고 상상력을 자극하여 유아가 감상하는 음악의 내용을 쉽게 이해할 수 있어 작곡가가 말하고자 하는 내용을 쉽게 이해함으로 유아가 음악에 더 쉽게 다가가고 반응할 수 있게 해준다. 음악 감상에 활용할 수 있는 동화에는 3가지 종류가 있다. 첫째, 동화작가가 기존에 작곡된 음악을 소재로 이야기를 만든 동화이다. 이는 유아가 클래식 음악을 이해하도록 돕거나 클래식 음악에 친숙해지는 것을 목표로 하여 만들어진 작품으로, 음악을 작곡한 작곡자의 생애, 음악이 작곡된 배경, 음악의 줄거리 등이 소재로 만들어진다. 대표적인 예로 생상스의 '동물의 사육제'는 동화 작가들이 좋아하는 소재로, 이 곡에 등장하는 동물들이 축제를 벌이는 것을 내용으로 하는 동화가 많이 있다. 둘째, 작곡가가 기존의 이야기에 동화적 요소를 포함하여 작곡된 음악동화가 있다. 이는 작곡자가 음악을 작곡할 때 대상을 유아나 아동에게 맞추어 유아나 아동이 음악에 친숙한 감정을 가지고 감상할 수 있도록 만들어진 음악동화이다. 대표적인 예로 프로코피에프의 '피터와 늑대'가 있다. 셋째, 음악적인 소재나 내용과 상관이 없는 동화이다. 동화의 내용과 비슷한 분위기의 음악을 배경음악으로 선택해서 동화를 읽어 줄 때 음악을 사용하면서 동화와 음악을 접목시킬 수 있다. 교사는 동화를 읽어 준 후 동화와 관련된 음악을 듣는 것에서 끝나는 것이 아니라 다양한 활동을 전개해 본다. 음악을 듣고 관련 있는 그림 그리기, 동화의 내용에서 리듬적인 요소를 찾아보고 말 리듬이나 몸으로 리듬을 만들기, 무언극으로 표현하기, 동극하기, 주인공 되어 보기, 동시로 표현하기, 즉흥연주 등 다양한 활동을 해 볼 수 있다(이숭미, 2011).

④ 통합적인 접근을 활용한 음악 감상활동

통합적인 접근을 활용한 감상활동은 음악영역에서의 통합과 표현영역에서의 통합으로 볼 수 있다. 음악 영역에서의 통합은 음악 감상 곡을 중심으로 소리탐색, 노래 부르기, 악기 연주, 음악 만들기 등이 통합되는 활동이며, 표현영역에서의 통합은 음악 감상 곡을 중심으로 음악활동, 미술활동, 신체표현활동 등이 통합되는 활동이다. 예를 들어 생상스의 동물의 사육제 중 '사자왕의 행진'을 감상한 후 감상곡에서 사자의 울음소리를 표현한 피아노 악기 소리를 탐색하고, 주제선율에 노랫말을 만들어 노래 부르기를 하고 사자의 걸음걸이와 울음소리를 악기로 연주하는 활동을 함으로 음악영역에서 통합이 이루어질 수 있다. 그리고 생상스의 동물의 사육제 '수족관'을 감상한 후 음악의 느낌을 선으로 표현하고, 음악에 맞춰 물고기가 헤엄치는 모습을 신체로 표현하는 활동을 하면서 표현영역에서 통합이 되도록 진행할 수 있다.

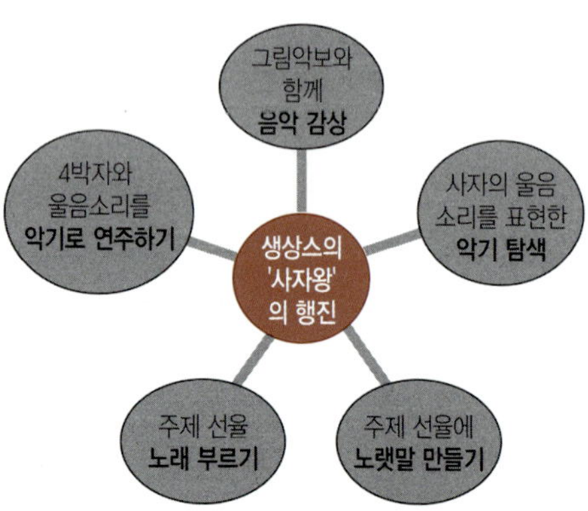


[그림 8-1] 음악 영역에서의 통합망의 예

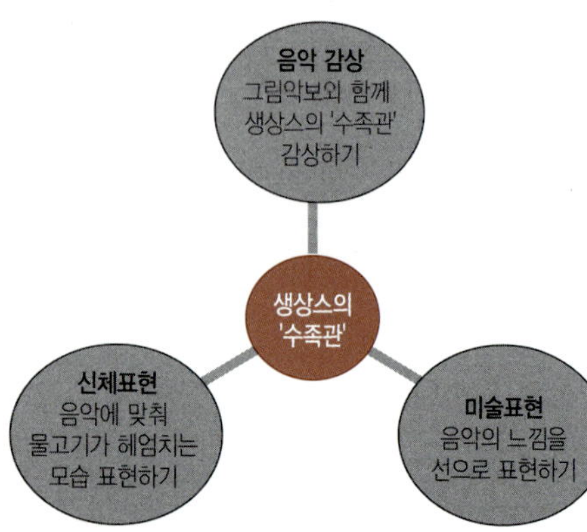


[그림 8-2] 표현 영역에서의 통합망의 예

⑤ 영상매체를 활용한 음악 감상활동

영상매체를 활용한 음악 감상이란 영상을 교육적 매체로 사용하는 것이다. TV,

DVD, 영화, 슬라이드, 사진, OHP, 컴퓨터 프로그램 등을 감상활동에 활용하여 교수내용을 전달함으로써 유아들의 음악 학습활동을 효과적으로 유도하는 교육방법이다.

전문 연주가들의 연주 장면, 주변에서 보기 힘든 악기, 다른 나라의 민속 춤, 목소리를 내는 성대 관찰 등 실제로 보기 힘든 것들을 영상 매체를 적절하게 활용할 수 있다. 이는 유아들의 경험을 좀 더 풍부하게 해주며 흥미를 유발시킬 수 있으며 대그룹의 감상활동에서도 효율적으로 사용할 수 있다.

### (2) 음악 감상곡 선정

감상활동을 위해 곡 선정은 교사의 음악 선호도에 달라질 수 있다. 그러나 좋은 감상활동이란 음악이 듣는 것에만 끝나는 것이 아니라 유아가 음악 감상 후 즐거움을 느끼며 자발적으로 다시 음악적으로 표현을 하게 하는 것이다. 좋은 음악 감상 수업을 위한 곡을 선택하기 위해서는 다음 몇 가지를 고려한다.

- 다양한 장르의 곡을 선택한다. 성악곡, 기악곡, 독주곡, 협주곡, 합주곡, 민속음악, 전통음악, 묘사음악, 절대음악 등 다양한 음악을 선정한다. 또한 같은 곡이라도 다양한 방법으로 연주된 곡(림스키 코르사코프의 '왕벌의 비행'은 원래 관현악곡으로 작곡되었지만 피아노, 트럼펫, 기타 등의 독주곡으로도 많이 편곡되어 연주된다)을 선정한다. 다양한 장르와 다양한 방법으로 연주된 곡들은 유아들에게 다양한 음악적인 경험을 하게 해준다.
- 음악적인 개념(음색, 셈여림, 빠르기, 리듬, 선율, 조직, 형식)이 확실히 드러난 곡들을 선택한다. 음악적인 개념이 확실히 드러난 곡들은 유아기에 발달해야 할 음악적인 능력을 향상시켜 줄 수 있다.
- 유아들이 흥미를 느끼고 상상할 수 있는 곡들을 선택한다. 이러한 곡들은 유아들이 감상 후 쉽고 재미있게 음악적으로 다시 표현을 할 수 있도록 도와준다.

아래는 이러한 감상곡 선정을 기준으로 음악 개념과 생활주제에 따라 분류를 한 것이다.

### ① 음악 개념에 따른 음악 감상곡

**〈표 8-2〉** 음악 개념에 따른 음악 감상곡

| 음악 개념 | 감상곡 | 활동방법 |
|---|---|---|
| 음색 | 동물의 사육제 중 '숲속의 뻐꾸기'(생상스 곡) | 클라리넷으로 뻐꾸기를 표현한 부분에서 뻐꾸기 흉내 내기 |
| | 알함브라 궁전의 추억(타레가 곡) | 기타 음색을 느끼며 기타 연주 흉내 내기 |
| | 일트로바토레 '대장간의 합창' (베르디 곡) | 여성과 남성의 목소리 구별하기 |
| | 타이프라이터(앤더슨 곡) | 타이프 소리에 맞춰 타이핑 치는 흉내 내면서 벨소리 찾기 |
| | 피터와 늑대(프로코피에프 곡) | 등장인물들을 대표하는 악기 소리 구분하기 |
| 셈여림 | 놀람 교향곡(하이든 곡) | 조용한 부분에서 걷다가 큰소리 나오면 점핑하기 |
| | 천둥 번개 폴카 (요한 스트라우스 2세 곡) | 셈여림의 변화 느끼면서 천둥과 번개를 표현한 부분 찾기 |
| | 페르귄트 조곡 중 '산속 마왕의 동굴에서'(그리그 곡) | 낙하산을 음악과 함께 점점 세고 큰 폭으로 흔들기 |
| 빠르기 | 어린이의 정경 중 숨바꼭질(슈만 곡) | 빠른 음악에 맞춰 숨바꼭질하기 |
| | 왕벌의 비행(림스키코르사코프 곡) | 빠른 음악에 맞춰 벌을 표현하기 |
| | 전람회의 그림 중 '계란껍질을 붙인 병아리의 춤'(무소르그스키 곡) | 빠른 음악에 맞춰 병아리가 되어 춤추기 |
| | 전람회의 그림 중 '소마차' (무소르그스키 곡) | 느린 음악에 맞춰 마차 끌며 걸어 보기 |
| 리듬 | 군대 행진곡(슈베르트 곡) | 2박에 맞춰 걸어 보기 |
| | 미뉴에트(바흐 곡) | 3박에 맞춰 춤추기 |
| | 위풍당당 행진곡(엘가 곡) | 규칙적인 박 느끼며 행진하기 |
| | 호두까기 인형 중 '행진곡' (차이코프스키 곡) | 규칙적인 박에 맞춰 행진하기 |
| | 호프만의 이야기 중 '뱃노래'(오펜바흐 곡) | 빠른 6/8박자를 2박으로 표현하며 스윙하기 |

| | | |
|---|---|---|
| 선율 | 동물의 사육제 중 '백조'(생상스 곡) | 올라가는 선율 찾기 |
| | 동물의 사육제 중 '사자왕의 행진'(생상스 곡) | 사자의 울음소리를 표현한 부분 찾아서<br>선율의 흐름을 손으로 나타내기 |
| | 동물의 사육제 중 '피아니스트'(생상스 곡) | 선율의 흐름 느끼며 피아노 연주 흉내 내기 |
| | 동물의 사육제 중 '캥거루'(생상스 곡) | 올라가는 소리 느끼며 캥거루처럼 점핑하기 |
| | 사운드 오브 뮤직 중 '도레미 송' | 선율의 흐름 느끼기 |
| 조직 | 무반주곡 첼로 모음곡 no.1 1악장(J.S 바흐 곡) | 독주악기로 연주되는<br>첼로 연주 흉내 내기(단성) |
| | 사랑의 인사(엘가 곡) | 피아노 반주 위에서 연주되는 바이올린 소리<br>들으면서 바이올린 연주 흉내 내기(화성) |
| | 캐논(파헬벨 곡) | 반복되는 주제 선율 찾기(다성) |
| 형식 | 작은 별 변주곡(모차르트 곡) | 반복되는 선율 찾기 |
| | 유모레스크(드보르작 곡) | 3부 형식 느끼기 |

② 생활주제에 따른 음악 감상곡

〈표 8-3〉 누리 과정 생활주제에 따른 음악 감상곡

| 생활 주제 | 감상곡 | 활동방법 |
|---|---|---|
| 유치원과 친구 | 어린이 정경 중 '숨바꼭질'(슈만 곡) | 음악에 맞춰 숨바꼭질 놀이하기(빠른 음악) |
| | 어린이의 놀이 중 '행진곡'(비제 곡) | 음악에 맞춰 행진하기 |
| 나와 가족 | 결혼 행진곡(바그너 곡) | 신랑, 신부가 되어 행진해 보기 |
| | 사랑의 인사(엘가 곡) | 프레이즈에 맞춰 친구들과 인사하기 |
| | 즐거운 농부(슈만 곡) | 일마치고 집으로 돌아가는 농부가 되어<br>걸어 보기 |
| | 한 여름 밤의 꿈 중<br>'결혼 행진곡'(멘델스존 곡) | 음악에 맞춰 행진하기 |
| 우리 동네 | 나팔수의 휴일(앤더슨 곡) | 트럼펫 연주 흉내 내기<br>음악의 느낌을 그림으로 표현하기(스타카토) |
| | 돌리의 정원(포레 곡) | 피아노 연주 흉내 내기 |
| | 세비야의 이발사 중<br>'나는 이 거리의 제일가는 이발사'(로시니 곡) | 영상을 통해 오페라 감상 후<br>노래에 맞춰 이발사 역할해 보기 |
| | 휘파람 부는 사람과 개(프라이어 곡) | 음악에 맞춰 산책하듯이 걷다가<br>마지막 부분 개 짖는 부분 찾아보기 |

| | | |
|---|---|---|
| 동식물과 자연 | 고양이 왈츠(앤더슨 곡) | 고양이 울음을 표현한 부분 찾기 |
| | 꽃 노래(랑게) | ABA형식 알기 |
| | 동물의 사육제 중 '캥거루'(생상스 곡) | 음악에 맞춰 캥거루처럼 점핑하기(스타카토) |
| | 동물의 사육제 중 '수족관'(생상스 곡) | 스카프로 물고기 표현하기(부드러운 음악) |
| | 송어(슈베르트 곡) | 보자기에 공을 넣고<br>송어가 뛰어노는 모습 표현하기 |
| | 빗방울 전주곡(쇼팽 곡) | 손끝으로 빗방울 소리 리듬 쳐 보기 |
| | 아기 코끼리의 걸음마(만치니 곡) | 아기 코끼리처럼 걸어 보기 |
| | 피터와 늑대(프로코피에프 곡) | 등장인물들의 악기소리 구별하기 |
| | 황제 술탄의 이야기 중<br>'왕벌의 비행'(림스키코르사코프 곡) | 벌이 되어 움직이기(빠른 음악) |
| 건강과 안전 | 놀람 교향곡(하이든 곡) | 조용히 걷다가 큰 소리에서 점핑하기 |
| | 유모레스크(드보르작 곡) | 긴 소리, 짧은 소리 리듬 구별하기 |
| | 타이스 중 '명상곡'(마스네 곡) | 바이올린 연주 흉내 내기(조용한 음악) |
| 생활 도구 | 젓가락 행진곡(륄리 곡) | 빠른 6/8박자에서 2박을 표현하기 |
| | 타이프라이터(앤더슨 곡) | 타이프 치는 모습 흉내 내기(벨 소리 찾기) |
| | 하리 야노스 조곡 중<br>'빈의 음악 시계'(코다이 곡) | 주제 선율 들으며 시계추 표현하기 |
| 환경과 생활 | 백조의 호수(차이코프스키 곡) | 부드러운 선율에 맞춰 발레해 보기 |
| | 아름답고 푸른 도나우강<br>(요한 스트라우스 2세 곡) | 3박 느끼며 왈츠 추기 |
| | '작은 별' 주제에 의한 변주곡(모차르트 곡) | A–B–A 형식 찾기 |
| | 피아노 소나타 14번 '월광' 1악장(베토벤 곡) | 음악의 느낌을 선으로 표현하기(조용한 음악) |
| 교통기관 | 코펜하겐의 증기 기차–갤롭(룸뷔에 곡) | 기차놀이 하며 종소리 찾기 |
| | 크시코스의 우편마차(네케 곡) | 마차가 되어 달리기 |
| | 호프만의 이야기 중 '뱃노래'(오펜바흐 곡) | 6/8박자 느끼며 스윙하기 |
| 우리나라 | 사물놀이(신창렬 곡) | 북, 장구, 징, 꽹과리 소리 찾기 |
| | 가야금 산조 숲 중' 비'(황병기 곡) | 빗방울이 되어 신체표현하기 |
| | 별달거리 | 휘모리 장단에 맞춰 신체표현하기 |
| 세계 여러나라 | 터어키 행진곡(베토벤 곡) | 규칙적인 박에 맞춰 행진하기 |
| | 페르시아 시장에서(케텔비 곡) | 음악 듣고 시장에 관한 이야기 만들기 |
| | 호두까기 인형 중<br>'러시아의 춤'(차이코프스키 곡) | 빠른 2박에 맞춰<br>러시아 농민처럼 춤추기 |

| 봄, 여름, 가을, 겨울 | 봄의 소리 왈츠(요한 스트라우스 2세 곡) | 3박자를 느끼며 왈츠 추기 |
|---|---|---|
| | 사계 중 '가을'(비발디 곡) | 지휘해 보기 |
| | 어린이의 세계 중<br>'눈송이가 춤추고 있다'(드뷔시 곡) | 흩날리는 눈송이 표현하기 |
| | 왈츠, 스케이트 타는 사람들(발트토이펠 곡) | 음악에 맞춰 스케이트 타듯이 미끄러지기 |

## 3) 교사의 역할

교사는 유아들이 음악을 감상할 때 아름다움을 느끼며 다시 음악적으로 표현할 수 있도록 도와야 한다. 이를 위한 교사의 역할을 소개하면 다음과 같다.

- 다양한 장르의 곡을 선택하되 유아의 흥미와 발달단계를 고려한다. 이야기가 있는 곡, 어떤 사물을 묘사한 음악이나 절대음악 등 여러 종류의 음악을 선정하지만 유아의 흥미와 발달단계, 그리고 내적 욕구에 맞는 곡을 선정해야 한다. 유아의 집중을 고려해서 길이가 너무 길지 않고, 재미있는 이야기가 있으며, 사물이나 동물의 모습을 상상할 수 있고, 음악적인 개념이 확실히 드러난 곡을 선택한다.
- 감상활동을 통해 음악 개념을 탐색하고 발견하고 이를 통해 미적인 경험을 느낄 수 있게 한다. 교사 스스로가 음색, 셈여림, 빠르기, 리듬, 선율, 조직 등의 음악개념에 관심을 가지고 음악을 감상해야 하며, 유아들에게는 음악의 박에 맞춰 걷기, 박자에 맞춰 지휘하기, 빠르기 · 셈여림 · 선율의 흐름 등을 신체로 표현하거나 놀이와 게임으로 다양한 경험을 하게 함으로써 음악 감상 후 다시 음악적인 표현을 통해 즐거움과 음악적인 감각을 키워 줄 수 있다. 배경음악으로만 감상하는 간접 감상활동이 아닌 활동적인 직접 음악 감상으로 감상활동을 지도할 수 있다.
- 통합적으로 지도한다. 음악 감상이 노래 부르기, 악기 연주하기, 음악 만들기 등의 다른 음악 영역과 통합적으로 이루어져야 한다. 음악 감상 후 주제 선율을 노래로 부르거나 악기로 연주할 수 있으며 주제선율에 가사를 만들어 붙일 수 있다. 또한 미술활동과 신체활동의 표현영역과 통합을 할 수 있다. 음악의 느낌을 그림으로 그리거나 신체로 표현하고 음악에 맞춰 공을 굴리거나 리본막대나 스카프 등의 소도구를 이용하여 표현해 볼 수 있다. 이렇게 음악 감상이 통합적으로 이루어진다

- 모든 종류의 음악에 개방적이어서 다양한 음악을 듣고 즐긴다.
- 빠른 음악과 느린 음악을 구별해서 표현할 수 있다.
- 감상한 음악의 느낌을 언어로 표현하기는 힘들다.

(5) 4세~5세

- 음악을 듣고 자신의 느낌을 언어로 표현할 수 있다.
- 음악을 듣고 극화하는데 많은 흥미를 보인다.
- 감상곡의 주제선율을 기억할 수 있다.
- 단순한 노래보다는 노랫말에 내용이 있는 곡을 더 좋아한다.
- 화음을 인지할 수 있다.

## 2) 듣기의 발달단계

E. Willems는 유아의 음악 듣기 발달단계를 듣기 감각, 듣기 감정, 듣기 지력의 3단계로 세분화하였고, 진정한 의미의 듣기는 이 세 분야가 조화를 이루며 작용할 때 이루어진다고 하였다(박명숙, 2000).

### (1) 듣기 감각단계(1단계)

이 단계는 소리에 대해 수동적으로 반응하는 단계로서 감각적인 특성을 갖는다. 유전학적으로 볼 때 첫 번째 발달단계에 해당하므로 유아에게 자연스럽게 발달한다. 나이가 어릴수록 더 잘 습득되나 계속 감각에만 의존하면 듣기가 낮은 수준에만 머물 수 있다. 음악적인 감각을 발달시킬 수 있는 음의 강약, 음의 고저, 음색에 대한 감각 발달 학습 등이 있다.

### (2) 듣기 감정단계(2단계)

이 단계는 소리에 대해 능동적으로 반응하는 단계로, 즐거운 소리와 불쾌한 소리에 대해서 감정적으로 반응할 수 있다. 유아의 듣기 감정이란 음악활동을 위해 주의 깊게 듣는 것을 의미한다. 듣기 감정은 선율 학습을 통해 발달이 가능하며, 학습내용은 선율을 기억하고 상상하기, 협화음과 불협화음 구별하기, 두음을 비교하기, 음계 알기, 반음 온음 알기 등이 있다.

교사는 유아의 감성을 이용하여 이 단계를 발달시킬 수 있다. 흥미와 집중을 통해 주의 깊게 듣도록 해주며, 노래 부르기를 할 때 유아가 기쁨, 고통, 희망, 사랑 등의 감정을 느끼고 노래를 부를 수 있도록 한다.

### (3) 듣기 지력단계(3단계)

이 단계는 음악의 구조와 형식을 구체적으로 이해함으로써 음악을 체계적이고 조직적으로 즐기는 단계이다. 듣기 지력은 음악적 표기나 문자 학습을 통해 형성되고 발달하며, 학습내용은 음악 기억하기, 내청하기, 상상하기, 계명 읽기, 화음 알기 등이 있다.

교사는 유아의 듣기지력 형성을 위해서 유아에게 듣기 경험을 많이 할 수 있는 기회를 제공하여야 하며, 듣기 경험을 통해 음악을 인식할 수 있도록 안내하여야 한다.

## 3 음악요소에 기초한 음악 감상 실제

### 1) 음색: 프로코피에프의 '피터와 늑대'

**음악요소 및 개념** : 음색–악기의 유형

**활동목표** : 1. 여러 가지 악기 소리를 탐색한다.

2. '피터와 늑대' 음악에 나오는 여러 가지 악기소리를 구분하고 연주 방법을 안다.

**활동자료** : 여러 가지 악기 그림(플룻, 바순, 오보에, 클라리넷, 호른, 팀파니)과 악기 소리 음원, '피터와 늑대(프로코피에프 곡)' 음원, '피터와 늑대' 등장인물 그림, '피터와 늑대' 등장인물과 악기 연결 활동지, 다양한 악기로 연주된 '호박벌의 비행(림스키코르사코프)' 음원

**사전 개념 활동**

(1) 악기 소리탐색

① 악기에 대해서 이야기를 나눈다.

"좋아하는 악기가 있니?"
"집에 어떤 악기가 있니?"
"연주할 수 있는 악기가 있니?"

② '피터와 늑대'에 나오는 악기 소리를 듣고 어떤 악기 소리인지 알아본다.

"이 소리는 어떤 악기 소리일까?"

③ '피터와 늑대'에 나오는 악기의 그림 또는 실물을 보여 주면서 악기의 모양, 소리, 연주법 등에 대해서 이야기를 나눈다.

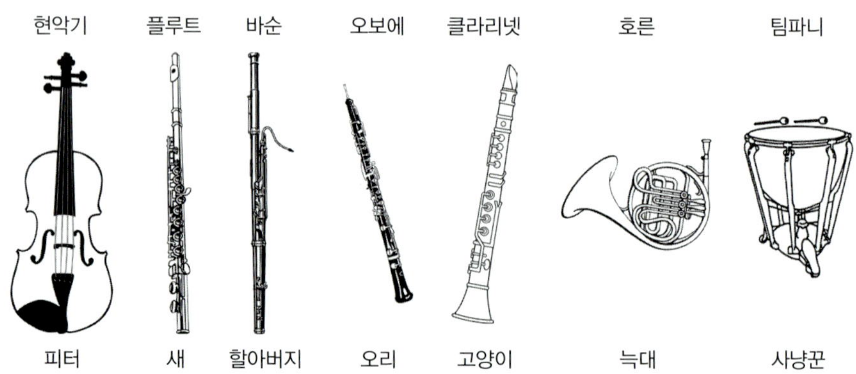


**[그림 8-3]** '피터와 늑대'에 나오는 악기와 등장인물

## 감상활동

(1) 동기 유발

① 프로코피에프의 '피터와 늑대' 이야기를 들려준다.

**피터와 늑대**

어느 이른 아침, 피터는 문을 열고 넓고 푸른 풀밭으로 나갔어요. 커다란 나무 위에 앉아 있던 새가 피에게 아침 인사를 하네요. 그때 오리가 뒤뚱거리며 걸어왔어요. 작은 새는 오리를 보고 놀렸어요. "너는 왜 날지도 못하니?" 그러자 오리는 "너는 왜 수영도 못하니?"라고 화가 나서 말하고는 연못 속으로 풍덩 뛰어들었어요.
새와 오리가 다투는 동안 풀밭 사이로 고양이 한 마리가 살금살금 새에게로 다가왔어요. "조심해!" 피터가 소리치자 새는 재빨리 나무 위로 올라갔어요. 오리는 연못 속에서 꽥꽥거리고, 고양이는 나무 주위를 빙빙 돌고 있네요.
그때 화가 잔뜩 난 할아버지가 나왔어요. "이 곳은 위험한 곳이야. 늑대가 나타나면 어떻게 하려고 그러느냐?" 할아버지는 피터를 야단치시고는 집으로 데려가셨어요.
피터가 집에 들어가자마자 숲에서 늑대 한 마리가 나타났어요. 그리고는 눈 깜짝할 사이에 오리를 꿀꺽 삼켜버렸습니다.
그러는 동안 피터는 조금도 무서워하지 않고 닫힌 문 뒤에서 이 모든 일들을 지켜보았어요. 그리고 집 안에서 단단한 밧줄을 갖고 와 높은 돌담 위로 올라갔어요.
피터가 새에게 말했어요. "날아가서 늑대 머리 위를 빙빙 돌아." 새가 늑대 머리에 날개가 닿을 정도로 날아다니며 약을 올리며 피터가 있는 곳으로 데려왔어요. 피터는 올가미를 만들어 조심스럽게 내려뜨려서 늑대 꼬리를 집어넣고 힘을 다해 끌어당겼어요.
그때 숲에서 사냥꾼들이 나왔어요. 늑대의 발자국을 따라 총을 '탕탕' 쏘며 뒤따라오고 있었어요. "쏘지 마세요. 우리가 늑대를 잡았어요. 이제 늑대를 동물원으로 데려가도록 도와주세요."
사냥꾼은 늑대를 동물원으로 데려갔고 늑대를 잡은 피터는 어깨를 으쓱으쓱 하면서 할아버지 새와 함께 당당한 승리의 행진을 하였답니다.
잠깐! 귀를 기울여 보세요. 늑대 뱃속에서 오리가 꽥꽥거리는 소리를 들을 수 있어요. 늑대가 너무 서둘러서 오리를 산채로 삼켜버렸거든요.

② 동화에 대해 이야기를 나눈다.

"주인공 이름은 뭐였지?"
"등장인물을 말해 볼까?"
"피터가 늑대를 어떻게 물리쳤지?"

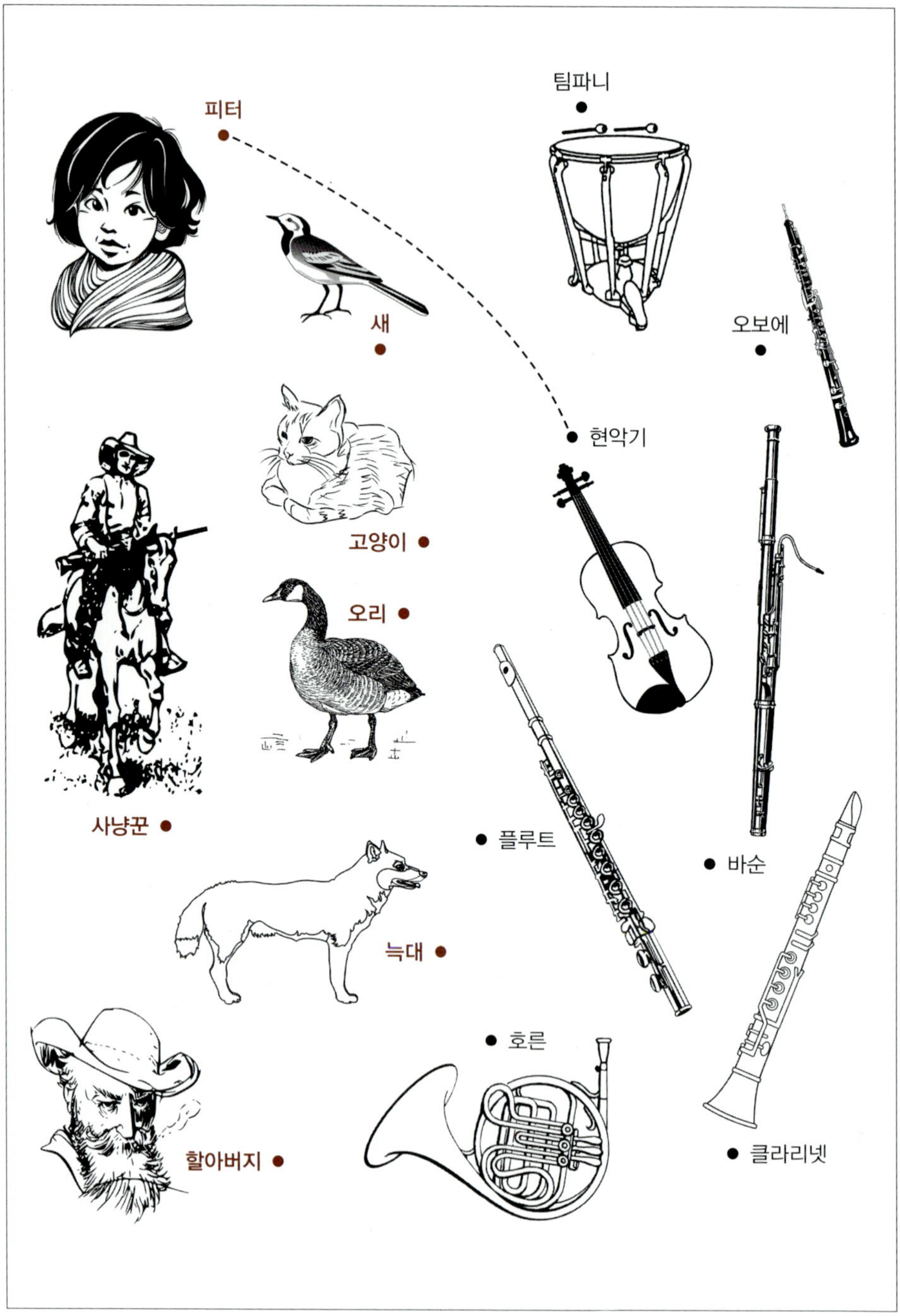


**[그림 8-4]** 피터와 늑대의 등장인물과 악기 연결 활동지의 예

(2) 감상하기

① 피터와 늑대가 이야기와 음악이 같이 있는 음악동화라고 얘기를 해주고 해설과 음악이 같이 녹음된 것으로 들려준다.

② '피터와 늑대' 등장인물 그림을 나누어 주고 음악을 들으면서 특정한 동물이나 인물들이 등장할 때 등장인물 그림을 들게 한다. 익숙해지면 해설 없이 주제선율만 듣고 등장인물 그림을 들 수 있도록 한다.

③ 등장인물의 역할을 맡아서 음악에 맞춰 인물들을 신체표현한다.

(3) 감상에 개념 적용하기

① 해설 없이 음악만 녹음된 피터와 늑대를 들어 본다.

② 등장인물에 해당하는 주제 선율에 대해 이야기를 나눈다.

③ 등장인물을 나타내는 악기에 대해서 이야기를 나눈다.

④ 등장인물을 나타내는 주제 선율을 듣고 어떤 악기가 연주되었는지 알아맞힌다.

⑤ 등장인물과 악기를 연결하는 활동지를 해본다.

(4) 마무리

① 활동에 대해 이야기를 나눈다.

"오늘 무슨 활동을 했었지?"
"힘들었던(재미있었던)점은 뭐니?"
"어떻게 하면 더 재미있게 할 수 있을까?"

② 활동목표를 평가한다.

"어떤 악기가 고양이가 살금살금 기어가는 것을 표현했지?"
"사냥꾼의 총소리는 어떤 악기와 비슷하니?"

### 다른 활동에 개념 적용하기

(1) 림스키코르사코프의 '호박벌의 비행'

① 다양한 악기로 연주된 '호박벌의 비행'을 들려준다(피아노, 트럼펫, 바이올린 등).

"이 음악은 어떤 악기로 연주되었니?"

② 다양한 악기 그림을 바닥에 붙인다.

③ 유아들은 음악에서 연주되는 악기 소리와 같은 악기 그림이 있는 곳으로 가서 호박벌이 날아다니는 것을 신체로 표현한다.

〈유아놀이지원〉

유아들과 악기소리 탐색을 할 때에는 2개 이상의 악기소리를 비교하면서 탐색하면 좋다. 악기소리를 비교할 때에는 같은 악기군이 아닌 다른 악기군에서 1개씩 선택한다(건반악기, 현악기, 관악기, 타악기 중에서 1개씩 선택). 바닥에 악기그림을 깔아놓고 악기소리를 듣고 악기그림을 찾아서 악기를 연주하는 흉내를 내거나 악기소리를 듣고 악기그림을 낚시하는 활동을 해본다.

## 2) 셈여림: 하이든의 '놀람 교향곡'

**음악요소 및 개념** : 셈여림–큰 소리와 작은 소리

**활동목표** : 1. 큰 소리와 작은 소리의 개념을 안다.
2. 음악에서 큰소리 나는 부분을 찾고 신체로 표현할 수 있다.
3. 크게 불러야 할 부분과 작게 불러야 할 부분을 구별하여 노래를 부를 수 있다.

**활동자료** : 큰 소리 작은 소리 개념 카드(호랑이와 고양이, 징과 트라이앵글, 성인과 아이, 트럭과 자전거), 여러 가지 리듬악기, '천둥과 번개 폴카(요한 스트라우스 2세 곡)' 음원

**사전 개념 활동**

(1) 큰 소리와 작은 소리 개념 알기

① 호랑이와 고양이, 천둥번개와 비, 징과 트라이앵글, 성인과 아이, 트럭과 자전거 그림을 소리와 함께 들려주면서 이야기를 나눈다.

"호랑이 소리와 고양이 울음소리는 뭐가 다르지?"
"천둥 치는 소리를 들어 본 적이 있니?"

② 큰 소리가 날 때는 몸집을 크게, 작은 소리가 날 때는 모집을 작게 해서 신체로 표현해 본다.

## 감상활동

(1) 동기 유발

① '놀람 교향곡' 이야기를 해준다.

"하이든 작곡가는 본인이 작곡한 곡을 사람들이 졸면서 듣는 것을 아주 싫어했어. 그래서 연주회장에서 졸고 있는 사람들을 깜짝 놀라게 하려고 음악이 조용히 연주되는 중간에 아주 큰소리를 넣어서 작곡을 했어. 그래서 이 곡은 놀람이라는 별명을 얻었단다."

(2) 감상하기

① 음악을 듣고 갑자기 큰소리가 나는 부분을 찾는다.

② 그림악보와 함께 음악을 감상한다.

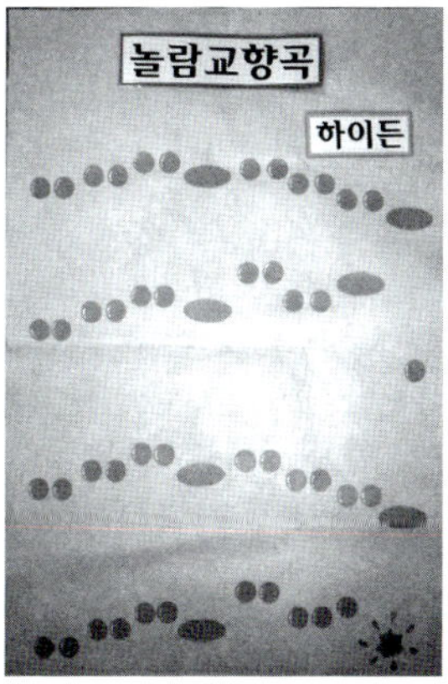


[그림 8-5] 하이든의 '놀람 교향곡' 그림악보

(3) 감상에 개념 적용하기

① 음악에 맞춰 걷다가 큰소리가 나면 점핑한다. (처음에는 음악이 조용히 나오므로 작은 보폭으로 살금살금 걸을 수 있도록 이끌어 준다.)

(4) 마무리

① 활동에 대해 이야기를 나눈다.

"오늘 무슨 활동을 했었지?"
"힘들었던(재미있었던) 점은 뭐니?"

"어떻게 하면 더 재미있게 할 수 있을까?"

② 활동목표를 평가한다.

"주변에서 큰 소리가 나는 것을 찾아볼까?"

### 다른 활동에 개념 적용하기

(1) 요한 스트라우스 2세의 '천둥과 번개 폴카' 신체로 표현하기

① 음악을 듣고 천둥과 번개가 치는 부분을 찾아본다.

② 천둥과 번개가 치는 소리를 음악에서 어떻게 표현했는지 이야기 나눈다.

- 큰북: 천둥이 세게 치는 것을 표현
- 작은북: 천둥이 쳤다가 사라지는 것을 표현
- 심벌즈: 번개가 치는 것을 표현

③ 천둥과 번개 치는 부분을 신체로 표현을 한다.

**〈유아놀이지원〉**

음악의 요소 '셈여림'의 개념 중에서 '큰소리-작은소리'는 서로 대조되는 개념으로 같이 짝을 지어 활동하면 좋다. 자연의 소리, 사물의 소리, 신체의 소리, 악기의 소리 등에서 큰소리와 작은소리를 함께 찾으면서 탐색할 수 있도록 한다.

## 3) 빠르기: 그리그의 〈페르귄트 조곡〉 중 '산속 마왕의 동굴에서'

**음악요소 및 개념** : 셈여림-점점 세게
빠르기-점점 빠르게

**활동목표** : 1. 점점 세게와 점점 여리게를 이해한다.
2. 점점 빠르게와 점점 느리게를 이해한다.
3. 음악에서 커지는 부분을 찾아서 신체로 표현할 수 있다.

**활동자료** : 자동차, 기차, 비행기 소리 음원, 페르귄트 조곡 중 '산속 마왕의 전당에서(그리그 곡)' 음원과 그림악보, 공, 낙하산, 헝가리 무곡(브람스 곡) 음원, 스카프

## 사전 개념 활동

(1) 점점 커지는 소리와 점점 작아지는 소리탐색 및 신체표현하기

① 자동차, 기차, 비행기 등이 지나가는 소리 등을 들려주고 이야기를 나눈다.

"기차(자동차, 비행기) 소리가 어떻게 들렸니?"

② 자동차, 기차, 비행기 등을 소리와 함께 신체로 표현한다.

(2) 점점 빠르게와 점점 느리게 신체표현하기

① 자동차, 기차 등을 탔을 때 속력에 대해서 이야기를 나눈다.

"기차는 빨리 달리는데 처음부터 빨리 달릴 수 있을까?"
"기차가 역을 떠날 때는 어떻게 출발하지?"
"자동차가 빨간 신호등을 보고 멈출 때는 속력을 어떻게 할까?"

② 자동차, 기차, 비행기 등을 출발부터 시작해서 멈춤까지 신체로 표현한다.

## 감상활동

(1) 동기 유발

① 페르귄트 조곡 '산속 마왕의 동굴'에서 이야기를 해준다.

"옛날에 일찍 아버지가 돌아가셔서 어머니와 단둘이 살던 페르가 있었어. 페르는 공상과 모험을 좋아했지. 어느 날 페르는 어머니와 연인 솔베이지를 고향에 남겨둔 채 혼자 여행을 떠나. 페르는 마왕의 딸을 좋아해서 위험에 빠지기도 하고 금광을 발견해서 큰돈을 벌기도하지. 하지만 빈털터리가 되어 고향으로 돌아오지. 어느덧 페르는 병든 노인이 되었는데 고향에는 평생 그를 기다려온 솔베이지가 있었지. 페르는 솔베이지의 품에 안겨 죽음을 맞이한단다. 오늘 감상하는 곡은 페르가 산속에서 마왕을 만나 도망치는 장면을 나타낸 곡이야. 도깨비가 쫓아와서 점점 빨리 달리지. 결국 해가 떠서 도깨비들이 도망을 간단다."

(2) 감상하기

① 그림악보와 함께 음악을 감상한다. (이 곡은 주제가 18번 반복하면서 음악이 점점 커지면서 빨라진다. 9번째 주제부터 음악이 점점 빨라지기 시작하며, 13번째 주제 부분에서는 곡의 빠르기가 Presto가 된다.)

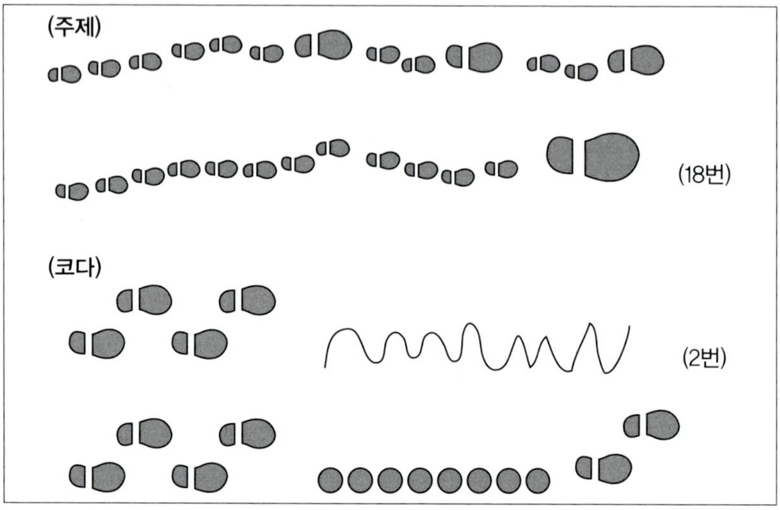


[그림 8-6] 페르귄트 중 '산속 마왕의 동굴에서' 주제 그림악보

페르귄트 중 '산속 마왕의 동굴에서' 주제 선율

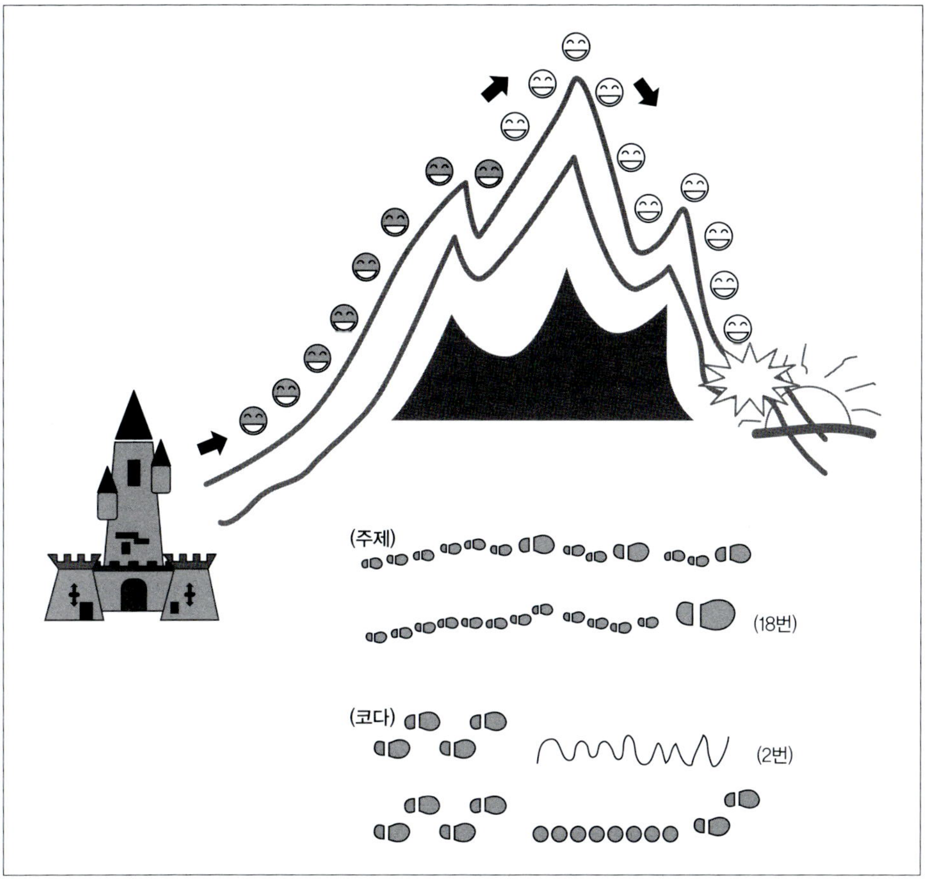


[그림 8-7] 페르귄트 중 '산속 마왕의 동굴에서' 그림악보

출처: 이옥주, 정수진, 윤지영 만듦.

(3) 감상에 개념 적용하기

① 걷기를 통해 점점 세게와 점점 빠르게를 익힌다.

– 음악이 작고 천천히 연주될 때에는 발끝으로 천천히 걷고, 크고 빠르게 연주될 때에는 큰 동작으로 빠르게 걸을 수 있도록 격려한다.

② 공 전달하기를 통해 점점 세게와 점점 빠르게 익힌다.

– 프레이즈가 끝날 때마다 공을 옆 사람에게 전달한다. 음악이 작고 천천히 연주될 때에는 작은 동작으로 천천히, 크고 빠르게 연주될 때에는 큰동작으로 빠르게 공을 전달할 수 있도록 격려한다.

③ 낙하산 흔들기 통해 점점 세게와 점점 빠르게를 익힌다.

– 박에 맞춰 낙하산을 흔들다가 프레이즈가 끝날 때마다 낙하산을 위로 들어

올린다. 음악이 작고 천천히 연주될 때에는 낮고 천천히 흔들고, 크고 빠르게 연주될 때에는 높고 빠르게 흔들 수 있도록 격려한다.

(4) 마무리

① 활동에 대해 이야기를 나눈다.

"오늘 무슨 활동을 했었지?"
"힘들었던(재미있었던)점은 뭐니?"
"어떻게 하면 더 재미있게 할 수 있을까?"

② 활동목표를 평가한다.

"기차가 출발할 때 빠르기의 변화는 어떻게 되지? 소리로 내볼까?"

### 다른 활동에 개념 적용하기

(1) 브람스의 '헝가리 무곡'에 맞춰 스카프 흔들기

① 브람스의 '헝가리 무곡'에 맞춰 스카프를 흔든다.

② 음악이 점점 빨라지고 느려지는 부분에서 스카프 흔드는 속도를 조절할 수 있도록 한다.

**〈유아놀이지원〉**

음악의 요소 '빠르기'의 개념 중에서 '빠르게-느리게'도 셈여림의 '큰소리-작은소리'처럼 대조되는 개념이다. 대조되는 개념은 같이 짝을 이루면서 탐색할 수 있도록 한다. 곡에 맞춰 신체표현을 할 때에도 빠른곡-느린곡-빠른곡-느린곡 등으로 교대로 곡을 선택하여 표현할 수 있도록 한다.

## 4) 리듬: 바흐의 관현악 모음곡 2번 중 '미뉴에트'

**음악요소 및 개념** : 리듬-3박자

**활동목표** : 1. 3박자의 개념을 안다.
2. 3박자에 맞춰 신체를 두드릴 수 있다.
3. 3박자에 맞춰 공을 전달할 수 있다.
4. 바흐의 '미뉴에트'에 맞춰 3박자 춤곡을 신체로 표현할 수 있다.

**활동자료** : 동물 그림 프린트물과 동물그림 스티커, 공, 우드블록(교사용), 관현악 모음곡 2번 중 '미뉴에트(바흐 곡)' 음원, Filippo Baratti의 '미뉴에트' 그림, 발자국 모양

**사전 개념 활동**

(1) 3박자 개념 알기

① 같은 동물이 여러 마리 그려진 프린트물을 준비하고 3마리씩 묶게 한다.

② 동물그림 스티커를 준비하고, 마디를 만든 후 한 마디에 3마리씩의 동물을 붙이게 한다.

③ 한 마디에 3마리씩 넣은 동물을 읽는다. 교사는 박에 맞춰 읽을 수 있도록 손뼉을 쳐준다.

**[그림 8-8]** 3마리씩 묶은 동물 그림 활동지의 예

**[그림 8-9]** 각 마디에 붙인 동물 그림 스티커의 예

(2) 3박자 고정박 및 3박자 강박 익히기

① 무릎, 손뼉, 어깨, 머리 등 신체를 두드리면서 3박자의 고정박을 익힌다. 교사

는 유아들이 신체를 두드릴 때 3박자를 느낄 수 있도록 첫 박에 악센트를 주면서 찬트를 해준다.

| 3/4 | ♩ | ♩ | ♩ | ♩ | ♩ | ♩ | ♩ | ♩ | ♩ | ♩ | ♩ | ♩ |
|---|---|---|---|---|---|---|---|---|---|---|---|---|
| 신체 | 무릎<br>손뼉<br>어깨<br>머리 | 무릎<br>손뼉<br>어깨<br>머리 | 무릎<br>손뼉<br>어깨<br>머리 | 무릎<br>손뼉<br>어깨<br>머리 | 무릎<br>손뼉<br>어깨<br>머리 | 무릎<br>손뼉<br>어깨<br>머리 | 무릎<br>손뼉<br>어깨<br>머리 | 무릎<br>손뼉<br>어깨<br>머리 | 무릎<br>손뼉<br>어깨<br>머리 | 무릎<br>손뼉<br>어깨<br>머리 | 무릎<br>손뼉<br>어깨<br>머리 | 무릎<br>손뼉<br>어깨<br>머리 |
| 찬트 | 하나 | 둘 | 셋 | 하나 | 둘 | 셋 | 하나 | 둘 | 셋 | 하나 | 둘 | 셋 |

② 익숙해지면 한 마디마다 신체를 바꾸어서 두드린다.

| 3/4 | ♩ | ♩ | ♩ | ♩ | ♩ | ♩ | ♩ | ♩ | ♩ | ♩ | ♩ | ♩ |
|---|---|---|---|---|---|---|---|---|---|---|---|---|
| 신체 | 무릎 | 무릎 | 무릎 | 손뼉 | 손뼉 | 손뼉 | 어깨 | 어깨 | 어깨 | 머리 | 머리 | 머리 |
| 찬트 | 하나 | 둘 | 셋 | 하나 | 둘 | 셋 | 하나 | 둘 | 셋 | 하나 | 둘 | 셋 |

③ 3박자의 첫 박에 다른 신체를 두드린다.

| 3/4 | ♩ | ♩ | ♩ | ♩ | ♩ | ♩ | ♩ | ♩ | ♩ | ♩ | ♩ | ♩ |
|---|---|---|---|---|---|---|---|---|---|---|---|---|
| 신체 | 무릎<br>무릎 | 손뼉<br>손뼉 | 손뼉<br>손뼉 | 무릎<br>어깨 | 손뼉<br>손뼉 | 손뼉<br>손뼉 | 무릎<br>가슴 | 손뼉<br>손뼉 | 손뼉<br>손뼉 | 무릎<br>머리 | 손뼉<br>손뼉 | 손뼉<br>손뼉 |
| 찬트 | 하나 | 둘 | 셋 | 하나 | 둘 | 셋 | 하나 | 둘 | 셋 | 하나 | 둘 | 셋 |

④ 3박자에 맞춰 공을 옆 사람에게 전달한다.

## 감상활동

(1) 동기 유발

① Filippo Baratti(1849~1936)의 '미뉴에트' 그림을 보고 이야기를 나눈다.

"사람들이 무엇을 하고 있니?"
"사람들 옷차림은 어떠니?"
"어떤 악기가 보이지?"

② 유아들에게 그림의 제목과 함께 미뉴에트의 뜻에 대해 알려주고 오늘 감상곡

이 '바흐의 미뉴에트'임을 얘기해 준다.

"이 그림은 오스트리아의 화가 필리포 바라티가 그린 미뉴에트란 그림이야. 미뉴에트란 옛날(17~18세기)에 유럽에서 유행하던 춤과 춤을 출 때 연주하는 음악을 말해. 프랑스에서 처음 시작했으며 3박자에 맞춰 남녀가 함께 조금씩 움직이면서 춤을 춘단다. 궁정에서 많이 미뉴에트를 추었대. 이 그림은 궁정에서 남녀들이 미뉴에트를 추는 모습을 그린 그림이야. 오늘 우리는 바흐가 작곡한 미뉴에트를 감상하도록 하자."

**[그림 8-10]** Filippo Baratti(1849~1936)의 '미뉴에트'

(2) 감상하기

① 미뉴에트를 추는 사람들의 그림과 함께 바흐의 관현악 모음곡 2번 중 '미뉴에트'를 감상한다.

- 유아들은 3박자마다 고개나 몸을 좌우로 흔들거나 3박자 지휘를 하면서 음악을 감상한다.
- Filippo Baratti의 '미뉴에트'를 보면서 미뉴에트를 추는 사람들을 상상하면서 감상해도 좋고, 미뉴에트를 추는 다른 그림 자료를 함께 이용해도 좋다.

***미뉴에트를 추는 그림의 예**

〈Carnival Scene(The Minuet)〉 Giovanni Domenico Tiepolo(1727~1804, 이탈리아)
〈The Minuet〉 Jacques Sebastien Le Clerc(1734~1785, 프랑스)
〈The Minuet detail〉 Frederick Hendrik Kaemmerer(1839~1902, 독일)

(3) 감상에 개념 적용하기

① 바흐의 관현악 모음곡 2번 중 '미뉴에트' 음악에 맞춰 3박자마다 걷는다(3박자마다 1걸음).

② 3박자에 맞춰 걷기에 익숙해지면 1박자에 한걸음씩 걸어 보면서 프레이즈가 바뀔 때마다(6박자) 걸음의 방향을 바꿀 수 있도록 한다.

③ 걷기 이외에 다른 동작을 넣어서 박자에 맞춰 신체표현을 할 수 있다.

㉮ 오른쪽으로 걷기–6박자/왼쪽으로 걷기–6박자
친구와 오른손 잡고 돌기–6박자/친구와 왼손 잡고 돌기–6박자

(4) 마무리

① 활동에 대해 이야기를 나눈다.

"오늘 무슨 활동을 했었지?"
"힘들었던(재미있었던)점은 뭐니?"
"어떻게 하면 더 재미있게 할 수 있을까?"

② 활동목표를 평가한다.

"누가 나와서 3박자에 맞춰 걸어 볼까?"
"누가 3박자에 맞춰 춤을 잘 추었지?"

## 다른 활동에 개념 적용하기

(1) 생상스의 〈동물의 사육제〉 중 '코끼리'에 맞추어 걷기

① 생상스의 〈동물의 사육제〉 중 '코끼리'를 들으면서 몸을 좌우로 흔든다.

② 교사는 발자국 모양을 유아들의 보폭에 맞추어 바닥에 원형으로 배열한다.

③ 유아들은 생상스의 〈동물의 사육제〉 중 '코끼리'를 맞춰 3박자마다 발자국을 따라 걷는다.

④ 걷기에 익숙해지면 공을 3박자마다 옆 사람에게 전달한다.

**〈유아놀이지원〉**

음악의 요소 '리듬'의 개념 중 '고정박'은 리듬의 요소 안에서 가장 기본이 되는 개념이다. 다양한 음악을 감상하면서 고정박을 몸으로 느끼는 것이 중요하다. 교사는 4박자, 2박자, 3박자, 6박자의 다양한 곡을 선택하고 유아들이 음악을 감상하면서 손뼉치기, 발구르기, 무릎치기, 좌우로 몸흔들기 등 신체로 고정박을 느낄 수 있도록 한다.

## 5) 선율: 생상스의 〈동물의 사육제〉 중 '백조'

**음악요소 및 개념** : 가락–선율의 방향

**활동목표** : 1. 선율의 방향을 이해한다.
2. 음악을 들으면서 선율의 방향을 찾을 수 있다.

**활동자료** : 사람들이 올라가고 내려오는 그림이 있는 그림카드, 스텝 벨, 동대문(윤극영 곡) 노래 음원, 동대문 그림악보, 백조 그림, 생상스의 동물의 사육제 '백조' 그림악보

**사전 개념 활동**

(1) 선율의 방향 알기

① 교사는 사람들이 올라가고 내려오는 그림이 있는 카드를 준비하고 이야기를 나눈다.

"그림 속의 사람들이 뭘 하고 있지?"

**[그림 8-11]** 올라가는 그림과 내려오는 그림의 예

② 선율도 올라가는 소리와 내려가는 소리가 있다는 것을 알려준다.

③ 스텝벨을 이용해 올라가는 음들과 내려가는 음들을 연주해 준다. 올라가는 음들을 연주할 때는 유아들은 손을 들어 같이 올라가고 음이 내려가면 손을 같이 내린다.

④ 종이에 올라가는 음들과 내려오는 음들을 선으로 그려본다.

(2) 노래 속에서 선율의 방향 찾기

① '동대문' 노래를 음원을 이용해서 들어 본다.

② 그림악보를 보면서 노랫말을 읽어 본다.

③ 단음으로 불러 본 후 반주에 맞춰 노랫말로 끝까지 불러본다.

④ 그림악보를 보면서 올라가는 음들과 내려오는 음들이 있는 부분을 찾는다.

⑤ 둘씩 손을 마주잡고 올라가는 부분과 내려오는 부분에서 손을 같이 올리고 내리면서 신체로 표현해 본다.

[그림 8-12] '동대문' 그림악보의 예

출처: 안재신 · 이옥주 · 정수진(2005). p. 121.

## 감상활동

(1) 동기 유발

① 생상스와 생상스가 동물의 사육제를 작곡하게 된 배경에 대해서 이야기를 해 준다.

"생상스는 프랑스 작곡가야. 생상스가 연주여행을 할 때였어. 생상스는 긴 여행에 지친 나머지, 친구가 살고 있는 오스트리아의 크리딤이라는 시골에 잠시 머물면서 쉬고 있었지. 그때 마침 이 마을에서는 사육제가 열리고 있었어. 사육제는 천주교를 믿는 나라에서 3일 동안 열리는 축제야. 생상스의 친구이며 첼리스트인 르브크는 생상스에게 사육제의 음악회를 위해서 멋진 음악을 만들어 달라고 부탁을 했지. 생상스는 친구의 부탁을 받고 14개의 음악으로 이루어진 재미있는 음악 '동물의 사육제'를 작곡했어. '동물의 사육제'는 동물들의 재미있는 모습을 14개의 음악으로 만든 거야. 여러 종류의 동물들이 나와서 자기가 최고라고 뽐내지."

출처: 김정희(2000). 음악으로 그린 그림. 서울: 한국방송출판.

② 백조가 물 위에서 헤엄치는 그림을 보여 주면서 '백조'를 감상한다고 말한다.

"오늘 우리가 감상할 곡은 동물의 사육제 중 13번째 곡인 '백조'야. 새하얀 털옷을 입은 우아한 백조가 맑은 호수 위에서 미끄러지듯 우아하게 헤엄치는 모습을 음악으로 표현한 곡이야. 특히 이곡은 첼리스트인 친구를 위해 작곡한 곡으로 첼로로 연주가 돼."

(2) 감상하기

① 생상스의 '백조'를 그림악보와 함께 음악 감상을 한다.

② 음악을 들으며 백조가 물위를 헤엄치는 것을 신체로 표현한다.

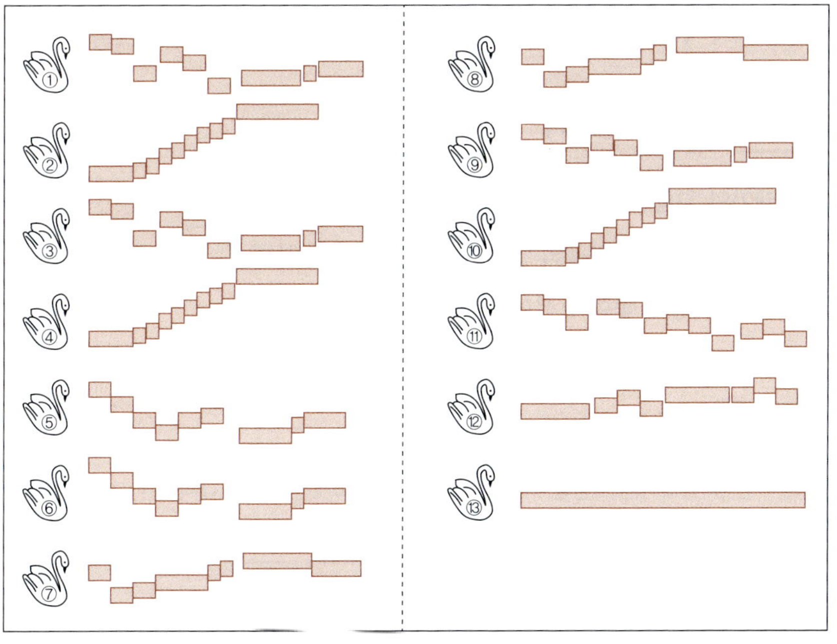


[그림 8-13] '백조' 그림악보의 예

Canon

J. Pachelbel

(4) 마무리

① 활동에 대해 이야기를 나눈다.

"오늘 무슨 활동을 했었지?"
"힘들었던(재미있었던) 점은 뭐니?"
"어떻게 하면 더 재미있게 할 수 있을까?"

② 활동목표를 평가한다.

"우리 돌림노래로 인사해 보자."

### 다른 활동에 개념 적용하기

(1) '아유 슬리핑'을 통해 카논 익히기

① '아유 슬리핑'을 동작과 함께 부른다.

② 1모둠이 먼저 노래를 부르고 2모둠은 2마디 경과한 후 시작한다. 교사가 시작 지점을 알려준다.

③ 동작과 함께 돌림노래를 부른다.

◈ Are you sleeping 동작의 예

| 노랫말 | 동작 |
|---|---|
| Are you sleepIng,<br>are you sleeping? | 왼팔 쓸어서 내리기(2번),<br>오른팔 쓸어서 내리기(2번) |
| Brother John,<br>brother John? | 무릎치기+무릎치기+손뼉치기+손가락 튕기기<br>무릎치기+무릎치기+손뼉치기+손가락 튕기기 |
| Morning bells are ringing,<br>Morning bells are ringing, | 짝짝짝(왼쪽에서) +짝짝짝(오른쪽에서)<br>짝짝짝(왼쪽에서) +짝짝짝(오른쪽에서) |
| Ding, ding, dong,<br>Ding, ding, dong! | 왼발 구르기+오른발 구르기+손뼉치기<br>왼발 구르기+오른발 구르기+손뼉치기 |

〈유아놀이지원〉

카논의 형식을 잘 이해하고 쉽고 재미있게 할 수 있는 활동은 따라쟁이 활동이다. 유아들이 많이 알고 있는 '나처럼 해봐요' 노래에 맞춰 먼저 교사의 행동을 따라하고 익숙해지면 교사가 연주하는 리듬을 따라할 수 있도록 한다.

## 7) 형식: 모차르트의 '작은 별' 주제에 의한 변주곡

**음악요소 및 개념** : 형식–ABA(대조와 반복)

**활동목표** : 1. 음악에서 반복되는 부분과 대조되는 부분을 찾을 수 있다.
2. 음악에서 반복되는 부분과 대조되는 부분을 이해하며 신체표현을 한다.
3. 음악에서 반복되는 부분과 대조되는 부분을 이해하며 악기 연주를 한다.

**활동자료** : '작은 별' 동요(프랑스 민요) 음원, '작은 별' 동요(프랑스 민요) 그림악보, '작은 별' 주제에 의한 변주곡 7번(모차르트 곡) 음원과 그림악보, 여러 가지 리듬악기, '허수아비 아저씨' 동요 악보

## 사전 개념 활동

(1) 반복되는 선율과 대조되는 선율 찾기

① '작은 별' 노래를 그림 악보를 보면서 불러 본다.

② 노래가 어떻게 반복되었는지 살펴보고 이야기를 나눈다.

"노래의 첫째 줄이 다시 나오는 부분이 어디니?"
"둘째 줄은 첫째 줄과 선율이 같을까?"

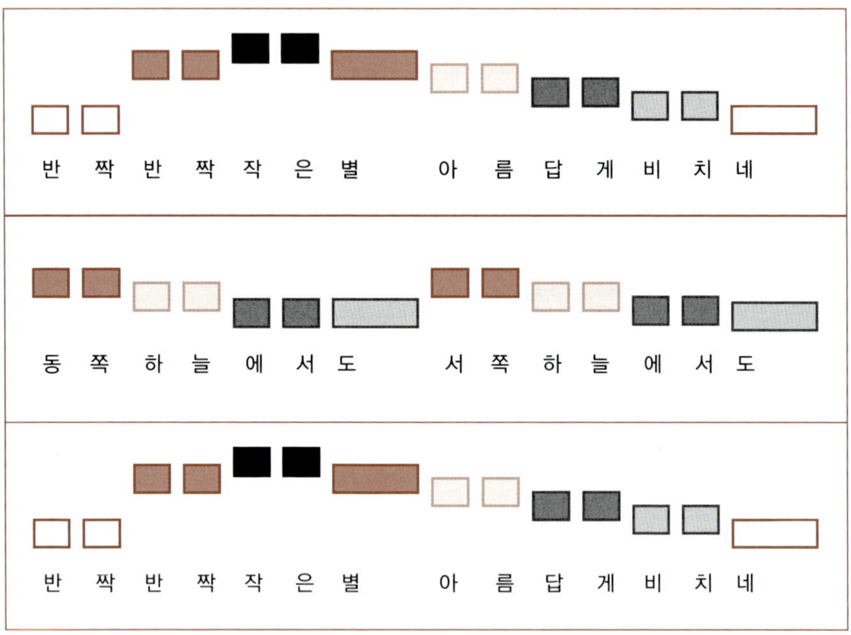


[그림 8-15] '작은 별' 그림 악보의 예

## 감상활동

(1) 동기 유발

① 모차르트의 '작은 별 주제에 의한 변주곡' 이 작곡된 배경에 대해서 이야기를 해준다.

"우리가 잘 알고 있는 '반짝 반짝 작은 별' 노래 있지? 원래 그 노래는 프랑스 민요인 '아, 어머니께 말씀드리죠'야. 모차르트가 프랑스를 여행하던 중에 그 선율을 듣고 그 선율을 주제로 하는 음악을 만들었단다. 그리고 영국 사람들은 이 선율에 영국 동시인 '작은 별'을 붙였단다. 그래서 지금의 '반짝반짝 작은 별'이라는 노래가 되고, 전 세계 어린이들에게 불리고 있지. 그리고 지금 우리가 감상하는 곡도 '작은 별 주제에 의한 변주곡'이라는 별명이 붙었단다."

(2) 감상하기

① 모차르트의 '작은 별 주제에 의한 변주곡' 중 제 7변주곡을 그림악보와 함께 감상한다.

② 유아들은 그림악보를 보면서 1부분과 같은 곳과 다른 곳을 찾는다.

"음악의 첫째 줄이 다시 나오는 부분이 어디니?"
"1번과 2번 음악은 어떻게 들렸니?"
"1번 그림과 3번 그림은 왜 같을까?"

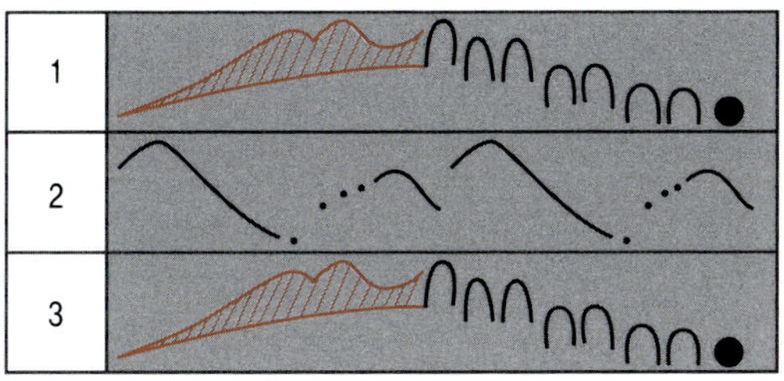


[그림 8-16] 모차르트의 '작은 별 주제에 의한 변주곡' 중 제 7변주곡의 그림악보

출처: 안재신 외(2001). p. 430.

(3) 감상에 개념 적용하기

① 음악에 맞추어 신체표현을 한다. 이때 교사는 음악이 반복되는 부분에서는 같은 신체표현을 할 수 있도록 격려한다.

◈ 신체표현의 예

| 1(A) | 2(B) | 3(A) |
|---|---|---|
| 손으로 리듬치기 | 발로 리듬치기 | 1(A)부분과 같은 표현을 한다. |
| 앞으로 걷기 | 뒤로 걷기 | |
| 일어서서 표현 | 앉아서 표현 | |

② 두 모둠으로 나눠서 악기 연주를 한다. 한 모둠은 A부분(1과 3)을 연주하고 다른 모둠은 B부분(2)을 연주한다. 이때 모둠이 대조되는 악기를 사용하면 좋다.

◈ 악기연주의 예

| 순서 | 1 | 2 | 3 |
|---|---|---|---|
| 곡 형식 | A | B | A |
| 모둠 | 1모둠 연주 | 2모둠 연주 | 1모둠 연주 |
| 악기 | 나무종류 악기 (우드블록, 캐스터네츠, 마라카스 등 | 금속종류 악기 (탬버린, 트라이앵글 등) | 나무종류 악기 (우드블록, 캐스터네츠, 마라카스 등 |

(4) 마무리

① 활동에 대해 이야기를 나눈다.

"오늘 무슨 활동을 했었지?"
"힘들었던(재미있었던) 점은 뭐니?"
"어떻게 하면 더 재미있게 할 수 있을까?"

② 활동목표를 평가한다.

"선생님이 노래로 인사할게. 같은(다른) 선율로 대답해줘."

## 다른 활동에 개념 적용하기

(1) '허수아비 아저씨' 노래 형식 알기

① '허수아비 아저씨' 노래를 부른다.

② 노래를 부르면서 반복되는 부분과 대조되는 부분을 알아본다.

③ 노래를 부르면서 A와 B부분을 다른 신체활동으로 표현한다.

④ 음악을 들으면서 악기 연주를 한다. 이때 대조되는 부분을 각각 다른 악기로 연주한다.

## 허수아비 아저씨

김규환 작사, 작곡

**〈유아놀이지원〉**

A–B–A의 형식의 노래를 부를 때에는 2모둠으로 나눠서 부르면 좋다. 1모둠은 A부분의 노래를 부르고 악기연주를 하고, 2모둠은 B부분의 노래를 부르고 악기연주를 한다. 악기연주를 할 때에는 서로 다른 악기를 사용한다.

### 1) 음악 만들기의 중요성

다양한 소리를 만들고 즉흥적인 노래와 리듬과 선율을 만드는 유아들의 음악 만들기는 단순해 보이지만 음악의 여러 요소 및 개념들이 들어 있다. 독특한 소리의 차이를 아는 음색, 긴 소리와 짧은 소리가 있는 리듬, 높은 음과 낮은 음이 있는 선율 등 유아들은 음악의 요소와 개념들을 사용하면서 음악 만들기를 한다. 이러한 음악요소 및 개념들은 유아 스스로의 경험을 통해서 얻을 수 있으며, 유아들은 음악 만들기를 하면서 음악의 여러 요소들을 이해하며 사용하며 서로 연관 짓고 응용을 한다.

또한 자신만의 독창적인 아이디어를 이끌어 내고 표현하는 유아들의 음악 만들기는 창의성과 많은 연관이 있다. 창의성이란 새로운 관계를 지각하거나 비범한 아이디어를 산출하거나 또는 전통적 사고 유형에서 벗어나 새로운 유형으로 사고하는 능력을 말한다. 이러한 창의성은 자유로운 생각과 다양성을 발휘하도록 하는 음악 만들기를 통해서 계발될 수 있다.

그리고 유아들은 자신의 느낌과 생각을 자발적으로 표현하고 자발적으로 이루어지는 음악 만들기를 통해 음악교육의 목적인 심미적인 체험을 하게 한다. 유아들 스스로 다양한 소리를 탐색하고 만들어내며 여러 음악경험을 통하여 음악의 아름다움을 느끼며 음악을 좋아하고 음악을 통해 즐거움을 느끼게 될 것이다.

이렇게 유아교육에서 음악 만들기 활동은 음악 창작의 과정으로 모든 음악적 표현의 요소 즉, 듣기, 신체표현, 노래하기, 악기연주하기 등에서 음악의 여러 요소들을 사용하며 독특한 생각과 다양성을 발휘하게 해주고 음악의 즐거움을 느끼게 해주며 이는 유아의 음악적 성장과 발달에 가장 중요한 경험이 될 수 있다.

### 2) 음악 만들기 내용

유아들과 음악 만들기 활동을 할 때에는 소리 만들기, 리듬 만들기, 선율 만들기로 나누어서 활동할 수 있다. 먼저 소리 만들기 활동은 소리 나는 물체를 탐색하고 소리를 모방하고 소리를 이용해 즉흥연주를 할 수 있다. 리듬 만들기 활동은 언어를 이용해 찬트를 하거나 신체동작을 이용해 교사의 리듬을 모방하거나 새롭게 만들 수 있으며, 리듬

악기를 가지고 간단한 리듬을 만들어 볼 수도 있다. 마지막으로 선율 만들기 활동은 2음이나 3음을 이용해 말노래를 할 수 있으며 간단한 대화를 노래로 만들어 묻고 대답하면서 선율을 만들고, 배운 노래의 일부분을 바꾸는 활동을 할 수 있다.

### (1) 소리 만들기

우리 주변은 다양한 소리들로 이루어져 있다. 사람들이 말하는 소리, 자동차가 지나가는 소리, 동물들이 짖는 소리, 비가 오는 소리 등 많은 소리들이 있으며 유아들은 생활 속에서 항상 소리를 들으며 만들어 낸다. 유아들에게 있어 소리 만들기는 주변에서 만질 수 있는 물체를 사용하는 것부터 시작된다.

유아들은 물체를 탐색하고 다루면서 소리를 듣는다. 들린 소리를 입으로 소리를 내거나 신체 또는 악기를 이용해서 다시 표현을 한다. 여러 번의 반복과 시도를 통해서 모방을 하거나 새롭게 표현을 한다. 소리의 차이를 구별하며 분류하는 단계를 거치면서 기존의 경험들과 연결, 조직화 하며 음악을 만든다. 소리 만들기는 유아들에게 친숙하고 주변에서 경험될 수 있는 소리를 탐색하면서 연결될 수 있다.

### (2) 리듬 만들기

리듬이란 음악적 소리들이 시간적인 흐름 안에서 연속적으로 진행할 때 생기는 구성을 말하며, 많은 음악교육학자들이 리듬의 중요성을 강조하였다. Dalcroze는 음악을 구성하는 가장 근본적인 요소는 리듬이라고 했으며, 리듬 학습을 통해 음악을 배운다고 하여 음악의 리듬을 움직임으로 표현하는 '유리드믹스' 교수법을 만들었다. Kodály는 음악의 여러 요소 중 리듬지도를 가장 먼저 시작해야 한다고 했으며, Orff 또한 음악의 원천적인 요소는 리듬이라고 했다.

리듬 만들기는 언어와 신체 동작을 통해서 발달할 수 있으며, 자세히 살펴보면 다음과 같다.

① 언어를 통한 리듬 만들기

평소에 유아들이 많이 쓰는 단어나 말에서 리듬 만들기를 시작할 수 있으며, 점차 문장이나 동시로 확대할 수 있다.

◈ **단어를 이용한 리듬 만들기의 예**

② 신체동작을 통한 리듬 만들기

손뼉치기, 무릎치기, 발 구르기 등의 동작으로 리듬 만들기를 할 수 있으며, 처음에는 교사의 리듬을 모방하는 것부터 시작되며 점차 자신의 새로운 리듬 만들기로 진행할 수 있다.

◈ **교사의 리듬 모방하기의 예**

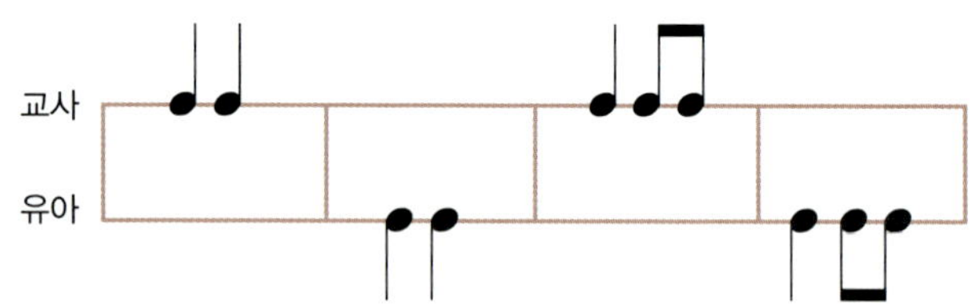


◈ **새로운 리듬 만들기의 예**

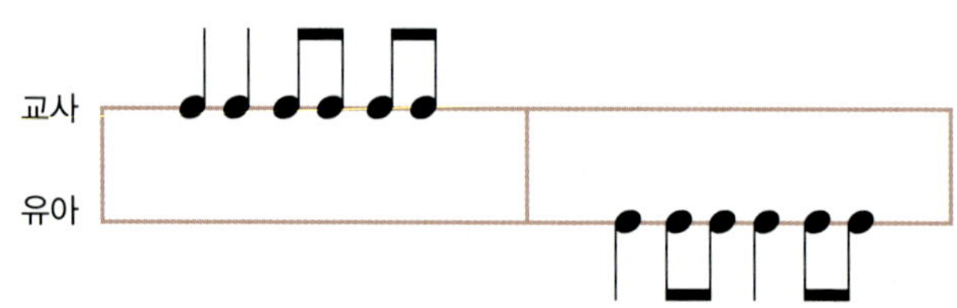

### (3) 선율 만들기

선율 만들기를 할 때는 처음에는 솔－미 2음을 이용한 단3도로 시작한다. 2음으로 선율 만들기가 익숙해지면 솔－미－라의 3음으로 선율 만들기하고, 다음에 레와 도를 넣어서 선율 만들기를 한다.

① 2음과 3음을 이용한 선율 만들기

유아들이 소리를 내기 가장 쉬운 선율이 솔－미의 단3도 선율이다. 이 음정은 엄마가 아이를 부를 때(name－call) 많이 나타나는 음정이며 찬트나 게임 노래에서 자주 쓰인다. 3음을 이용해 선율 만들기를 할 때에는 솔－미 음정에 ‘라’음을 넣는다.

◈ 2음을 이용한 선율 만들기의 예

◈ 3음을 이용한 선율 만들기의 예

### ② 새 노래 지도 후 선율 바꾸기

새 노래 지도 후에 선율 바꾸기를 할 수 있다. 처음에는 1마디의 선율만 바꿀 수 있도록 지도를 하고 점차 여러 마디의 선율을 바꿀 수 있도록 한다.

◈ 기존 동요의 2마디를 바꿔서 선율 만들기를 한 예

**봄비**

김성균 작사
김성균 작곡

9, 11마디의 선율이 바뀐 예

## 3) 교사의 역할

교사는 유아들이 자유롭게 스스로 음악 만들기를 할 수 있도록 해야 한다. 이를 위한 교사의 역할을 소개하면 다음과 같다.

- 교사는 유아들에게 다양한 음악 만들기의 기회를 제공해 주어야 한다. 수업하기 쉬운 소리를 탐색하는 활동에만 그치지 않고 소리탐색을 통해 소리 만들기로 연결을 해야 한다. 또한 챈트를 이용해 리듬 있게 말하거나 2음이나 3음으로 자주 대화를 한다. 그리고 악기로 다양하게 표현을 할 수 있도록 기회를 제공해 준다.
- 교사는 음악 만들기 활동이 자연스럽게 일어날 수 있는 음악적 환경을 만들어 준다. 독립적인 음률영역에 악기를 배치하고 유아들이 쉽게 사용하기 좋은 허용적인 분위기로 학급을 운영한다. 또한 다양한 소리를 경험할 수 있도록 다양한 재질로 만든 악기를 준비하고 준비된 자료를 활용할 수 있는 시간을 제공해 주어야 한다.
- 교사는 유아들이 음악 만들기를 시도했을 때 유아들의 생각을 존중하고 격려해 주며 유아 개개인의 다양성을 인정해 준다. 음악의 결과물보다는 만드는 과정에 더 관심을 보이며 다양한 질문을 함으로써 창의적으로 음악적인 표현을 할 수 있도록 이끌어 준다.
- 교사는 유아들이 창작한 작품을 교사 또는 또래와 공유하며 수정하고 평가하는 과정을 교육과정 속에서 경험하도록 지도한다. 그리고 다른 사람들 앞에서 공연을 하며, 왜 이런 작품을 만들게 되었는지 자신의 의도를 발표하는 기회를 제공하도록 한다.

이와 같이 음악 만들기 활동에서 교사는 유아들에게 다양한 음악 만들기의 기회를 제공하고, 음악적 환경을 만들어 주며 유아들의 생각을 존중해주고 격려해 준다. 유아들은 다양한 음악적 경험을 통해 음악적 개념을 이해하며 자신의 생각과 느낌을 창의적으로 만들어 보고, 또한 자신의 창의적인 아이디어를 다른 또래와 공유하며 타인의 비평을 받아들이면서 수정해 보는 과정을 통해 음악을 즐기면서 음악 만들기 활동을 경험하게 될 것이다.

# 2 음악 만들기와 유아발달

유아들은 주변의 소리, 동물들의 소리를 흉내 내거나 물체나 악기를 두드리면서 소리를 만들어 낸다. 유아들은 스스로 소리를 만들어 내는 것을 좋아하며 즐기고, 또한 다른 사람들에게 인정을 받으면서 성취감과 자신감을 가지게 된다.

유아들에게 있어 음악 만들기는 음표와 정확한 리듬으로 작곡을 하는 활동만을 의미하는 것은 아니다. 놀이를 하면서 즉흥적으로 노래를 만들어 부르거나, 악기를 자신의 방식대로 연주하거나, 목소리나 악기로 자신의 감정을 표현하고 음을 통해서 다른 사람에게 전달하는 활동이다. 유아는 어린 연령부터 음악을 듣고 느낌 표현하기를 통해서 음악 만들기 활동이 이루어질 수 있고, 놀이나 이야기 활동을 통해 소리, 리듬, 선율 만들기 활동이 가능해진다.

연령에 따른 유아의 음악 만들기 발달과 관련된 특징을 정리하면 다음과 같다(김혜경, 2013; 안재신, 2004; 장은희 외, 2013).

## 1) 0~1세

- 2~4개월에는 옹알이를 하며 소리 내기를 즐긴다.
- 4~6개월에 소리에 강한 관심을 나타내기 시작한다.
- 6~9개월에는 옹알이의 억양이 분명해지면서 소리를 반복하기 시작한다.
- 9~12개월에는 많은 소리를 모방하며 소리와 음악에 관심을 갖는다.
- 주변의 소리와 음악에 자신만의 움직임으로 감정을 표현한다.

### 2) 1~2세

- 리듬과 높낮이를 이용한 옹알이를 하기 시작한다.
- 무의미한 음절을 사용하며 소리를 만든다.
- 단순한 선율 악기나 목소리를 사용하여 선율을 즉흥적으로 만든다.
- 물체를 두드리면서 소리를 만드는 데 집중을 한다.
- 소리 만들기 환경에 따라 소리를 만들면서 즐긴다.

### 3) 2~3세

- 사물이나 간단한 리듬 악기로 소리를 만들어 낸다.
- 음악에 맞추어 리듬을 표현할 수 있다.
- 2, 3음으로 간단한 선율 만들기를 할 수 있다.
- 반복되는 간단한 찬트와 리듬을 만들 수 있다.
- 실로폰과 같은 단순한 선율악기를 사용하여 곡조를 만들 수 있다.
- 주변에서 들었던 노래를 모방할 수 있다.
- 간단한 손유희가 가능하며 리듬에 맞춰 표현할 수 있다.

### 4) 3~4세

- 노래를 부르면서 자신만의 리듬을 만들 수 있다.
- 자신의 감정에 따라 선율을 흥얼거린다.
- 목소리나 악기를 사용하여 스스로 음악을 만드는 데 흥미를 보인다.
- 다른 사람의 도움 없이 짧은 노래를 지을 수 있다.
- 분위기에 맞춰 리듬 악기를 표현할 수 있다. (조용한 분위기에서는 작고 천천히, 흥분되고 급한 분위기에서는 세고 빠르게 연주할 수 있다.)
- 원곡의 빠르기나 음높이를 다르게 해서 노래를 부를 수 있다.

• 주변의 사물이나 리듬악기를 이용하여 리듬, 셈여림, 빠르기를 표현할 수 있다.

## 5) 4세

• 잘 알려진 노래와 비슷하게 자신의 노래를 만들어서 부를 수 있다.
• 간단한 선율을 만들어 부를 수 있다.
• 친숙한 곡에 노랫말을 만들어서 붙일 수 있다.
• 새로 알고 있는 노래들의 단편을 모아 새로운 노래를 구성할 수 있다.
• 소리를 큰소리부터 작은 소리까지 순서화할 수 있다.
• 연주곡을 듣고 일부분을 목소리로 표현할 수 있다.

## 6) 5세

• 창의적인 아이디어로 소리를 표현할 수 있다.
• 여러 가지 리듬악기로 다양한 리듬 패턴을 만들 수 있다.
• 자신이 만든 선율이나 리듬을 다른 사람에게 전달할 수 있다.
• 즉흥적으로 음악을 만들고 소리를 조직화할 수 있다.
• 다른 사람이 만든 음악을 듣고 평가할 수 있다.
• 또래 또는 교사의 이야기를 듣고 자신의 음악적 아이디어를 수정할 수 있다.

# 3 음악요소에 기초한 음악 만들기 실제

## 1) 음색: 야단법석 농장

**음악요소 및 개념** : 음색–악기의 유형

**활동목표** : 1. 여러 가지 악기 소리를 탐색한다.
2. 동시 내용에 맞게 악기를 연주할 수 있다.
3. 동화 내용에 맞게 음악동화를 만들 수 있다.

**활동자료** : 동시(봄비–정수진 지음), 여러 가지 리듬악기, 야단법석 농장(글/그림 데니스 플레밍, 한국 슈바이쳐), 비 오는 날은 정말 좋아(글 최은규, 그림 백희나, 삼성출판사)

**사전 개념 활동**

(1) 소리 나는 동시 만들기

① 준비한 동시를 읽어 주고, 시의 내용과 느낌에 대해서 이야기를 나눈다.

"이 시를 읽으니 어떤 느낌이 드니?"
"시에 어떤 것들이 등장했니?"

② 동시의 내용에 맞춰 악기를 연주하자고 제안하고, 시의 내용에 알맞은 악기가 무엇인지 이야기를 나눈다.

"비 오는 모습은 어떤 악기로 어떻게 표현하는 것이 좋을까?"
"새들이 소곤거리는 모습은 어떤 악기로 어떻게 표현하는 것이 좋을까?"

③ 유아들과 정한 악기를 나누어 준다.

④ 교사는 시를 읽고 유아들은 각 악기를 맡아서 연주한다.

⑤ 다양한 악기로 표현해 보고, 서로 악기를 바꾸어서 연주해 본다.

### ◈ '봄비' 소리 동시 만들기의 예

봄비

정수진

봄비가 내려요
살금살금 내려요
(마라카스,레인스틱 등으로 흔들기)

새들이 개구리에게
소곤소곤 얘기해요
(캐스터네츠, 우드블럭 연주하기)

'봄이 왔어, 봄이 왔어…'

땅속에서 개구리가
쏙 나왔어요
(드럼, 벨, 트라이앵글로 연주하기)

'와~봄이다'

## 음악 만들기 활동

(1) 동기 유발

① 〈야단법석 동물농장〉 동화를 들려주고 이야기를 나눈다.

"어떤 동물들이 등장했지?"
"동물들이 누구를 찾아다녔니?"

② 동화의 내용을 시간의 순서에 따라 정리해 본다.

(2) 음악 만들기

① 〈야단법석 동물농장〉의 대사를 리듬감 있게 찬트로 만들어 본다.

"동물들이 어떤 소리를 내며 울지?"
"계속 반복되는 말은 무엇이니?"
"마지막에 동물들이 누구를 찾았니?"

예 목/장의/얼룩/소 ♩♫♫♩　　앞마/당의/수탉/들 ♫♫♫♩

② 〈야단법석 동물농장〉 대사 중 노래로 만들 대사를 찾아서 선율로 만들어 본다.

예 동물들:

거위:

③ 유아들이 각자 만든 선율을 발표한다. 이야기 나누기를 통해 친구들 앞에서 공연할 때 부를 선율을 정한다.

(3) 음악 만들기에 개념 적용하기

① 동물들의 울음소리에 알맞은 악기를 찾아본다.

"소가 우는 소리를 어떤 악기로 연주하면 좋을까?"
"탬버린을 어떻게 연주하면 소가 우는 것처럼 들릴까?"

② '야단법석 농장'을 대사를 하는 유아와 악기로 연주하는 유아로 나눠서 연주를 한다.

◈ 〈야단법석 농장〉 음악동화 만들기의 예

| 찬트<br>(다 함께) | 악기 연주<br>(맡은 유아가 나와서 말과 함께 악기 연주) |
|---|---|
| 목/장의/얼룩/소/ | 음매~음매~<br>(탬버린의 북면 쓸기) |
| 앞마/당의/수탉/들/ | 꼬끼오~<br>(탬버린 흔들기) |

| 닭/장의/암탉/들/ | 꼬꼬댁 꼬꼬댁<br>(캐스터네츠 치기) |
|---|---|
| 진흙/탕의/돼지/들/ | 꿀꿀꿀꿀<br>(롤리팝 드럼 치기) |

그런데 거위는 어디에 있을까? (다 함께 노래 부르기)

| 마른/풀의/고양/이/ | 야옹~ 야옹~<br>(종이나 트라이앵글 치기) |
|---|---|
| 처마/밑의/비둘/기/ | 구구구구<br>(우드블록 연주) |
| 곡식/상자/쥐/들 | 찍찍찍찍<br>(에그 쉐이크 흔들기) |
| 우리/안의/공작/들/ | 끼이끼이<br>(귀로 긁기) |

그런데 거위는 어디에 있을까? (다 함께 노래 부르기)

| 목장/안의/당나/귀/ | 히잉히잉<br>(탬버린 흔들기) |
|---|---|
| 옥수수/밭의/까마/귀/ | 까악까악<br>(방울 흔들기) |
| 돌담/속/귀뚜/라미/ | 귀뚤귀뚤<br>(마라카스 흔들기) |
| 연못/속/개구/리/ | 개굴개굴<br>(귀로 긁기) |

도대체 거위는 어디에 있을까? (다 함께 노래 부르기)

음매음매/꼬끼오/꼬꼬댁/꿀꿀
야옹야옹/구–구–/찍찍/끼이끼이
히잉히잉/까악까악/귀뚤귀뚤/개굴개굴

거위: 저, 여기 있어요(선율)–노래를 부르며 등장

다함께: 어기에 있었네요.(노래 부르기)

③ 역할을 바꿔서 연주해 본다.

(4) 마무리

① 활동에 대해 이야기를 나눈다.

"오늘 무슨 활동을 했었지?"
"힘들었던(재미있었던) 점은 뭐니?"
"어떻게 하면 더 재미있게 할 수 있을까?"

② 활동목표를 평가한다.

"개구리가 우는 소리를 귀로로 긁었는데, 또 어떤 악기로 표현할 수 있을까?"
"동물의 소리 외에 어떤 소리를 악기로 표현해 볼까?"

## 다른 활동에 개념 적용하기

(1) 〈비오는 날은 정말 좋아〉 음악동화 만들기

① 〈비 오는 날은 정말 좋아〉 동화를 보면서 의성어와 의태어를 만든다.

"크고 두꺼운 바람을 소리로 어떻게 표현할까?"
"빗방울이 떨어지는 소리를 입으로 표현해 볼까?"

**[그림 9-1]** 〈비 오는 날은 좋아〉 의성어, 의태어 만들기의 예

② 유아들이 만든 의성어와 의태어에 알맞은 악기를 찾아본다.

"쌩쌩은 어떤 악기로 표현하면 좋을까?"
"어떤 악기로 표현하면 비가 똑똑똑 떨어지는 것처럼 들릴까?"

③ 역할을 정하고 교사는 동화를 읽고 역할을 맡은 유아들은 악기를 연주한다.

④ 역할을 바꿔서 연주해 보고 느낀 점에 대해 이야기 나눈다.

**〈유아놀이지원〉**

유아들이 리듬악기로 여러 가지 소리를 표현할 때에는 한가지 악기에서 다양한 연주법으로 연주할 수 있도록 격려한다. 예를들어 탬버린에서는 테치기, 북면치기, 흔들기 외에도 북면 긁기, 손가락으로 두드리기, 탬버린 안에 구슬 넣고 흔들기 등 다양한 방법이 있다. 이렇게 하나의 악기로 다양하게 연주할 수 있는 방법을 찾을 수 있도록 한다.

## 2) 셈여림: 큰 소리, 작은 소리를 만들어요

**음악요소 및 개념** : 셈여림–큰 소리, 작은 소리, 점점 커지는 소리

**활동목표** :1. 큰 소리와 작은 소리의 개념을 안다.
2. 일상생활에서 큰 소리와 작은 소리를 찾을 수 있다.
3. 리듬악기를 이용하여 큰 소리와 작은 소리를 만들 수 있다.
4. 노래에서 크게 불러야 할 부분과 작게 불러야 할 부분을 구별하여 노래를 부를 수 있다.

**활동자료** : 여러 가지 리듬악기, 동시(재크와 콩나무, 이옥주 지음), '씨앗(김성균 곡)' 음원

## 사전 개념 활동

(1) 큰 소리, 작은 소리 개념 알기

① 크기가 큰 동물과 작은 동물에 대해서 이야기를 나눈다.

"큰(작은) 동물은 뭐가 있을까?"
"고양이가 기어가는 모습은 어떠니?"
"공룡은 어떻게 걸어갈까?"

② 큰 동물과 작은 동물을 소리와 연관시켜 이야기를 나눈다.

"호랑이(고양이)는 어떻게 울까?"
"호랑이와 고양이 울음소리 중 누구 소리가 더 크게 들릴까?"
"우리 고양이처럼 조용히 소리내 보자."

③ 유아들과 이야기 나눈 동물들을 울음소리와 함께 신체로 표현한다(큰 소리 동물: 사자, 호랑이, 곰, 코끼리 등/작은 소리 동물: 개미, 고양이, 병아리 등).

(2) 큰 소리, 작은 소리로 노래 부르기

① '봄비'를 교사의 지휘에 맞춰 셈여림에 변화를 주면서 노래를 부른다. 교사의 지휘 동작이 크면 크게 부르고, 지휘 동작이 작으면 작게 부른다. (노래 곡은 꼭 '봄비'가 아니어도 좋다. 그 주에 배운 새 노래로 바꿀 수 있다.)

② 교사가 '봄비' 노래를 셈여림을 자유롭게 바꾸면서 피아노로 연주한다. 유아들은 교사의 피아노 연주의 셈여림에 맞춰 큰소리에는 큰 동작을, 작은 소리에는 작은 동작을 하면서 걷는다.

③ 처음에는 규칙적으로 셈여림을 바꾸다가 나중에는 미리 예측할 수 없도록 셈여림에 변화를 준다.

## 음악 만들기 활동

(1) 동기 유발

① 주변에서 큰 소리와 작은 소리가 나는 것에 대해 이야기를 나눈다.

"어떤 소리가 날 때 깜짝 놀랐니?"
"옆에서 아기가 자면 어떤 소리로 얘기해야 하지?"
"모기 소리를 들어본 적이 있니?"

② 주변에서 들을 수 있는 큰 소리와 작은 소리를 악기로 표현해 보자고 제안한다.

(2) 음악 만들기

① 동시를 읽고 이야기를 나눈다.

"동시에서 큰(작은) 소리가 나는 것에는 어떤 소리가 있었지?"
"나무가 쑥쑥 자라는 소리는 어떤 악기로 표현해 볼까?"
"거인이 쿵쾅거리는 소리는 어떤 악기로 표현해 볼까?"

② 교사는 유아들과 상의한 악기를 나누어 준다.

③ 교사는 동시를 읽고 유아들은 악기를 연주한다.

④ 다양한 악기로 표현해 보고, 서로 악기를 바꾸어서 연주해 본다.

⑤ 같은 악기로 다르게 연주할 수 있는 방법에 대해 이야기를 나눈다.

◈ '재크와 콩나무' 큰소리 작은 소리 만들기의 예

재크와 콩나무

이옥주

잭이 심은 요술 콩 하늘 향해 자라요
쑥 쑥쑥 쑥쑥쑥~
(드럼으로 점점 세게 치면서 연주하기)
콩나무가 되어서 하늘을 뚫었어요
슝 슝슝 슝슝슝~
(탬버린으로 점점 세게 치면서 연주하기)

하늘나라 궁금해 콩나무를 올라가요
누군한테 들킬까 몰래몰래 올라가요
살금살금~ 살금살금~
(마라카스나 에그 쉐이커로 작게 연주하기)

아! 큰일났어요 거인한테 들켰어요
거인이 쫓아와요 쿵쾅쿵쾅 쿵쾅쿵쾅
(드럼, 탬버린으로 세게 연주하기)
도망가요 도망가요 콩콩콩콩 콩콩콩콩
(우드블록, 캐스터네츠로 작게 연주하기)

(3) 음악 만들기에 개념 적용하기

① 악기로 표현하는 부분을 큰 소리와 작은 소리로 나누어 본다.

예 큰 소리: 거인이 쫓아와요 쿵쾅쿵쾅 쿵쾅쿵쾅

작은 소리: 누구한테 들킬까 몰래몰래 올라가요 살금살금~ 살금살금~

② 여러 가지 리듬 악기를 큰 소리와 작은 소리로 나누어 본다.

예 큰 소리 악기: 탬버린, 드럼

작은 소리 악기: 캐스터네츠, 우드블록

(4) 마무리

① 활동에 대해 이야기를 나눈다.

"오늘 무슨 활동을 했었지?"
"힘들었던(재미있었던) 점은 뭐니?"
"어떻게 하면 더 재미있게 할 수 있을까?"

② 활동목표를 평가한다.

"큰 소리를 내는 악기는 어떤 악기였지?"
"거인이 쿵쾅쿵쾅 거리며 쫓아올 때는 큰 소리가 어울릴까, 작은 소리가 어울릴까?
"주변에 큰 소리가 나는 것에는 무엇이 있을까?"

## 다른 활동에 개념 적용하기

(1) '씨앗' 노래 셈여림으로 표현할 부분 찾아보기

① '씨앗' 노래를 음원을 이용해서 들어본다.

② 그림악보를 보면서 노랫말을 읽어 본다.

③ 단음으로 불러본 후 반주에 맞춰 노랫말로 끝까지 불러 본다.

④ '씨앗' 노래를 부르면서 어느 부분을 가장 작게(크게) 부르면 좋을지 이야기를 나눈다.

"이 노래에서 어느 부분을 가장 크게(작게) 부르면 좋을까?"

*작게 불러야 할 부분: 하룻밤, 이틀 밤 쉿쉿쉿(하룻밤, 이틀밤, 어어어)
*크게 불러야 할 부분: 싹이 났어요(꽃이 폈어요)

⑤ 크게 불러야 할 부분과 작게 불러야 할 부분의 셈여림을 지키면서 노래를 부른다.

〈유아놀이지원〉

음악의 요소 '셈여림'에는 '큰소리-작은소리' 개념 외에 '점점 커지는 소리-점점 작아지는 소리'의 개념이 있다. '큰소리-작은소리' 만들기를 충분히 한 후 '점점 커지는 소리-점점 작아지는 소리' 만들기를 한다. 교사는 유아들이 자연의 소리, 사물의 소리, 신체의 소리, 악기의 소리 등 다양한 소리를 듣고 탐색하고 모방할 수 있도록 한다.

## 3) 빠르기: 더 빠른 것 더 느린 것

**음악요소 및 개념** : 빠르기

**활동목표** : 1. 음악의 빠르기 개념을 안다.
2. 일상생활에서 빠른 소리와 느린 소리를 찾을 수 있다.
3. 빠르고 느리게 움직임을 악기로 즉흥 연주를 할 수 있다.
4. 빠른 음악과 느린 음악의 느낌을 선으로 표현할 수 있다.

**활동자료** : 여러 가지 리듬 악기, '더 빠른 것 더 느린 것' 동요(김숙경 곡) 음원, 교통기관 그림카드, 필기도구, 종이, 빠른 음악과 느린 음악 음원

**사전 개념 활동**

(1) 빠르게-느리게 개념 알기

① 빠른 것과 느린 것에 대해 이야기를 나눈다.

"'빠르다'라는 단어에 무엇이 떠오르니?"
"언제 사람들이 빠르게(느리게) 움직일까?"
"동물 중에서 빠르게(느리게) 달리는 동물은 무엇이 있을까?"

(2) 빠르게-느리게 신체로 표현하기

① 느린 동물과 빠른 동물을 신체로 표현한다(달팽이, 거북이, 치타, 당나귀 등).

② 동물 이외에 빠르게 움직이는 것과 느리게 움직이는 것을 신체로 표현한다
(자전거, 기차, 로켓 등).

## 음악 만들기 활동

(1) 동기 유발

① '더 빠른 것 더 느린 것' 노래를 들려준 후 이야기를 나눈다.

"노래에서 자전거(자동차, 비행기)보다 더 빠른 것은 무엇이었지?"
"노래에서 로케트(비행기, 자동차)보다 더 빠른 것은 무엇이었지?"
"가장 빠른 것부터 순서대로 말해 볼까?"

② 자전거, 자동차, 비행기, 로켓 등을 악기로 표현해 보자고 제안한다.

**더 빠른 것 더 느린 것**

김옥련 작사
김숙경 작곡

(2) 음악 만들기

① 노랫말에 나오는 교통기관의 소리와 움직임을 악기로 표현한다.

예 자전거–찌릉찌릉(트라이앵글, 벨, 탬버린으로 연주)

자동차–부릉부릉(드럼으로 연주)

비행기–슈~웅(차임으로 연주)

로케트–쏙~(비브라슬랩으로 연주)

② 유아들이 스스로 악기를 선택할 수 있도록 격려하고, 악기를 선택한 이유에 대해 이야기를 나눈다.

(3) 음악 만들기에 개념 적용하기

① 교통기관 그림카드를 느린 것부터 빠른 것으로 순서대로 놓는다(자전거-자동차-비행기-로케트).

② 같은 악기로 빠르기만 다르게 해서 교통기관의 움직임을 표현한다.

③ 교통기관의 움직임을 악기와 함께 신체로 표현한다.

(4) 마무리

① 활동에 대해 이야기를 나눈다.

"오늘 무슨 활동을 했었지?"
"힘들었던(재미있었던) 점은 뭐니?"
"어떻게 하면 더 재미있게 할 수 있을까?"

② 활동목표를 평가한다.

"자전거와 로케트를 같은 트라이앵글로 연주를 했지? 연주방법이 어떻게 달랐지?"
"몸을 천천히 움직일 때는 악기연주를 어떻게 했지?"

## 다른 활동에 개념 적용하기

(1) 빠른 음악과 느린 음악을 선으로 표현하기

① 빠른 음악과 느린 음악이 번갈아 들려준다.

② 음악을 선으로 표현한다.

③ 선으로 표현된 그림을 보고 이야기를 나눈다.

"빠른(느린) 음악들의 선들은 어떻게 움직였니?"

◈ 빠른 음악과 느린 음악의 예

*빠른 음악

강아지 왈츠(쇼팽 곡), 어린이의 정경 중 '술래잡기'(슈만 곡), 황제 슐탄의 이야기 중 '왕벌의 비행'(림스키코르사코프 곡), 타이프라이터(앤더슨 곡)

*느린 음악

전람회의 그림 중 '소마차'(무소르그스키 곡), 동물의 사육제 중 '거북이'(생상스 곡), 자장가(슈베르트 곡), 베르가마스크 조곡 중 '달빛'(드뷔시 곡), 어린이의 정경 중 '트로이메라이'(슈만 곡)

〈유아놀이지원〉

음악의 요소 '빠르기'에는 '빠르게-느리게'의 개념 외에 '점점 빠르게-점점 느리게'의 개념이 있다. 유아들과 친숙한 교통기관이나 동물을 신체로 표현하면서 '점점 빠르게-점점 느리게' 개념을 익힐 수 있다. 악기 연주시에는 느린 음악에서는 온음표 리듬패턴으로 빠른음악에서는 8분음표 리듬패턴으로 연주하면 빠르기의 개념을 잘 알 수 있다.

## 4) 리듬: 쉬는 부분을 찾아요

**음악요소 및 개념** : 리듬—4분 쉼표

**활동목표** : 1. 쉼표의 개념을 안다.
2. 4분 쉼표에 맞춰 1박자를 쉴 수 있다.
3. 음악에 맞춰 걷다가 쉼표 부분에서 멈출 수 있다.

**활동자료** : 4분쉼표 카드, 리듬막대(교사용), '올림피아 마치' 음원(또는 행진곡풍 음악)

**사전 개념 활동**

(1) 4분 쉼표 알기

① 쉼표에 대해서 설명을 한다.

"음악에서 잠시 소리를 내지 않고 쉬는 부분이 있어. 이를 쉼표로 표시한단다."

② 교사 이름을 쉼표를 이용해 말한다.

"선생님 이름을 쉼표를 이용해서 말해 볼게. 따라 해볼래?"

예 이정석 /이정○/ 이○○

(손뼉치기를 하면서 이름을 말하고 쉼표 부분에서는 소리를 내지 않고 입을 손으로 가린다.)

③ 원하는 유아가 나와서 자신의 이름을 쉼표를 이용해서 말한다.

④ 4분쉼표(𝄽)를 보여 주며 설명을 한다.

"이 그림은 4분쉼표라고 하는데 1박자 동안 쉬라는 약속의 표시야."

⑤ 다음의 예를 손뼉치기 하면서 읽은 후 쉼표를 넣어서 읽는다. 쉼표 부분에서는 양손을 벌리고, 음표 부분에서만 손뼉치기를 한다.

## 음악 만들기 활동

(1) 동기 유발

① 신체를 이용해서 소리를 낼 수 있는 것들을 찾아본다(발구르기, 손뼉치기, 손비비기).

"몸을 이용해서 소리를 내보자."
"신체를 두드리면 어떤 소리가 날까?"
"손으로 어떻게 하면 소리가 날까?"
"입으로 소리를 낼 수 있니?"

(2) 음악 만들기

① 교사는 규칙적인 박을 리듬막대로 연주하고 돌아가면서 4박자 동안 신체로 소리를 낸다. 유아들이 앞의 친구와 다른 소리를 낼 수 있도록 격려한다.

② 익숙해지면 처음에는 첫 박에 쉼표를 넣고 그 다음에는 둘째 박, 셋째 박에도 쉼표를 넣어서 신체소리를 만들어 본다.

| 단계 | | | | | | | | | | | | | | | | |
|---|---|---|---|---|---|---|---|---|---|---|---|---|---|---|---|---|
| 1단계 | ♩ 무릎 | ♩ 무릎 | ♩ 무릎 | ♩ 무릎 | ♩ 손뼉 | ♩ 손뼉 | ♩ 손뼉 | ♩ 손뼉 | ♩ 가슴 | ♩ 가슴 | ♩ 가슴 | ♩ 가슴 | ♩ 손등 | ♩ 손등 | ♩ 손등 | ♩ 손등 |
| 2단계 | 𝄽 ○ | ♩ 무릎 | ♩ 무릎 | ♩ 무릎 | 𝄽 ○ | ♩ 손뼉 | ♩ 손뼉 | ♩ 손뼉 | 𝄽 ○ | ♩ 가슴 | ♩ 가슴 | ♩ 가슴 | 𝄽 ○ | ♩ 손등 | ♩ 손등 | ♩ 손등 |
| 3단계 | 𝄽 ○ | 𝄽 ○ | ♩ 무릎 | ♩ 무릎 | 𝄽 ○ | 𝄽 ○ | ♩ 손뼉 | ♩ 손뼉 | 𝄽 ○ | 𝄽 ○ | ♩ 가슴 | ♩ 가슴 | 𝄽 ○ | 𝄽 ○ | ♩ 손등 | ♩ 손등 |
| 4단계 | 𝄽 ○ | 𝄽 ○ | 𝄽 ○ | ♩ 무릎 | 𝄽 ○ | 𝄽 ○ | 𝄽 ○ | ♩ 손뼉 | 𝄽 ○ | 𝄽 ○ | 𝄽 ○ | ♩ 가슴 | 𝄽 ○ | 𝄽 ○ | 𝄽 ○ | ♩ 손등 |

(3) 음악 만들기에 개념 적용하기

① '올림피아 마치'에 맞춰 걷는다.

② 교사는 음악을 중간에 멈추고 숫자를 부른다. 유아들은 교사가 부른 숫자의 박만큼 멈춘다.

③ 숫자의 박만큼 쉰 다음 다시 진행한다.

④ 음악이 끝날 때까지 같은 방법으로 진행한다.

⑤ 걷기를 이용한 Go & Stop 활동이 익숙해지면 쉼표 부분에 신체소리를 넣을 수도 있다.

(4) 마무리

① 활동에 대해 이야기를 나눈다.

"오늘 무슨 활동을 했었지?"
"힘들었던(재미있었던) 점은 뭐니?"
"어떻게 하면 더 재미있게 할 수 있을까?"

"오늘 무슨 활동을 했었지?"
"힘들었던(재미있었던) 점은 뭐니?"
"어떻게 하면 더 재미있게 할 수 있을까?"

② 활동목표를 평가한다. 교사는 실로폰 또는 핸드벨을 동시에 울리면서 이야기를 나눈다.

"실로폰 도와 레를 동시에 울리는 소리는 어울리는 소리일까?"
"핸드벨 미와 파, 미와 솔을 동시에 울렸을 때 어느 소리가 더 어울리는 소리니?"

## 다른 활동에 개념 적용하기

(1) '환희의 송가' 에 맞춰 반주 만들기

① 반주 없이 '환희의 송가' 노래를 불러 준다.
② 가사판과 함께 노랫말을 읽어 본다.
③ 단음으로 불러 본 후 노랫말로 끝까지 불러 본다.
④ 유아들에게 실로폰(또는 공명바)음판을 도, 솔만 떼어서 준다.
⑤ 노래를 부르면서 노래에 어울리는 소리를 찾아본다.
⑥ 첫 번째 박 또는 첫 번째 박과 세 번째 박에 음을 연주한다.

**환희의 송가**

◈ 반주음형의 예

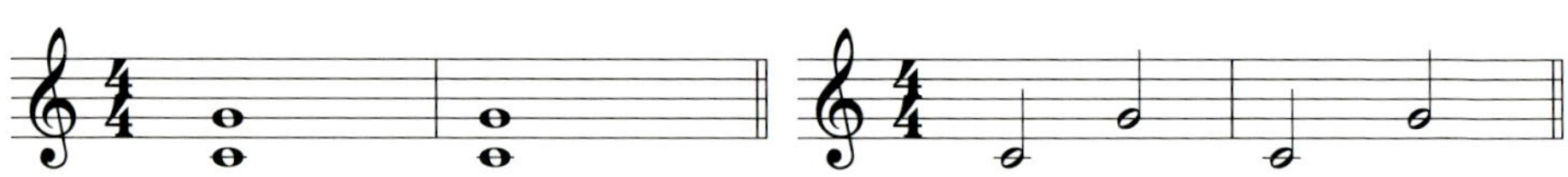

**〈유아놀이지원〉**

선율악기를 이용해 화성감을 느낄 수 있는 쉬운 방법은 '솔' 반주이다. 유아들이 좋아하는 노래를 선택하고 노래의 음계에서 5번째 음을 첫박마다 연주할 수 있도록 한다. 좋은 화성감을 느낄 수 있다.(C조의 경우는 '솔', G조의 경우는 '레', F조의 경우는 '도')

## 7) 형식: 같은 주제를 찾아요

**음악요소 및 개념** : 형식–ABA형식(대조와 반복)

**활동목표** : 1. 음악을 듣고 다시 반복되는 부분을 찾을 수 있다.
2. 음악의 ABA형식을 이해한다.

**활동자료** : '참새' 노래 음원(이성천 곡), '참새' 그림악보, 모양이 같은 도형 2개, 모양이 다른 도형 1개, 2줄 악보, 음악 만들기 활동지, 도형 스티커

**사전 개념 활동**

(1) 반복되는 선율 찾기

① '참새' 노래를 음원을 통해 듣는다.

② 그림악보를 보면서 노랫말을 읽어 본다.

③ 단음으로 불러보고 반주에 맞춰 노랫말로 끝까지 부른다.

④ 선율의 흐름을 손으로 따라가면서 노래를 부른 후 이야기를 나눈다.

"순이가 참새에게 물어보는 선율의 움직임과 참새가 대답하는 선율의 움직임은 어떠니?"

⑤ 교사는 모양이 같은 도형을 준비하고 그림악보 옆에 붙여준다.

## 참새

전래 가사
이성천 작곡

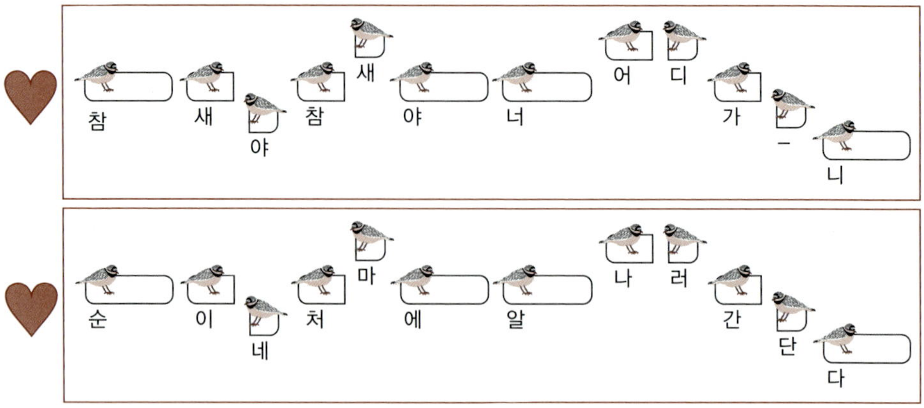


### 음악 만들기 활동

(1) 동기 유발

① 기차를 타본 경험에 대해 이야기를 나눈다.

"기차를 타고 어디에 가봤니?"
"기차를 탔을 때의 느낌은 어땠니?"

② 기차를 소재로 해서 동시를 만든다. (유아들과 함께 만든 동시를 이용해 음악 만들기를 한다. 운율 있게 만들기 위해 교사가 처음 부분을 준비하고 유아들이 빈칸을 채울 수 있도록 한다.)

예 기차 타고 떠나요 어디로 갈까
표를 먼저 사야해 칙칙폭폭 칙폭
기차 타고 떠나요 어디든지 출발~

(2) 음악 만들기

① 융판에 2줄 악보를 이용해 기차 악보를 붙인다.

② ABA형식을 이용해 교사가 먼저 선율을 제시하고 유아들이 다르게 만들 부분을 제시한다.

③ 기차 음표를 이용해 교사와 다른 선율을 만든다.

④ 음악 만들기 활동지를 이용해 개인 또는 모둠별로 만들 수 있다.

⑤ 개인 또는 모둠별로 음악 만들기를 한 후 친구들 앞에서 발표를 한다.

⑥ 다른 친구들이 만든 곡에 대해 이야기를 나누는 시간을 갖는다.

(3) 만들기에 개념 적용하기

① 만든 선율을 보고 같은 선율을 찾아서 같은 도형 스티커를 붙인다.

② 같은 선율과 다른 선율을 구별할 수 있도록 한다.

**[그림 9-3]** ABA 형식 음악 만들기 활동지의 예

(4) 마무리

① 활동에 대해 이야기를 나눈다.

"오늘 무슨 활동을 했었지?"
"힘들었던(재미있었던) 점은 뭐니?"
"어떻게 하면 더 재미있게 할 수 있을까?"

② 활동목표를 평가한다. 처음에는 교사와 같은 선율로, 다음에는 교사와 다른 선율로 대답하도록 한다.

◈ 같은 선율의 예

교사:

유아:

◈ 다른 선율의 예

교사:

유아:

## 다른 활동에 개념 적용하기

(1) ABA형식 곡에 노랫말 만들기

① 땅콩과 팝콘에 대해서 이야기를 나눈다.

② '땅콩과 팝콘'에 대한 곡을 소개하고 연주하면서 처음 주제가 다시 나오는 부분에서는 손을 들라고 한다.

③ 땅콩과 팝콘 연주곡에 노랫말을 만들어서 불러본다.

> **〈유아놀이지원〉**
> 음악의 요소 '형식'에서 가장 기본이 되는 개념은 반복이다. 교사가 만든 선율을 유아들이 그대로 따라하면서 반복의 개념을 익힐 수 있도록 지도한다.

## 땅콩과 팝콘

-Piano Adventure Level 5 중에서-

◈ 땅콩과 팝콘' 곡에 만든 노랫말의 예

땅콩과 팝콘 달콤해 땅콩과 팝콘 고소해
땅콩과 팝콘 바삭해 너무나 맛있어
아 입 안 가득 아 오물오물
아 먹고 싶어 언제 먹을까

적용
하기

Q1. '도레미파솔' 5음을 이용해서 선율을 만들어 보세요. 곡이 끝날 때는 어떤 음으로 끝나면 좋을까요?

Q2. '작은 별'은 aba형식으로 되어 있습니다. 곡의 마지막 2마디를 바꿔서 aba' 형식으로 만들어 보세요.

# 참고문헌

강문진 (2009). 코다이 교수법이 유아의 음악성에 미치는 효과. 총신대학교 교육대학원 석사학위논문.

강환미 (2007). 음악감상을 통한 통합적인 음악활동이 유아의 음악성에 미치는 영향. 공주대학교 교육대학원 석사학위논문.

고영자, 김민정 (2012). 가정의 음악 환경과 부모의 음악 관심도, 유아의 노래 흥미도 및 노래 이해도의 관계. **음악교육연구**, 41(2), 41-66.

고은영, 김은정, 신은수 (2013). 리듬과 멜로디를 게임으로 적용한 음악적 놀이가 유아의 놀이성 및 음악적 능력에 미치는 영향. **미래유아교육학회지**, 20(3), 23-44.

곽영숙 (2010). 통합적 음악감상 활동이 유아의 음악적 개념에 미치는 영향. 이화여자대학교 교육대학원 석사학위논문.

교육과학기술부 (2008). **2007년 개정 초등학교 교육과정 해설V 체육, 음악, 미술, 외국어(영어)**. 서울: 대한교과서.

교육과학기술부, 보건복지부 (2013). **3–5세 연령별 누리과정 해설서**. 서울: 교육과학기술부 · 보건복지부.

교육인적자원부 (2001). **유치원 교사교육 프로그램**. 서울: 교육인적자원부.

권오선 (2011). Orff 접근법에 의한 음악활동이 유아의 음악표현 능력에 미치는 영향. 덕성여자대학교 교육대학원 석사학위논문.

권오선, 이옥주 (2012). Orff 접근법에 의한 음악활동이 유아의 음악표현 능력에 미치는 영향. **아동학회지**, 33(1), 165-181.

권종애 (2002). 유아음악교육에 관한 교사의 인식과 현황조사. 건국대학교 대학원 석사학위논문.

김경희, 엄정애 (2007). 노래 그림책이 걸음마기 영아의 읽기 흥미 및 어휘력 발달에 미치는 영향. **교육과학연구**, 38(1), 75-94.

김광자, 강문희 (2005). 포괄적 음악교육에 기초한 유아의 음악적 능력 증진 프로그램 개발 및 효과. **유아교육연구**, 25(1), 25-46.

김명순, 조경자 (1998). **음악교육의 이론과 실제**. 서울: 다음세대.

김명순, 조경자 (2003). **유아를 위한 음악 교육의 이론과 실제**. 서울: 다음세대.

김법순 (2009). 유아의 음악능력 증진을 위한 포괄적 음악교육 프로그램 개발. 조선대학교 대학원 박사학위논문.

김선의 (2009). 주제와 통합된 Dalcroze 유리드믹스 음악활동이 유아의 음악능력과 창의성에 미치는 효과. 강릉원주대학교 대학원 석사학위논문.

김소향, 안경숙 (2006). 학습주기와 놀이가 연계된 통합적 음악활동의 개발 및 유아의 음악적 개념과 태도에 미치는 효과. **교육과학연구**, 37(3), 189-213.

김송란 (1999). 유아교육기관의 음악교육 실태에 관한 연구: 전북 지역의 유치원과 어린이집을 중심으로. 우석대학교 교육대학원 석사학위논문.

김애옥, 홍지명 (2014). 그림악보를 활용한 노래부르기 활동이 유아의 음악 능력 및 음악적 창의성에 미치는 효과. 아동교육, 23(1), 119-135.

김영연 (2001). 유아음악교육론. 서울: 학지사.

김영주 (1982). 유치원 음악교육에 관한 연구: 듣기 교육을 중심으로. 이화여자대학교 대학원 석사학위논문.

김정희 (2000). 음악으로 그린 그림. 서울: 한국방송출판.

김정희, 김연희 (2004). 유아의 음악적 감각 신장을 위한 소리탐색 활동에 대한 연구. 한국유아교육보육행정연구, 8(2), 103-120.

김지언 (2005). 음악활동이 유아스트레스 감소에 미치는 영향. 한국음악치료학회지, 7(1), 19-34.

김혜경 (1996). 유치원과 초등학교 음악교육과정의 연계성 분석. 전남대학교 대학원 박사학위논문.

김혜경 (2001). 유아 음악 교육 2000. 서울: 창지사.

김혜경 (2013). 영유아 음악교육. 서울: 창지사.

김희복, 박형신 (2014). 악기를 활동한 음악감상활동이 유아의 음악적성과 음악적 표현력에 미치는 영향. 음악교육연구, 43(2), 1-23.

남소현 (2006). 유아교사 양성과정의 유아음악교육에 대한 현직교사의 인식 및 개선방안. 이화여자대학교 대학원 석사학위논문.

노주희 (2006). Gordon의 음악교수법 특강. 서울: 희소.

맹윤희 (2011). 유아음악교육에 대한 현직교육 실태조사 연구. 덕성여자대학교 교육대학원 석사학위논문.

민경훈 (1999). 학교 음악교육에 있어서 도식악보의 활용. 음악과 민족, 18, 209-229.

민경훈 (2003). 기초 음악교육의 학습 환경 구성에 관한 논의. 음악교육, 3, 318-346.

민경훈 (2010). 전국 교육대학교 음악교육과의 교육과정 분석을 통한 교과목 모델 제시. 예술교육연구, 8(2), 49-64.

박명숙 (2000). 유아의 음악 듣기 교육 프로그램 연구. 단국대학교 대학원 박사학위논문.

박문지 (2007). 소리탐색을 통한 창안악기 만들기와 음악표현 연구: 초등학교 3학년을 중심으로. 한국교원대학교 교육대학원 석사학위논문.

박소연 (2010). 달크로즈 음악활동이 유아의 신체표현능력과 사회 정서 발달에 미치는 효과. 계명대학교 대학원 석사학위논문.

박소영 (2012). 동요지도가 어린이의 정서지능 및 사회성에 미치는 영향. 경인교육대학교 교육대학원 석사학위논문.

박승경 (2008). 피아노 교육에서 달크로즈 교수법 적용-유아기를 중심으로. 종합예술과 음악학회지, 2(2), 143-163.

박은영 (2009). 유아교사의 음악교수능력 평가도구 개발. 음악교육연구, 37, 35-59.

박형신, 조은정 (2013). 민요 형식을 활용한 창의적 노래 부르기 활동이 유아의 음악창의성과 국악선호도에 미치는 영향. 열린유아교육연구, 18(5), 109-131.

방은영 (2009). 교사용 유아 음악적 성향 검사도구 개발. 음악교육연구, 37, 61-84.

방은영, 박찬옥 (2005). 유치원 교사의 음악교수 효능감에 관한 탐색. 유아교육학논집, 9(4), 5-30.

배희진 (2009). 음악적 요소 중심의 감상활동이 유아의 음악능력 및 신체표현능력에 미치는 영향. 종합예술과 음악학회지, 3(2), 91-114.

백병동 (1994). 대학음악이론. 서울: 현대음악출판사.

Smith, R. B. (1970). *Music in the Child's Education*. Ronald Press.

Sowell, J. E. (1993). A learning cycle approach to art history in the classroom. *Art Education*, *46*(2), 19-24.

SzÖny, E. (1994). 코다이음악교수법, 코다이 음악교육 원리를 통한 실제적 접근. 조홍기 역. 서울: 다라.

Walker, L. M. (1992). Assessment in early childhood music. In B. Andress & L. M. Walker(Eds.), *Readings in Early Childhood Music Education*(pp. 100-106). Reston, Virginia: The Music Educators National Conference.

Webster, P. R. (1990). Creativity thinking in music: Creativity as creative thinking. *Music Educator Journal*, *76*(9), 21-28.

Wolf, J. (1992). Let's sing it again: Creation music with young children. *Young Children*, *47*(2), 56-61.

Wuytack, J. (2008). Technique of Orff-Schulwerk Pedagogy. 오르프 슐베르크 테크닉의 이해. 김영전 역. 파주: 음악세계.

Yun, I. (2008). Where is music going today . *SONUS -CAMBRIDGE MA-*, *28*(2), 43-51.

Yun, Y. B., & Jeong, Y. S. (2005). *Infants, Elementary Music Lessons and Instruments for the Orff Ensemble Approach*. Seoul: Changjisa.

Zimmerman, M. P. (1971). *Musical Characteristics of Children*. Washington, DC: MENC.

http://blog.daum.net/polaris-agnes/16523820 (2015년 2월 14일 접속)

http://brentwoodschoolofmusic.com/programs/orff (2015년 3월 4일 접속)

http://hammond.mysdhc.org/teacher/0102henson/orff (2015년 2월 14일 접속)

http://mysongfile.com/my_songfile (2015년 5월 13일 접속)

http://teachingandlearningresources.org.uk (2015년 1월 10일 접속)

http://theelementsofmusic.blogspot.kr/2011/12/texture.html (2015년 3월 4일 접속)

http://www.apps.-edu.dk (2015년 3월 4일 접속)

http://www.bridgestomusic.com (2015년 3월 4일 접속)

http://www.britannica.com (2015년 3월 4일 접속)

http://www.clevelandorff.org/carlorff.htm (2015년 2월 14일 접속)

http://www.edu.gov.on.ca (2015년 1월 10일 접속)

http://www.i-scream.co.kr (2015년 4월 4일 접속)

http://www.nafme.org/my-classroom/standards/core-music-standards (2015년 1월 10일 접속)

http://www.orchestrakids.or.kr/skin_list/upiacom/dreamoc/design/test10.html (2015년 2월 14일 접속)

http://www.orff.de/en/life/educational-works.html (2015년 2월 14일 접속)

http://www.giamusic.com/bios/edwin-gordon (2015년 3월 4일 접속)

## 저자약력

### 이옥주


성신여자대학교 유아교육과 졸업(문학사)
덕성여자대학교 대학원 유아교육학과 졸업(교육학석사)
덕성여자대학교 대학원 유아교육학과 졸업(교육학박사)
별나라어린이집 보육교사, 효정유치원 교사, 삼성복지재단 운영 양지어린이집원장,
경복대학 유아교육과 겸임교수
현) 대원대학교 유아교육과 교수
연구 및 저서: 구성주의에 기초한 유아음악교육(공저), 유아사회교육(공저), 그림악보로 배우는 유아동요(공저), 유아동요의 현대적 이해(공저), 유아교육과 학생들을 위한 피아노입문, 학습주기를 활용한 음악감상 교수-학습 방법이 유아의 음악적 능력에 미치는 영향, 동시에 기초한 음악만들기 활동이 유아의 음악적 성향 및 음악적 태도에 미치는 영향


### 정수진


이화여자대학교 작곡과 졸업
이화여자대학교 교육대학원 교육학과 졸업(교육학석사)
숭의여자대학교부설유치원 자문위원
EBS「바나나를 탄 끼끼(음악편)」자문위원
숭의여자대학교, 대원대학교, 동원대학교, 나사렛대학교, 송곡대학교, 서일대학교 시간강사
현) (주)슈필발트 음악연구소장
연구 및 저서: 구성주의에 기초한 유아음악교육(공저), 그림악보로 배우는 유아동요(공저), 유아동요의 현대적 이해(공저), 유아교육과 학생들을 위한 피아노 입문(공저)


### 윤지영


Hamburger Konservatorium Zusatzausbildung Musikalische Fruherziehung Diplom
성신여자대학교 대학원 교육학과(음악교육) 졸업(교육학석사)
덕성여자대학교 대학원 유아교육학과 졸업(교육학박사)
상현가온누리어린이집교사, 덕성여자대학교 영유아교육연구센터 연구원, 대원대학교 유아교육과 겸임교수,
신구대학교 아동복지전공 초빙교수
현) 창원대학교 유아교육과 교수
연구 및 저서: 유아교사의 음악수업과 교수방법에 대한 실제적 연구, 음악수업 컨설팅을 통한 유아교사의 변화 탐색, 마이크로티칭을 활용한 음악모의수업에 나타난 예비유아교사의 실천적 지식 내용분석, 유아의 자기조절능력과 음악적성 및 음악적 성향과의 관계, 유아교사의 음악교수내용지식과 음악교육에 대한 태도의 관계에서 음악적 자아개념의 매개모형 검증, 유아음악 교수내용지식 측정척도 개발, 유아교사의 음악적 경험에 관한 기억과 의미

음악요소에 기초한 유아 음악교육(2판)

**초판발행** 2015년 9월 10일 1판 1쇄 발행 | 2017년 3월 10일 1판 2쇄 발행
2020년 3월 10일 1판 3쇄 발행
**2판발행** 2021년 9월 10일 2판 1쇄 발행 | 2023년 9월 10일 2판 2쇄 발행

**지은이** 이옥주 정수진 윤지영
**펴낸이** 최용구 | **펴낸곳** 도서출판 **신정**
**주소** (04316) 서울시 용산구 원효로 89길 19 (원효로1가)
**전화** 02)3211-4782, 0266(영업부), 3211-4783(편집부), 3211-4784(팩스)
**이메일** shinjeong72@naver.com | **홈페이지** www.sjbook.co.kr
**등록** 2001년 5월 11일 제13-702호
**기획마케팅** 최용구 장만동 최충구 송대용 | **책임편집** 석기은 황가연

ISBN 978-89-5912-769-6 93670
정가 18,000원